2020 湖南创新发展研究院智库研究报告

"创新型省份"建设与湖南"十四五"创新发展

彭文斌 曾世宏 等⊙著

The Construction of Innovation-oriented Provinces and the Development for Hunan in the 14th Five-year Plan

经济管理出版社
ECONOMY & MANAGEMENT PUBLISHING HOUSE

图书在版编目（CIP）数据

"创新型省份"建设与湖南"十四五"创新发展/彭文斌等著 . —北京：经济管理出版社，2021. 1
ISBN 978 - 7 - 5096 - 7667 - 7

Ⅰ. ①创…　Ⅱ. ①彭…　Ⅲ. ①区域经济发展—研究报告—湖南—2021—2025　Ⅳ. ①F127. 64

中国版本图书馆 CIP 数据核字（2021）第 006506 号

组稿编辑：高　娅
责任编辑：高　娅
责任印制：黄章平
责任校对：董杉珊

出版发行：经济管理出版社
　　　　　（北京市海淀区北蜂窝 8 号中雅大厦 A 座 11 层　100038）
网　　　址：www. E - mp. com. cn
电　　　话：（010）51915602
印　　　刷：北京玺诚印务有限公司
经　　　销：新华书店
开　　　本：787mm × 1092mm/16
印　　　张：12. 25
字　　　数：246 千字
版　　　次：2021 年 1 月第 1 版　　2021 年 1 月第 1 次印刷
书　　　号：ISBN 978 - 7 - 5096 - 7667 - 7
定　　　价：68. 00 元

主要作者简介

彭文斌，湖南郴州人，复旦大学经济学博士、教授、博士生导师，湖南创新发展研究院院长。主要研究方向为环境经济与创新战略。

曾世宏，湖南益阳人，南京大学经济学博士，中国社会科学院财经战略研究院产业经济学博士后、教授、博士生导师，湖南创新发展研究院副院长。主要研究方向为创新经济与创新政策。

赵伟，湖北潜江人，首都经贸大学经济学博士、副教授、硕士生导师，产业经济与绿色创新研究所所长。主要研究方向为环境经济学、绿色发展、可计算一般均衡模型分析。

张松彪，湖南炎陵人，湘潭大学经济学博士、副教授、硕士生导师，区域经济与创新发展研究所所长。主要研究方向为区域经济与创新发展。

李华金，湖南岳阳人，湘潭大学经济学博士、讲师。主要研究方向为公司治理与企业创新。

李仁宇，河南商丘人，湖南大学经济学博士、讲师。主要研究方向为对外贸易高质量发展。

郭晓，河南汝南人，湖南农业大学经济学博士、讲师。主要研究方向为产业经济和创新发展。

邝嫦娥，湖南郴州人，湖南科技大学经济学博士、讲师。主要研究方向为环境治理与绿色发展。

序

奋力挺近十强

——创新型湖南建设实现晋位赶超亟须实施六大行动

湖南创新发展研究院　课题组

湖南省委、省政府把创新摆在发展全局的核心位置，坚持以优化创新环境、培育创新主体、加大研发投入，以推进成果转化等重点工作为抓手，不断完善科技创新机制体制，创新发展实效不断增强。但中国科学院《中国区域创新能力评价报告》显示，湖南区域创新能力在全国的相对排位近几年下滑趋势明显。课题组进一步通过实地调研发现创新型省份建设中的核心考核指标与位于前十的湖北和安徽相比还存在较大差距。因此，湖南要实现2020年进入创新型省份前十的目标亟须实施六大进位赶超行动。

一、找差距：区域创新能力排位相对下滑的原因

（一）研发投入总量相对偏少

虽然近年来湖南研发经费投入总量在不断增长，但投入总量仍相对偏少。全社会研发经费投入强度已经从2015年的1.43上升到2018年的1.81，但湖南研发经费投入强度不仅低于创新能力排名前列的上海（4.16）、广东（2.78）、江苏（2.7）、浙江（2.57）等沿海发达省份，而且也低于同期的湖北（2.09）和安徽（2.16）。

政府财政科技投入总量偏低是导致创新投入总量偏低的一个重要原因。从政府财政科技投入水平来看，一是湖南的政府研发经费投入基数偏小。2017年，湖南的政府研发经费投入增加到了70.49亿元，占全社会研发投入的比重为12.40%；而同期，湖北和安徽两省的政府研发经费投入分别为114.05亿元和104.9亿元，分别占所在省份全社会研发投入的19.64%和16.52%。二是湖南的政府研发经费投入强度仍然偏低。

2017 年，湖南的政府研发投入强度为 0. 20，而同期湖北和安徽两省的强度分别为 0. 38 和 0. 35，可见湖南的政府研发经费投入强度仅为湖北和安徽各省的一半（见表 1）。

表 1　湖南、湖北和安徽三省研发投入水平

指标 省份	全社会研发投入强度			政府研发投入强度			政府研发投入占全省研发投入的比重（%）		
	2015 年	2016 年	2017 年	2015 年	2016 年	2017 年	2015 年	2016 年	2017 年
湖南	1. 43	1. 50	1. 68	0. 18	0. 18	0. 20	12. 33	12. 01	12. 40
湖北	1. 9	1. 86	1. 92	0. 35	0. 35	0. 38	18. 23	19. 01	19. 64
安徽	1. 96	1. 97	2. 05	0. 39	0. 35	0. 35	20. 01	17. 92	16. 52

（二）高新技术企业量质不优

一是高新技术企业数量偏少。2018 年，湖南高新技术企业数量达到 4660 家，低于同期湖北和安徽两省高新技术企业的数量为 6590 家和 5403 家，比湖北和安徽分别少 1930 家和 743 家，差距十分明显。若按照另一统计口径单独计算高新技术企业，2018 年湖南高新技术企业数量为 1027 家，同期湖北和安徽两省分别为 1063 家和 1398 家，也存在不小差距。

二是高新技术企业 R&D 人员和经费支出相对不足。2017 年，湖南高新技术企业 R&D 人员数量为 155327 人，高于安徽的 136904 人，但低于湖北的 197339 人（相差 42021 人）；同时，湖南高新技术企业 R&D 经费内部支出为 354. 76 亿元，高于安徽的 280. 19 亿元，但同样低于湖北的 416. 25 亿元（相差 61. 49 亿元）。

三是高新技术企业技术收入相对较低。2017 年，湖南高新技术企业营业收入为 12891. 56 亿元，高于安徽的 9516. 57 亿元，但低于湖北的 14974. 99 亿元（相差 2083. 43 亿元）。其中，技术收入湖南仅为 1203. 12 元，远远低于湖北的 2224. 07 亿元，仅为湖北的 54%，差距较大（见表 2）。

表 2　湖南与湖北、安徽的高新技术企业关键指标对比

	企业（家）	R&D 人员（人）	R&D 经费内部支出（亿元）	营业收入（亿元）	技术收入（亿元）
安徽	5403	136904	280. 19	9516. 57	558. 41
湖北	6590	197339	416. 25	14974. 99	2224. 07
湖南	4660	155327	354. 76	12891. 56	1203. 12

注：除高新技术企业数量为 2018 年外，其他数据均为 2017 年各省份的公开数据。

资料来源：《2018 年中国火炬统计年鉴》。

四是高新技术企业中高端人才相对缺乏。2017 年，湖南高新技术企业年末从业人员数为 924734 人，低于湖北的 1082827 人（相差 158093 人）。其中，大专以上学历从业人员湖南为 505271 人，而同期湖北为 591244 人（相差 85973 人），差距相对明显（见图 1）。

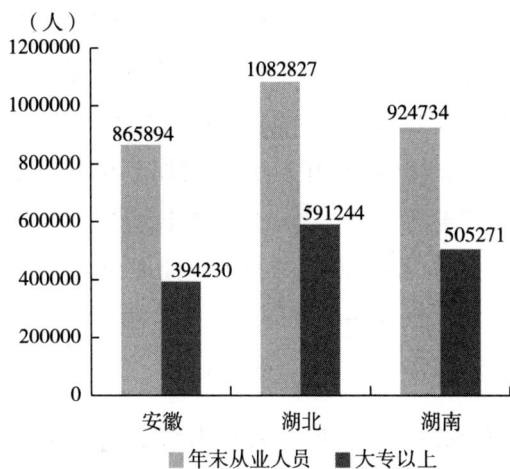

图 1　2017 年三省高新技术企业年末从业人员及构成对比

五是高技术产品国际竞争力相对较弱。2018 年，湖南高技术产品出口额为 2619.38 百万美元，全国排第 19 位；而湖北为 9408.82 百万美元，排在第 13 位；安徽为 5985.49 百万美元，排在第 15 位。2018 年，湖南高技术产品出口额占地区出口总额的比重为 18.35%，排第 16 位；安徽为 23.05%，排在第 15 位；湖北为 38%，排在第 8 位。中部六省中，湖南排在河南、山西、湖北、安徽之后。

（三）创新专利产出规模相对偏低

一是发明专利产出规模总量相对偏少。2015～2018 年，湖南专利申请总量由 54501 件增加至 94503 件，年均增长达到 24.26%；专利授权总量由 34075 件增加至 48957 件，年均增长达到 14.56%；发明专利申请由 19499 件增加至 35414 件，年均增长达到 25.35%。相较于安徽和湖北，总量增速优势逐渐显现，但总量规模依然处于劣势，2018 年，安徽申请总量为 207428 件，其中发明专利为 108782 件；湖北申请总量为 124535 件，其中发明专利为 50664 件；安徽授权总量为 79747 件，湖北授权总量为 64106 件。二是规模以上企业对专利产出增量的贡献偏低。2017 年与 2018 年两年，湖南规模以上工业企业专利申请年均增速达到 20.18%，2018 年总量为 26339 件，对总量的贡献率为 27.87%；安徽年均增速为 6.62%，2018 年总量为 56596 件，总量贡献率为 27.28%；湖北年均增速为 19.77%，2018 年总量为 28003 件，总量贡献率为 22.48%。

（四）科技成果转化效率相对低

一是科技成果总量较少。2015～2018 年，湖南登记的省级以上科技成果数始终徘徊在 700 项，未能实现突破性的增长；同期，湖北的科技成果数最低也达到 1365 项，最高达到 2022 项，最少的年份都是湖南的近两倍之多。二是技术合同成交额偏低。2015～2018 年，湖南签订技术合同数由 3710 项增加至 6044 项，完成技术合同成交额由 105.4 亿元增加至 281.7 亿元，保持了一定的增长趋势。然而，与同期湖北的 28835 项、1237.19 亿元相比，技术合同数和完成技术合同成交额均不到湖北的 1/4；与安徽的 20087 项、354.9 亿元相比也存在较大差距，技术合同数仅为安徽的 18.46%，技术合同成交额仅为安徽的 79.37%。

（五）R&D 人员总体规模较小，创新引领人才不足

一是 R&D 人员全时当量相对偏低。如表 3 所示，2017 年，湖南的 R&D 人员全时当量为 6970 人年，仅为安徽的 64%、湖北的 51%。其中，湖南的基础研究人员仅为安徽的 25%、湖北的 29%，应用研究人员为安徽的 72%、湖北的 41%，试验发展人员为安徽的 85%、湖北的 78%。二是 R&D 人员中具备中级以上职称或博士学历（学位）的人员相对较少。湖南 R&D 人员中具备中级以上职称或博士学历（学位）的人员为 4656 人年，仅为安徽的 53%、湖北的 44%。

表 3　2017 年湖南与湖北、安徽科技人力投入指标对比　　　　　单位：人年

指标	省份	湖南	湖北	安徽
R&D 人员全时当量		6970	13661	10891
基础研究人员		761	2664	3037
应用研究人员		2648	6459	3681
试验发展人员		3561	4538	4173
R&D 人员中具备中级以上职称或博士学历（学位）的人员		4656	10464	8824

注：R&D 人员全时当量是国际上通用的、用于比较科技人力投入的指标，指 R&D 全时人员（全年从事 R&D 活动累计工作时间占全部工作时间 90% 及以上的人员）工作量与非全时人员按实际工作时间折算的工作量之和。R&D（研究与试验发展）包括基础研究、应用研究、试验发展三类活动。

资料来源：《中国科技统计年鉴》（2018 年）。

（六）创新平台规模档次相对较低

一是各类创新平台总量相对较少。目前，湖南有 18 个国家重点实验室、14 个国家工程技术研究中心、3 个国家临床医疗技术研究中心、4 个国家野外科学观察研究站、19 个国家级科技企业孵化器、48 个国家备案"众创空间"。但与创新能力较强的中部省份湖北、安徽相比仍有一定的差距。湖北目前拥有 1 个国家研究中心、27 个国家重点实验室、19 个国家级工程技术研究中心、170 个省重点实验室；而安徽目前拥有重大新兴产业基地国家级创新平台累计达 104 家。二是湖南还缺少国家级科学中心。湖北预计，到 2022 年，国家级创新平台将达到 200 家，省级创新平台将达到 1500 家，并明确提出以建设综合性国家科学中心和综合性国家产业创新中心为龙头，形成高质量发展新优势，依托科技大省的资源优势，着力提高自主创新能力，建设武汉综合性国家科学中心。安徽的目标是到 2020 年建设国家级创新平台超过 160 家，在深入推进"四个一"创新主平台建设中，举全省之力建设合肥综合性国家科学中心。

二、明方向：实施六大进位赶超行动

（一）研发投入提升赶超行动

围绕创新型省份建设要求，全面落实《湖南省加大全社会研发经费投入行动计划（2017—2020 年）》，逐步提高全社会研究与实验发展（R&D）经费占 GDP 的比重，特别是提高政府研发投入水平，发挥政府研发投入强度的放大效应，争取到 2025 年达到甚至超过 2.5% 的目标。一是分类分层实现提高研发投入强度的目标。根据测算，在 2018 年 1.81% 的基础上，每年需在前一年的基础上增加 0.1%，需将这一目标层层分解，根据实际情况，分类分层落实到 14 个地州市、落实到具体园区、落实到具体企业。二是要积极振兴实体经济，保持财政收入合理增长。以湖南 100 个重大产业项目建设为牵引，带动和做强一批实体企业，积极推动一批优质企业入规上市。三是增加财政科技投入总量，优化投入结构。一方面，应逐步增加财政科技投入总量，尤其是新增财政要更多地投入到科技创新领域；另一方面，应合理调整财政科技结构，合理界定政府科技投入重点，着力支持重大关键技术研发、重大产业创新发展工程、重大创新成果产业化、重大应用示范工程、创新能力建设等。四是要充分调动科技型企业研发投入的积极性。财政资金要通过奖励、补贴、贷款贴息等多种方式来引导企业加大科技创新投入。

（二）高新技术企业量质齐升赶超行动

到 2025 年，大幅增加湖南高新技术企业数量，争取实现高新技术企业数量倍增，达到 9320 家；大幅提升湖南高新技术企业质量，争取高新技术企业 R&D 人员和经费投入年均分别增加 1 万人左右和 50 亿元左右，高新技术企业技术收入实现翻两番，高新技术企业大专以上学历从业人员增加 1 倍，高新技术企业产品出口额追平安徽同期水平。一是鼓励有条件的企业积极申报高新技术企业认定，对新增认定和重新认定高新技术企业的企业，在现有政策的基础上进一步加大奖补力度。建立高新技术企业后备库，积极培育具备较大潜力的申报高新技术企业的企业，进一步创造条件使更多的企业尽早达到高新技术企业的认定标准。大力引进省外高新技术企业，为落户湖南的高新技术企业提供优越的政策环境。二是要大幅增加高新技术企业 R&D 人员和经费投入，通过研发奖补和研发费用加计扣除等政策引导企业根据市场需求积极开展创新活动，进一步提升财政科技资金投入的放大效率。三是要大幅增加高新技术企业技术收入。鼓励高新技术企业利用现有技术开展技术服务，进一步提升技术服务水平，促进产品销售向技术服务价值延伸。四是积极支持高新技术企业高端人才引培。鼓励大学生，尤其是高学历人才进入湖南高新技术企业工作，参照中部先进省份甚至东部先进省份的政策经验，按照"就高不就低"的原则进一步优化湖南人才政策。五是大幅提升湖南高新技术企业产品的国际竞争力。鼓励高新技术企业按照国际标准生产具备较高技术含量、较大影响力的"拳头"产品，积极提升产品质量和服务水平，重点拓展"一带一路"沿线国际产品市场。

（三）科技成果转化赶超行动

进一步加强"产、学、研、用、金、服"协同创新机制，突出科技成果转化在科技创新中的主体地位，力争 2025 年技术合同成交额赶超安徽、逼近湖北，达到 900 亿元。一是鼓励各类创新主体以产业发展为基础承接国家和省级科技奖励成果、国家专利金奖成果、创新创业大赛、挑战赛优胜奖以上成果的转化与落地，加强推进重点产业项目的科技成果转化；二是全面实施孵化器全覆盖计划，加大孵化器和"众创空间"奖补力度，统筹利用国有土地、物业资源，加快推进区域"创新大厦"、"众创空间"、孵化器和加速器建设；三是完善湖南知识产权交易市场，搭建市州技术合同交易平台，力促科技创新成果转化；四是建立湖湘创业基金，孵化科创型企业成长，重点从狠抓项目招商质量、打造科技孵化平台等方面精准发力；五是建立科技成果转化保险制度，降低科技成果转化风险，加强科技金融创新，引导社会资本加大科技创新投入，鼓励和支持各类科技创新成果转化和产业化。

（四）专利产出协同赶超行动

利用 3~5 年的时间，形成以规模以上企业为主体、政府激励为引导、产学研协同的专利产出体系。到 2025 年，规模以上企业专利申请与授权总量规模超越安徽，全社会申请总量及规模、增速均位于中部省份前列。一是着力提升规模以上企业年均专利申请规模，通过政府牵头完善绩效考核与创新激励制度建设，大力推进高新认定与复核工作、强化专利有效申请量和授权量对规模以上企业绩效考核的权重等措施倒逼规模以上企业积极开展专利申请活动，提升专利申请绩效。二是全面推进中小微企业专利申请增速增量，通过政府资金引导"产学研帮扶"，由专业研究机构、高校、大型企业研发中心提供专利技术储备，中小微企业采购专利技术原型并实现产业化、专业化落地，通过政府奖补专利初步与申请活动，带动中小微企业"遍地开花"，专利产出量速全面提升。

（五）科技人才引培赶超行动

到 2025 年，湖南打造湖湘人才发展高地，造就一支具有国际水平的高层次科技人才队伍，R&D 人员总体规模超过安徽，跃居中部第二。一是进一步加大人才引培力度，尤其是湖南高科技产业发展急需的人才，要出台专项政策予以支持。加快高端人才的培养开发，大力引进高素质、高技能的领军人才，畅通引进高端领军人才的渠道，在生活、薪酬、福利等方面为高端人才提供便利。政府应该设立专项资金，每年选派高层次专业技术人才和经营管理人才赴国外企业学习和深造，举办高级研修班，培训专业技术人才和经营管理人才。二是要大力促进"产、学、研、用、金、服"深度融合，促使各方面人才的比较优势得以发挥，加快对重大关键技术的突破，获取和构建可持续竞争优势。鼓励企业与高校合作，促进创新型、专业型、综合型、技能型人才的培养。在相关领域重点引进一批国内和国外的创新创业领军人才和高层次创新人才后，以高新区、经开区、留学人员创业园等为依托，采取有利于留住高端人才的方式（如持股、技术入股、知识产权入股、专利权入股、贷款优惠等方式），积极吸引各类高端人才，为湖南经济发展提供优秀的人才支撑。

（六）重大创新平台赶超行动

聚焦提升湖南原始创新、自主创新能力和科技创新资源整合，到 2025 年建设一批具有国际领先、国内一流具有湖南特色的科技创新平台体系。实现国家级创新平台超过 200 家，省级创新平台超过 1600 家。一是打造一批具有国际领先的研发平台。建设具有国际竞争力的"长株潭"城市群综合性国家科学中心和综合性国家产业创新中心，打造世界级的研发基地和制造业产业基地。二是建设一批国内一流水平的国家级研发平台。建立国家种子研究与保护中心 1 家；在株洲国家先进轨道交通装备创新中心的基础上，争取建立国家制造业创新中心 2~3 家。三是搭建一批覆盖全省的传统优势产业、战略新兴产业、区域特色产业的产业技术公共研发服务平台。鼓励申报新型协同研发机构、重点实验室、工程技术研究中心、临床医学研究中心、"众创空间"、星创天地、科技企业孵化器、技术转移服务机构以及产业技术创新战略联盟等创新平台。

目　录

上篇　"创新型省份"建设研究

第一章　"创新型省份"建设与中国重点城市创新能力评价 …………………… 003

第二章　"创新型省份"建设与湖南市州创新发展能力评价 ………………… 022

第三章　湖南"创新型省份"建设的政策支持体系研究 …………………… 045

第四章　绿色创新与中国重点城市绿色创新能力评价 …………………… 055

中篇　湖南"十四五"时期的创新发展对策研究

第五章　人工智能产业发展促进湖南创新经济增长的对策研究 ……………… 075

第六章　农户绿色发展转型影响机制与湖南省"十四五"对策研究 ………… 088

第七章　区块链技术促进产业创新发展的机制与湖南"十四五"对策 ………… 107

第八章　"十四五"时期湖南高新技术企业高质量发展对策研究 …………… 124

第九章　"十四五"时期动能转换促进湖南高质量创新发展的财政政策研究 …… 135

下篇 创新理论研究

第十章 知识产权保护对我国技术创新的影响研究 ·················· 145

第十一章 创新促进区域经济增长的内在机制：基于熊彼特创新理论的
　　　　　实证检验 ·· 162

后　记 ·· 179

上篇 "创新型省份"建设研究

第一章

"创新型省份"建设与中国重点城市创新能力评价*

内容提要:"创新型省份"建设既体现了地方政府落实创新型国家战略的具体行动,也反映了各省市尤其是发达省市实现经济转型升级的内在要求。作为承接中央创新型国家战略的重要组成部分,"创新型省份"建设在"国家创新驱动发展战略"中发挥着举足轻重的作用。本章基于国内外主要机构发布的创新评价研究报告和主要评价指标,分别构建了中国省级与119个重点城市的创新能力评价指标体系,旨在准确把握各地区创新能力发展情况,充分了解影响各地区创新能力提升的主要因素,并提出了相应的政策建议。这对于响应国家创新发展战略、加快"创新型省份"建设具有重要意义。

关键词:"创新型省份"建设;重点城市;创新能力;熵权法;评价

核心观点:

(1) 2018 年,全国创新能力综合得分排名前五的省份分别是北京、上海、江苏、浙江、广东,都处于东部地区。其中,北京在东部地区中排名第一,湖北在中部地区中排名第一,陕西在西部地区中排名第一,吉林在东北地区中排名第一。与 2017 年排名相比,各省份排名波动幅度较小,变化的仅为江苏超越浙江综合得分排名进入前三,位居北京、上海之后。此外,中部地区以及西部地区排名第一的仍为湖北与陕西;而东北地区排名第一的由辽宁变为吉林;湖南全国创新能力综合得分由第 15 位提升至第 13 位。

(2) 每百万人中博士生毕业人数、人均 R&D 外部经费支出额、每万人高新技术产

---

* 本章是国家自然科学基金面上项目(42071161)、湖南省社会科学成果评审委员会课题(XSP20YBC051)、湖南省社会科学基金一般项目(18YBA168)、湖南省教育厅科学研究优秀青年项目(18B212)的阶段性成果。

业消化吸收经费支出额、每万人国家自然科学基金面上项目经费、每百万人拥有国家实验室数量、每百万人拥有国家自然科学基金面上项目数、每百万人"新三板"上市公司数量、每万人SCI和EI工程发文量、每万人发明专利申请数、每万人外观设计专利申请数、每万人发明专利授权数、每万人外观设计专利授权数、每万人技术市场成交额、每万人高新技术产业新产品销售收入14个指标是影响省级创新能力综合得分的重要因素。

（3）在全国119个重点城市中，2018年全国创新能力综合得分排名前五的城市分别是北京、深圳、广州、上海、杭州。全国创新能力综合得分由"北深广上"领跑，占据全国前四席位，杭州位居第五位。而东莞、武汉、珠海、佛山、南京则依次成为"中国最具创新力的城市"前十。此外，北京在4个直辖市中排名第一；深圳在15个副省级市中排名第一；东莞、珠海、中山、佛山、苏州在100个地级市中排名前五。

（4）每万名从业人员中科技活动人员数、每万名从业人员中R&D人员数、科学技术支出占地方一般公共预算支出的比重、教育支出占地方一般公共预算支出的比重、每百万人拥有国家高等学校数量、每万人高新技术产业新产品销售收入、每万人高新技术产业工业总产值、每百名学生拥有专任教师人数、每百人拥有医院床位数、每百人拥有商品房销售面积10个指标是影响城市创新能力综合得分的重要因素。

一、引言

创新型国家建设是21世纪初我国确立的发展战略和中长期发展目标，其核心是提高科技自主创新能力，并把它作为转变经济发展方式、优化经济结构、增强国家竞争力的中心环节。而"创新型省份"建设，是创新型国家建设的延伸和区域化的表述，既体现了地方政府落实创新型国家战略的具体行动，也反映了各省市尤其是发达省市实现经济转型升级的内在要求。作为承接中央创新型国家战略的重要组成部分，"创新型省份"建设在"国家创新驱动发展战略"中发挥着举足轻重的作用。"创新型省份"建设的基础在于创新能力尤其是省级以及重点城市创新能力，即通过各地方政府颁发实行一系列的政策提升创新能力从而助力"创新型省份"建设，因此，如何制定合理有效的创新型政策从而促使各城市乃至各省份创新能力的提升成为当下工作的重中之重。

区域创新能力是在一个地区内将大学、企业、科研机构等创新主体创造出来的成果转化成有社会意义的新产品或新服务的一种能力。提高区域创新能力对企业的发展环境和创新能力的提升有很大的帮助。随着区域经济的发展和市场竞争的加剧,区域创新能力已成为区域综合竞争力的重要标志和地区经济获取国际竞争优势的决定性因素。如何以创新作为引擎,实现区域经济的转型升级,不仅事关区域经济竞争力的提升,也关系到国民经济整体发展水平的高低和质量的提升。"区域创新能力"一词在国内最先由长城企业战略研究所于 1996 年提出,1999 年其出版的专著《区域创新——中关村走向未来》对中关村地区高新技术产业的区域创新能力进行了理论剖析,但没有运用数理分析,进行区域创新能力的定量研究。自 1999 年开始,中国科技战略发展小组开始对中国科技创新状况进行深入研究,并发表创新能力报告,在全国范围内掀起科技创新的热潮,具有较大的影响力。此外,综合国内外相关研究发现,对于创新能力的评价指标体系主要有国家创新能力指数、欧盟创新记分牌、美国 3T 创新指数、创新能力指数以及全球创新指数,科技部创新型城市监测评判指标、中国科学院科技发展战略研究小组中国区域创新能力评判指标、中国人民大学国家创新评判标准、中国科学院创新发展研究中心的区域创新能力评判指标、国家统计局创新城市评价课题组的中国创新城市评判指标、创新型国家建设报告课题组的创新型城市评判指标、国家创新体系建设战略研究组的创新型城市评判指标、中国城市竞争力研究会的创新城市评判指标、中关村创新指数、深圳创新指数和上海张江创新指数等。

　　本章在综合国内外相关研究的基础上,分别构建了中国省级与 119 个重点城市的创新能力评价指标体系,旨在准确把握各地区创新能力发展情况,充分了解影响各地区创新能力提升的主要因素,并提出了相应的政策建议。这对于响应国家创新发展战略、加快"创新型省份"建设具有重要意义。

二、评价体系的构建

　　区域创新能力是一个复杂的指标体系,对其准确的测算与评价是探究区域创新能力的基础。目前,国内外关于创新能力的测度尚未形成一套统一的评价指标体系。我们认为,在创新发展环境和创新平台支撑下,创新的过程可以分解为三个阶段:第一个阶段是创新要素投入阶段,政府和企业为创新提供财力支持,科研院所和高等学校为科技创新提供人力资源支持,投入的科技创新资源协同作用,共同促进科技创新成果产生;第二个阶段是创新成果产出阶段,产出阶段需要区域各创新主体共同参与,促使创新资源合理配置,产、学、研有效结合,才能使科技创新成果得到最大化转化;

第三个阶段是创新成果转化阶段，创新成果产生后，必须经过企业这个载体才能产生经济和社会效益，这也是创新推动经济发展最关键一步。因此，本报告将区域创新能力定义为：区域通过创新要素的合理配置投入促进创新成果产生，利用企业为载体将创新成果转化为经济效益，以此来促进区域经济发展，提升区域经济实力。

（一）指标体系

为了保持研究结果的连续性和可比性，本章大部分沿用了《2019湖南创新发展研究院智库研究报告》中的创新能力评价指标体系。评价指标体系由两个层次指标构成：中国省（自治区、直辖市）创新能力评价指标体系（见表1-1）、重点城市创新能力评价指标体系（见表1-2），以综合反映中国各地区之间的创新发展差异。其中，在中国省（自治区、直辖市）创新能力评价指标体系中，一级指标共5个，主要包括创新要素投入、创新平台支撑、创新成果产出、创新成果转化、创新发展环境。二级指标共36个，主要包括创新要素投入二级指标11个、创新平台支撑二级指标8个、创新成果产出二级指标7个、创新成果转化二级指标4个、创新发展环境二级指标6个。在中国重点城市创新能力评价指标体系中，鉴于数据的最终可得性，"中国重点城市创新能力评价指标体系"的指标数量比"中国省（自治区、直辖市）创新能力评价指标体系"要少，由36个二级指标减少为22个二级指标，其中创新要素投入二级指标6个、创新平台支撑二级指标3个、创新成果产出二级指标3个、创新成果转化二级指标4个、创新发展环境二级指标6个。其中，二级指标中的"每万人发明专利申请数、每万人实用新型专利申请数、每万人外观设计专利申请数"三个指标合并为一个指标"每万人专利申请数"；二级指标中的"每万人发明专利授权数、每万人实用新型专利授权数、每万人外观设计专利授权数"三个指标合并为一个指标"每万人专利申请授权数"；对二级指标中的"每百万人拥有R&D机构数、每万人技术市场成交额、每万人规模以上工业企业新产品销售收入、每万人高新技术产业新产品销售收入、每万人高新技术产业工业总产值、每百人拥有商品房销售面积"这六个指标按城市人口比例进行折算，近似取全省平均值。

（二）指标解释

由于本章大部分沿用了《2019湖南创新发展研究院智库研究报告》中的创新能力评价指标体系。在2019年发布的创新研究报告中对中国省（自治区、直辖市）创新能力评价指标体系以及中国重点城市创新能力评价指标体系及权重（见表1-1、表1-2）各指标均进行了较为详细的说明，在此不再做过多描述。

表1-1　中国省（自治区、直辖市）创新能力评价指标体系

一级指标	序号	二级指标
创新要素投入 （11个）	1	每万名从业人员中科技活动人员数（人/万人）
	2	每万名从业人员中R&D人员数（人/万人）
	3	每百万人中博士生毕业人数（人/百万人）
	4	科学技术支出占地方一般公共预算支出的比重（%）
	5	教育支出占地方一般公共预算支出的比重（%）
	6	人均R&D内部经费支出额（元/人）
	7	人均R&D外部经费支出额（元/人）
	8	每万人规模以上工业企业新产品开发经费支出额（万元/万人）
	9	每万人规模以上工业企业技术改造经费支出额（万元/万人）
	10	每万人高新技术产业消化吸收经费支出额（万元/万人）
	11	每万人国家自然科学基金面上项目经费（万元/万人）
创新平台支撑 （8个）	12	每百万人拥有国家高等学校数量（所/百万人）
	13	每百万人拥有国家实验室数量（个/百万人）
	14	每百万人拥有国家高新区数量（个/百万人）
	15	每百万人拥有R&D机构数（个/百万人）
	16	每百万人拥有规模以上工业企业R&D项目数（项/百万人）
	17	每百万人拥有国家自然科学基金面上项目数（个/百万人）
	18	每百万人拥有国家社会科学基金项目数（个/百万人）
	19	每百万人"新三板"上市公司数量（个/百万人）
创新成果产出 （7个）	20	每万人SCI、EI工程发文量（篇/万人）
	21	每万人发明专利申请数（件/万人）
	22	每万人实用新型专利申请数（件/万人）
	23	每万人外观设计专利申请数（件/万人）
	24	每万人发明专利授权数（件/万人）
	25	每万人实用新型专利授权数（件/万人）
	26	每万人外观设计专利授权数（件/万人）
创新成果转化 （4个）	27	每万人技术市场成交额（万元/万人）
	28	每万人规模以上工业企业新产品销售收入（万元/万人）
	29	每万人高新技术产业新产品销售收入（元/万人）
	30	每万人高新技术产业工业总产值（亿元/万人）
创新发展环境 （6个）	31	每百人拥有互联网宽带接入用户数（户/百万人）
	32	每万人拥有公共汽车数（辆/万人）
	33	每百名学生拥有专任教师人数（人/百人）
	34	每百人拥有医院床位数（张/百人）
	35	每百人拥有商品房销售面积（平方米/百人）
	36	每万人年末金融机构贷款余额（亿元/万人）

表1-2　中国重点城市创新能力评价指标体系及权重

一级指标	序号	二级指标
创新要素投入 （6个）	1	每万名从业人员中科技活动人员数（人/万人）
	2	每万名从业人员中R&D人员数（人/万人）
	3	科学技术支出占地方一般公共预算支出的比重（%）
	4	教育支出占地方一般公共预算支出的比重（%）
	5	人均R&D内部经费支出额（元/人）
	6	每万人规模以上工业企业技术改造经费支出额（万元/万人）
创新平台支撑 （3个）	7	每百万人拥有国家高等学校数量（所/百万人）
	8	每百万人拥有R&D机构数（个/百万人）
	9	每百万人"新三板"上市公司数量（个/百万人）
创新成果产出 （3个）	10	每万人SCI、EI工程发文量（篇/万人）
	11	每万人专利申请数（件/万人）
	12	每万人专利申请授权数（件/万人）
创新成果转化 （4个）	13	每万人技术市场成交额（万元/万人）
	14	每万人规模以上工业企业新产品销售收入（万元/万人）
	15	每万人高新技术产业新产品销售收入（元/万人）
	16	每万人高新技术产业工业总产值（亿元/万人）
创新发展环境 （6个）	17	每百人拥有互联网宽带接入用户数（户/百人）
	18	每万人拥有公共汽车数（辆/万人）
	19	每百名学生拥有专任教师人数（人/百人）
	20	每百人拥有医院床位数（张/百人）
	21	每百人拥有商品房销售面积（平方米/百人）
	22	每万人年末金融机构贷款余额（亿元/万人）

（三）评价对象

中国各省（自治区、直辖市）、重点城市创新能力评估样本的广泛性和典型性，关系到评估与研究结论的准确性和价值。本报告在考虑城市统计数据的可得性、准确性和标准性的基础上，选取中国大陆31个省（自治区、直辖市）和119个重点城市进行量化研究①。具体的城市样本选取标准包括以下三个方面：第一，城市统计数据的可得性、准确性和标准性；第二，城市在所在省份的社会经济地位和代表性；第三，城市的研究价值。依据以上标准选择的119个重点城市，涵盖了全国一、二、三线城市，

---

① 此处的一、二、三线城市是根据《第一财经（CBN）》旗下"新一线城市研究所"发布的《2019中国城市商业魅力排行榜》，具体的城市分布见《2019湖南创新发展研究院智库研究报告》。

基本体现了中国不同区域和不同经济发展水平的城市状况，具有很强的代表性。

对中国省（自治区、直辖市）、重点城市创新能力进行量化评估，要求各样本数据完整、来源权威，基本数据必须来源于公认的国际组织机构和国家官方统计调查。本报告力争采用最新数据分析中国省（自治区、直辖市）、重点城市当前创新能力情况，相关数据主要来源于《中国统计年鉴》《中国城市统计年鉴》《中国科技统计年鉴》《中国火炬统计年鉴》等国家、地区、城市政府公布的统计年鉴、统计公报等官方出版物，部分缺失数据采用插值法进行填补。除官方公布的统计数据外，也从中国知网、CSMAR 经济金融研究数据库等进行查找。

三、评价方法、测度结果及评价分析

（一）评价方法

从目前的参考文献看，评价体系的权重确定可分为两大类：一类是主观赋权法，即根据专家的经验主观判断确定，如德尔菲法、层次分析法等；另一类是客观赋权法，即根据评价指标的实际数据确定，如主成分分析法、熵值法、相关度法等。本研究采用熵权法（Entropy Weight Method，EWM）综合评价中国大陆 31 个省（自治区、直辖市）和 119 个重点城市的创新能力水平。熵权法是一种基于计算指标信息熵来相对客观地确定指标权重的一种赋权法，由于其能够避免人为因素对指标权重带来的随机性与臆断性的影响，且具有较高精度和适应性强等特点，因此被广泛运用于确定指标权重的过程中。熵权法的具体步骤为：

（1）原始数据 x_{ij} 标准化处理：

$$x'_{ij} = \frac{x_{ij} - \min x_{ij}}{\max x_{ij} - \min x_{ij}} \qquad (1-1)$$

其中，x_{ij} 为原始数据，x'_{ij} 为标准化后的数据，$\max x_{ij}$ 为原始数据的最大值，$\min x_{ij}$ 为原始数据的最小值。

（2）将各指标同度量化，计算第 j 项指标中各样本 i 的比重 p_{ij}：

$$p_{ij} = \frac{x'_{ij}}{\sum_{i=1}^{n} x'_{ij}} \qquad (i=1, 2, \cdots, n; j=1, 2, \cdots, m) \qquad (1-2)$$

其中，n 为样本（即省份/城市）个数，m 为指标个数。

（3）计算第 j 项指标的熵值 e_j：

$$e_j = -k \sum_{i=1}^{n} p_{ij} \ln(p_{ij})$$

其中，$k = \dfrac{1}{\ln(n)}$。 （1－3）

（4）计算第 j 项指标的信息效用值 g_j：

$$g_j = 1 - e_j \tag{1－4}$$

（5）计算各指标 j 的权重 w_j：

$$w_j = \frac{g_j}{\sum_{j=1}^{m} g_j} \tag{1－5}$$

（6）计算各样本 i 的创新能力综合得分 F_i：

$$F_i = \sum_{j=1}^{m} w_j x'_{ij} \tag{1－6}$$

通过以上六个步骤，即可以测算出中国 31 个省（自治区、直辖市）和 119 个重点城市的创新能力综合得分 F 值。

（二）中国 31 个省（自治区、直辖市）的测度结果及评价分析

通过运用熵权法对中国 31 个省（自治区、直辖市）的测度，各指标的权重结果及中国 31 个省（自治区、直辖市）2018 年创新能力综合得分及排名结果分别如表 1－3、表 1－4 所示。

表 1－3　中国各省（自治区、直辖市）创新能力评价指标体系及权重

一级指标	序号	二级指标	权重
创新要素投入（11 个）	1	每万名从业人员中科技活动人员数（人/万人）	0.0158
	2	每万名从业人员中 R&D 人员数（人/万人）	0.0107
	3	每百万人中博士生毕业人数（人/百万人）	0.0319
	4	科学技术支出占地方一般公共预算支出的比重（%）	0.0170
	5	教育支出占地方一般公共预算支出的比重（%）	0.0088
	6	人均 R&D 内部经费支出额（元/人）	0.0679
	7	人均 R&D 外部经费支出额（元/人）	0.0240
	8	每万人规模以上工业企业新产品开发经费支出额（万元/万人）	0.0202
	9	每万人规模以上工业企业技术改造经费支出额（万元/万人）	0.0149
	10	每万人高新技术产业消化吸收经费支出额（万元/万人）	0.0504
	11	每万人国家自然科学基金面上项目经费（万元/万人）	0.0964

一级指标	序号	二级指标	权重
创新平台支撑 （8个）	12	每百万人拥有国家高等学校数量（所/百万人）	0.0121
	13	每百万人拥有国家实验室数量（个/百万人）	0.0473
	14	每百万人拥有国家高新区数量（个/百万人）	0.0138
	15	每百万人拥有R&D机构数（个/百万人）	0.0214
	16	每百万人拥有规模以上工业企业R&D项目数（项/百万人）	0.0226
	17	每百万人拥有国家自然科学基金面上项目数（个/百万人）	0.0439
	18	每百万人拥有国家社会科学基金项目数（个/百万人）	0.0216
	19	每百万人"新三板"上市公司数量（个/百万人）	0.0345
创新成果产出 （7个）	20	每万人SCI、EI工程发文量（篇/万人）	0.0559
	21	每万人发明专利申请数（件/万人）	0.0316
	22	每万人实用新型专利申请数（件/万人）	0.0212
	23	每万人外观设计专利申请数（件/万人）	0.0349
	24	每万人发明专利授权数（件/万人）	0.0378
	25	每万人实用新型专利授权数（件/万人）	0.0217
	26	每万人外观设计专利授权数（件/万人）	0.0358
创新成果转化 （4个）	27	每万人技术市场成交额（万元/万人）	0.0542
	28	每万人规模以上工业企业新产品销售收入（万元/万人）	0.0227
	29	每万人高新技术产业新产品销售收入（元/万人）	0.0308
	30	每万人高新技术产业工业总产值（亿元/万人）	0.0212
创新发展环境 （6个）	31	每百人拥有互联网宽带接入用户数（户/百人）	0.0262
	32	每万人拥有公共汽车数（辆/万人）	0.0058
	33	每百名学生拥有专任教师人数（人/百人）	0.0143
	34	每百人拥有医院床位数（张/百人）	0.0068
	35	每百人拥有商品房销售面积（平方米/百人）	0.0090
	36	每万人年末金融机构贷款余额（亿元/万人）	0.0160

表1-4 中国31个省（自治区、直辖市）2018年创新能力综合得分、排名及变化

省份	综合 得分F	全国 排名	排名 变化	省份	综合 得分F	全国 排名	排名 变化	省份	综合 得分F	全国 排名	排名 变化
北京	0.8244	1	0	陕西	0.1431	12	-4	甘肃	0.0816	23	-2
上海	0.4707	2	0	湖南	0.1339	13	2	山西	0.0661	24	0
江苏	0.3378	3	1	安徽	0.1321	14	-2	西藏	0.0628	25	2
浙江	0.3367	4	-1	辽宁	0.1304	15	-2	内蒙古	0.0626	26	2
广东	0.3289	5	0	江西	0.1124	16	1	黑龙江	0.0622	27	-4

省份	综合得分 F	全国排名	排名变化	省份	综合得分 F	全国排名	排名变化	省份	综合得分 F	全国排名	排名变化
天津	0.2830	6	0	宁夏	0.1059	17	-1	贵州	0.0614	28	-2
福建	0.2259	7	0	四川	0.1016	18	0	广西	0.0531	29	1
湖北	0.1529	8	2	河南	0.1004	19	-3	新疆	0.0508	30	-5
吉林	0.1491	9	5	海南	0.0997	20	9	云南	0.0466	31	0
山东	0.1475	10	-1	青海	0.0955	21	-2				
重庆	0.1441	11	0	河北	0.0829	22	-2				

从表 1-3 的权重可以看出，权重超过 0.03 的指标有 14 个，分别为每百万人中博士生毕业人数、人均 R&D 外部经费支出额、每万人高新技术产业消化吸收经费支出额、每万人国家自然科学基金面上项目经费、每百万人拥有国家实验室数量、每百万人拥有国家自然科学基金面上项目数、每百万人"新三板"上市公司数量、每万人 SCI 和 EI 工程发文量、每万人发明专利申请数、每万人外观设计专利申请数、每万人发明专利授权数、每万人外观设计专利授权数、每万人技术市场成交额、每万人高新技术产业新产品销售收入。根据信息熵的概念，指标波动的幅度越大，权重也就越大。这说明上面 14 个指标是影响省级创新能力综合得分的重要因素。从这些信息可看出，R&D 相关人员、经费投入、支撑平台、专利申请授权数、技术市场成交额、高新技术产业新产品销售收入等是提高省级创新能力的重要途径。

我国地域广阔，各省份存在地理位置、资源禀赋、文化风俗等各种因素上的区域差异。根据国家统计局的划分标准，将我国分为东部地区、中部地区、西部地区及东北地区四大区域，其中，东部地区包括北京、天津、河北、上海、江苏、浙江、福建、山东、广东和海南 10 个省市；中部地区包括山西、安徽、江西、河南、湖北和湖南 6 个省市；西部地区包括内蒙古、广西、重庆、四川、贵州、云南、西藏、陕西、甘肃、青海、宁夏和新疆 12 个省份；东北地区包括辽宁、吉林和黑龙江 3 个省份。

从表 1-4 以及图 1-1 的结果来看，2018 年全国创新能力综合得分排名前五的省份分别是北京、上海、江苏、浙江、广东，都处于东部地区。其中，北京在东部地区中排名第一，湖北在中部地区中排名第一，陕西在西部地区中排名第一，吉林在东北地区中排名第一。

与 2017 年排名相比各省份排名波动幅度较小，综合得分排名前五的省份仍为北京、上海、江苏、浙江、广东等东部五大省份，变化的仅为江苏超越浙江综合得分排名进入前三，位居北京、上海之后。此外，中部地区以及西部地区排名第一的仍为湖北与陕西,而东北地区排名第一的由辽宁变为吉林。

从各省份排名变化可知,与 2017 年全国各省份创新能力全国排名相比,排名上升的省份有 9 个,其中上升最大的省份为吉林,共上升 9 位,位居全国第九,迈入全国中上创新能力水平;排名下降的省份有 13 个,其中下降最多的为新疆,共下降 5 位,已降至研究区域倒数第二;排名不变的省份有 9 个,北京、上海创新能力全国排名依然位居第一、第二。

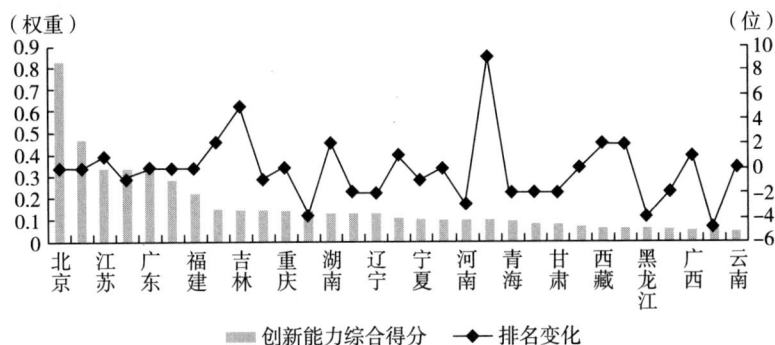

图 1-1 中国 31 个省(自治区、直辖市)2018 年创新能力综合得分、排名及变化

我们以在全国 31 个省(自治区、直辖市)综合排名第 13 位的湖南为例,对省级"创新能力评价指标体系"中所有 36 个二级指标分别测算其在全国的排名结果,得到表 1-5 所示情况。综合排名以湖南为例,2018 年湖南有 27 项评价指标排名在全国第 15 位以内(含第 15 位),其中有 3 项指标("每万名从业人员中 R&D 人员数""人均 R&D 内部经费支出额"以及"每万人拥有公共汽车数")排名进入全国前五;另外 6 项评价指标排名都在全国第 15 位之后,其中"每百人拥有互联网宽带用户数""每百万人拥有 R&D 机构数"和"每百万人拥有高等学校数"这三项指标排名最靠后,分别排在全国第 26 位、第 24 位、第 24 位。

与 2017 年湖南省各二级指标在全国的排名结果相比,排在全国第 15 位以内(含第 15 位)的指标由 19 项增加至 27 项;排名进入全国前五名的指标由 2 项增加至 3 项;排名在末尾的指标相应减少,最靠后的指标排名在第 26 位。此外,各二级指标全国排名上升的共有 19 个,其中上升最大的为"每万人年末金融机构贷款余额"这个指标,共上升 11 位;各二级指标全国排名下降的共有 10 个,其中下降最大的为"每万人高新技术产业新产品销售收入"这个指标,共下降 5 位;各二级指标全国排名不变的共有 7 个。对比 2017 年湖南省创新能力全国排名,湖南省创新能力综合得分全国排名由第 15 位提升至第 13 位,说明在湖南创新驱动战略以及"创新型省份"建设的大背景下，湖南的综合创新能力存在一定程度的提升。

表1-5 湖南省2018年创新能力各项二级评价指标在全国的排名结果及变化

序号	评价指标	全国排名	排名变化	序号	评价指标	全国排名	排名变化	序号	评价指标	全国排名	排名变化	序号	评价指标	全国排名	排名变化
1	每万名从业人员中科技活动人员数	6	0	10	每万人高新技术产业消化吸收经费支出额	12	-2	19	每百万人"新三板"上市公司数量	15	5	28	每万人规模以上工业企业新产品销售收入	12	5
2	每万名从业人员中R&D人员数	5	0	11	每万人国家自然科学基金面上项目经费	14	0	20	每万人SCI、EI工程发文量	11	-2	29	每万人高新技术产业新产品销售收入	16	-5
3	每百万人中博士生毕业人数	12	3	12	每百万人拥有国家高等学校数量	24	0	21	每万人发明专利申请数	15	4	30	每万人高新技术产业工业总产值	13	-2
4	科学技术支出占地方一般公共预算支出的比重	14	4	13	每百万人拥有国家实验室数量	21	-3	22	每万人实用新型专利申请数	21	-2	31	每百人拥有互联网宽带接入用户数	26	0
5	教育支出占地方一般公共预算支出的比重	15	1	14	每百万人拥有国家高新区数量	11	6	23	每万人外观设计专利申请数	13	-1	32	每万人拥有公共汽车数	5	8
6	人均R&D内部经费支出额	5	9	15	每百万人拥有R&D机构数	24	1	24	每万人发明专利授权数	15	1	33	每百名学生拥有专任教师人数	23	6
7	人均R&D外部经费支出额	10	3	16	每百万人拥有规模以上工业企业R&D项目数	14	2	25	每万人实用新型专利授权数	19	0	34	每百人拥有医院床位数	6	9
8	每万人规模以上工业企业新产品开发经费支出额	13	-1	17	每百万人拥有国家自然科学基金面上项目数	6	8	26	每万人外观设计专利授权数	13	0	35	每百人拥有商品房销售面积	12	3
9	每万人规模以上工业企业技术改造经费支出额	6	-1	18	每百万人拥有国家社会科学基金项目数	16	-1	27	每万人技术市场成交额	13	4	36	每万人年末金融机构贷款余额	18	11

（三）119 个重点城市的测度结果及评价分析

通过运用熵权法对中国 119 个重点城市的测度，各指标的权重结果及中国 119 个重点城市 2018 年创新能力综合得分及排名结果分别如表 1 - 6、表 1 - 7 所示。

表 1 - 6   中国重点城市创新能力评价指标体系及权重

一级指标	序号	二级指标	权重
创新要素投入 （6 个）	1	每万名从业人员中科技活动人员数（人/万人）	0.1021
	2	每万名从业人员中 R&D 人员数（人/万人）	0.1152
	3	科学技术支出占地方一般公共预算支出的比重（%）	0.1117
	4	教育支出占地方一般公共预算支出的比重（%）	0.1221
	5	人均 R&D 内部经费支出额（元/人）	0.0927
	6	每万人规模以上工业企业技术改造经费支出额（万元/万人）	0.0782
创新平台支撑 （3 个）	7	每百万人拥有国家高等学校数量（所/百万人）	0.1039
	8	每百万人拥有 R&D 机构数（个/百万人）	0.0976
	9	每百万人"新三板"上市公司数量（个/百万人）	0.0782
创新成果产出 （3 个）	10	每万人 SCI、EI 工程发文量（篇/万人）	0.0644
	11	每万人专利申请数（件/万人）	0.0964
	12	每万人专利申请授权数（件/万人）	0.0844
创新成果转化 （4 个）	13	每万人技术市场成交额（万元/万人）	0.0262
	14	每万人规模以上工业企业新产品销售收入（万元/万人）	0.1055
	15	每万人高新技术产业新产品销售收入（元/万人）	0.0966
	16	每万人高新技术产业工业总产值（亿元/万人）	0.1011
创新发展环境 （6 个）	17	每百人拥有互联网宽带接入用户数（户/百人）	0.1160
	18	每万人拥有公共汽车数（辆/万人）	0.0795
	19	每百名学生拥有专任教师人数（人/百人）	0.1016
	20	每百人拥有医院床位数（张/百人）	0.1126
	21	每百人拥有商品房销售面积（平方米/百人）	0.1148
	22	每万人年末金融机构贷款余额（亿元/万人）	0.0993

注：为避免权重中出现负值，对负值的指标权重统一做平移处理。

从表 1 - 6 的权重可以看出，权重超过 0.1 的指标有 10 个，分别为每万名从业人员中科技活动人员数、每万名从业人员中 R&D 人员数、科学技术支出占地方一般公共预算支出的比重、教育支出占地方一般公共预算支出的比重、每百万人拥有国家高等学校数量、每万人高新技术产业新产品销售收入、每万人高新技术产业工业总产值、每百名学生拥有专任教师人数、每百人拥有医院床位数、每百人拥有商品房销售面积。根

表 1-7　中国 119 个重点城市 2018 年创新能力综合得分、排名及变化情况

城市	综合得分	全国排名	排名变化	城市	综合得分	全国排名	排名变化	城市	综合得分	全国排名	排名变化	城市	综合得分	全国排名	排名变化
北京	0.5021	1	-1	绍兴	0.2450	31	-1	汕头	0.1907	61	9	泰安	0.1433	91	0
深圳	0.4993	2	1	惠州	0.2434	32	7	盐城	0.1891	62	12	保定	0.1395	92	-2
广州	0.4549	3	2	芜湖	0.2433	33	5	金华	0.1873	63	-3	莆田	0.1387	93	-6
上海	0.4314	4	3	昆明	0.2425	34	0	大连	0.1861	64	-35	丽水	0.1381	94	-35
杭州	0.3625	5	7	呼和浩特	0.2420	35	11	湘潭	0.1841	65	-13	信阳	0.1372	95	11
东莞	0.3490	6	-3	福州	0.2381	36	12	廊坊	0.1817	66	-22	桂林	0.1362	96	-11
武汉	0.3488	7	3	兰州	0.2376	37	-15	连云港	0.1811	67	16	潮州	0.1361	97	-17
珠海	0.3459	8	-4	南昌	0.2352	38	-5	舟山	0.1794	68	-52	滁州	0.1355	98	-3
佛山	0.3446	9	0	常州	0.2316	39	-22	南宁	0.1776	69	6	大庆	0.1332	99	-45
南京	0.3402	10	-2	石家庄	0.2261	40	29	马鞍山	0.1776	70	-21	南阳	0.1294	100	15
苏州	0.3247	11	2	温州	0.2256	41	23	扬州	0.1761	71	26	宜昌	0.1274	101	-39
天津	0.3123	12	2	三亚	0.2247	42	-17	烟台	0.1755	72	-9	沧州	0.1243	102	-18
长沙	0.2939	13	11	肇庆	0.2230	43	-30	揭阳	0.1712	73	41	咸阳	0.1216	103	-10
中山	0.2916	14	-8	南通	0.2195	44	7	济宁	0.1694	74	20	柳州	0.1204	104	-25
太原	0.2880	15	5	湛江	0.2161	45	65	洛阳	0.1677	75	6	九江	0.1201	105	-7
厦门	0.2834	16	-5	镇江	0.2150	46	-20	潍坊	0.1647	76	10	安庆	0.1171	106	-5
嘉兴	0.2776	17	11	银川	0.2141	47	0	淮安	0.1642	77	0	三明	0.1163	107	-11
合肥	0.2752	18	5	青岛	0.2130	48	-21	临沂	0.1624	78	27	阜阳	0.1140	108	-11
贵阳	0.2678	19	23	淄博	0.2097	49	4	哈尔滨	0.1591	79	-38	南平	0.1129	109	-5
郑州	0.2624	20	17	湖州	0.2071	50	-10	清远	0.1558	80	20	鞍山	0.1120	110	-18
无锡	0.2622	21	-3	梅州	0.2063	51	55	龙岩	0.1557	81	-3	宁德	0.1117	111	-4
乌鲁木齐	0.2580	22	10	蚌埠	0.2047	52	4	漳州	0.1516	82	15	岳阳	0.1112	112	-23
济南	0.2562	23	-2	绵阳	0.2043	53	14	包头	0.1503	83	-17	荆州	0.1071	113	-4
西安	0.2530	24	-9	沈阳	0.2022	54	-18	宿迁	0.1492	84	19	商丘	0.1070	114	4
徐州	0.2523	25	63	海口	0.2018	55	-5	泰州	0.1486	85	-20	上饶	0.1064	115	-2
威海	0.2497	26	-5	江门	0.2011	56	-7	襄阳	0.1479	86	-18	吉林	0.0977	116	-24
重庆	0.2486	27	49	株洲	0.1989	57	-5	新乡	0.1472	87	12	衡阳	0.0951	117	0
遵义	0.2477	28	84	台州	0.1979	58	13	秦皇岛	0.1462	88	-30	郴州	0.0946	118	-7
成都	0.2473	29	6	长春	0.1944	59	-16	唐山	0.1435	89	-32	邯郸	0.0913	119	-17
宁波	0.2464	30	-11	泉州	0.1933	60	12	赣州	0.1434	90	18				

据信息熵的概念，指标波动的幅度越大，权重也就越大。这说明上面 10 个指标是影响城市创新能力综合得分的重要因素。从这些信息可以看出，从事 R&D 以及科技活动相关人员数量、科学技术与教育支出比重、高等学校与专任教师数、高新技术产业新产

品销售收入和工业总产值以及医院床位数和商品房销售情况等是提高城市创新能力的重要途径。

从表1-7的结果来看，在全国119个重点城市中，2018年全国创新能力综合得分排名前五的城市分别是北京、深圳、广州、上海、杭州。2018年，全国创新能力综合得分由"北深广上"领跑，占据全国前四席位，杭州位居第五。而东莞、武汉、珠海、佛山、南京则依次成为"中国最具创新力的城市"前十。排名后10位（从第110位至第119位）的城市分别是：鞍山、宁德、郴州、荆州、商丘、上饶、吉林、岳阳、衡阳、邯郸。

此外，北京在4个直辖市中排名第一；深圳在15个副省级市中排名第一；东莞、珠海、中山、佛山、苏州在100个地级市中排名前五。

与2017年中国重点城市创新能力综合得分相比，综合得分前五的城市有所变化，由深圳、北京、东莞、珠海、广州变为北京、深圳、广州、上海、杭州。具体表现在"北深广上"领跑，占据全国前四席位，杭州位居第五。而东莞、珠海分别由第3、第4位降为第6、第8位。根据表1-7的排名变化情况来看，中国119个重点城市创新能力排名上升的城市有50个，其中提升最大的城市为遵义，提升了84位；排名下降的城市有64个，其中下降最多的城市为舟山，下降了52位；排名不变的城市有5个，分别为佛山、昆明、银川、淮安以及泰安。

以湖南的重点城市为例，湖南省入围一、二、三线城市的分别为长沙、株洲、湘潭、岳阳、衡阳、郴州6个城市，其创新能力综合排名分别为第13、第57、第65、第112、第117、第118。湖南这6个重点城市的平均排名为第80，处于119个重点城市中间靠后的位置。我们测算这6个重点城市的"创新能力评价指标体系"中所有22个二级指标在全国119个重点城市中的排名结果，得到表1-8所示情况。

表1-8　湖南省6个重点城市2018年创新能力各项二级评价指标在全国的排名结果

序号	评价指标	长沙	株洲	湘潭	岳阳	衡阳	郴州
1	每万名从业人员中科技活动人员数	14	57	53	41	45	102
2	每万名从业人员中R&D人员数	3	8	10	81	95	106
3	科学技术支出占地方一般公共预算支出的比重	51	31	33	75	79	110
4	教育支出占地方一般公共预算支出的比重	89	108	110	64	109	67
5	人均R&D内部经费支出额	16	43	47	95	74	97
6	每万人规模以上工业企业技术改造经费支出额	35	48	54	98	90	114
7	每百万人拥有国家高等学校数量	15	30	39	107	100	89
8	每百万人拥有R&D机构数	27	68	96	49	45	21

续表

序号	评价指标	长沙	株洲	湘潭	岳阳	衡阳	郴州
9	每百万人"新三板"上市公司数量	19	114	60	115	82	113
10	每万人 SCI、EI 工程发文量	13	53	22	114	89	75
11	每万人专利申请数	103	53	40	22	68	50
12	每万人专利申请授权数	103	70	76	26	63	24
13	每万人技术市场成交额	55	34	23	43	46	56
14	每万人规模以上工业企业新产品销售收入	57	82	93	72	68	54
15	每万人高新技术产业新产品销售收入	77	92	97	86	84	73
16	每万人高新技术产业工业总产值	56	99	85	70	64	50
17	每百人拥有互联网宽带接入用户数	41	76	73	100	102	113
18	每万人拥有公共汽车数	83	5	16	42	13	72
19	每百名学生拥有专任教师人数	17	60	34	109	100	70
20	每百人拥有医院床位数	24	48	42	83	89	88
21	每百人拥有商品房销售面积	12	38	63	66	95	107
22	每万人年末金融机构贷款余额	21	86	71	109	107	113
	全国综合排名	13	57	65	112	117	118

从表 1-8 可以看出，2018 年长沙有 8 项评价指标排名在全国第 20 位以内，处于全国前列，分别是每万名从业人员中科技活动人员数、每万名从业人员中 R&D 人员数、人均 R&D 内部经费支出额、每百万人拥有国家高等学校数量、每百万人"新三板"上市公司数量、每万人 SCI 和 EI 工程发文量、每百名学生拥有专任教师人数、每百人拥有商品房销售面积；另外的 14 项评价指标排名都在全国第 20 位之后，其中每万人专利申请数、每万人专利申请授权数这两项指标排名最靠后，是其"短板"，排在全国第 103 位。而株洲、岳阳的"短板"是每百万人"新三板"上市公司数量这项指标，分别排在全国第 114 位、第 115 位。湘潭的"短板"是教育支出占地方一般公共预算支出的比重这项指标，排在全国第 110 位。衡阳的"短板"是教育支出占地方一般公共预算支出的比重这个指标，排名全国第 109 位。郴州的"短板"是每万人规模以上工业企业技术改造经费支出额，排名全国第 114 位。

由图 1-2 可知，对比 2017 年湖南省 6 个重点城市创新能力排名结果，除长沙提升了 9 位，位居全国重点城市第 13 位；株洲、湘潭、郴州、岳阳以及衡阳均存在不同程度的下降。其中，岳阳下降最大，由 2017 年的全国第 89 位降至第 112 位。

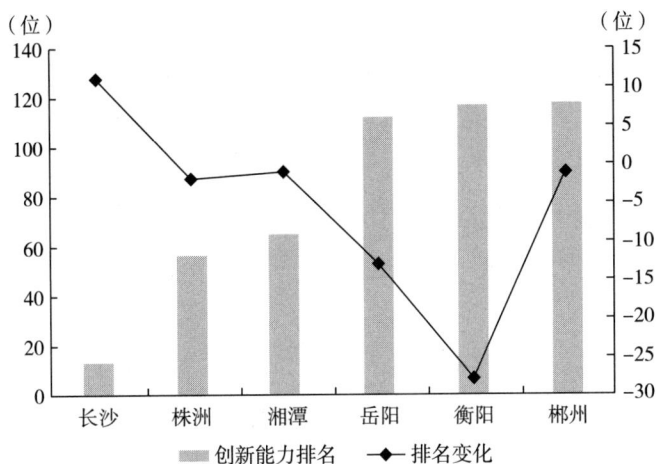

图 1-2 湖南省 2018 年创新能力综合得分、排名及变化

四、主要结论与对策建议

综上所述，本报告得出以下主要结论：

第一，2018 年全国创新能力综合得分排名前五的省份分别是北京、上海、江苏、浙江、广东，都处于东部地区。其中，北京在东部地区中排名第一，湖北在中部地区中排名第一，陕西在西部地区中排名第一，吉林在东北地区中排名第一。与 2017 年排名相比，各省份排名波动幅度较小，综合得分排名前五的省份仍为北京、上海、江苏、浙江、广东东部五大省份，变化的仅为江苏超越浙江综合得分排名进入前三，位居北京、上海之后。此外，中部地区以及西部地区排名第一的仍为湖北与陕西，而东北地区排名第一的由辽宁变为吉林。此外，湖南省全国创新能力综合得分由第 15 位提升至第 13 位。

第二，每百万人中博士生毕业人数、人均 R&D 外部经费支出额、每万人高新技术产业消化吸收经费支出额、每万人国家自然科学基金面上项目经费、每百万人拥有国家实验室数量、每百万人拥有国家自然科学基金面上项目数、每百万人"新三板"上市公司数量、每万人 SCI 和 EI 工程发文量、每万人发明专利申请数、每万人外观设计专利申请数、每万人发明专利授权数、每万人外观设计专利授权数、每万人技术市场成交额、每万人高新技术产业新产品销售收入等 24 个指标是影响省级创新能力综合得分的重要因素。

第三，在全国 119 个重点城市中，2018 年全国创新能力综合得分排名前五的城市分别是北京、深圳、广州、上海、杭州。2018 年，全国创新能力综合得分由"北深广上"领跑，占据全国前四席位，杭州位居第五位。而东莞、武汉、珠海、佛山、南京则依次成为"中国最具创新力的城市"前十。此外，北京在 4 个直辖市中排名第一；深圳在 15 个副省级市中排名第一；东莞、珠海、中山、佛山、苏州在 100 个地级市中排名前五。

第四，每万名从业人员中科技活动人员数、每万名从业人员中 R&D 人员数、科学技术支出占地方一般公共预算支出的比重、教育支出占地方一般公共预算支出的比重、每百万人拥有国家高等学校数量、每万人高新技术产业新产品销售收入、每万人高新技术产业工业总产值、每百名学生拥有专任教师人数、每百人拥有医院床位数、每百人拥有商品房销售面积 10 个指标是影响城市创新能力综合得分的重要因素。

在前文分析、研究的基础上，我们紧紧抓住影响创新能力的关键因素，提出如下对策建议：

第一，加快创新成果转化，改善城市综合环境。创新的最终目的是实现科技成果的产出，主要包括新技术、新产品、新的生产方式等具有实用价值的成果，最后将这些科技成果投入到社会生产实践中，为个人、企业、科研机构等创造经济效益。通过前文的分析可以看出，科技成果产出是影响创新能力得分的重要因素。因此，应注重解决企业科技成果产出和转化方面存在的问题。在科技成果产出方面，应积极推动区内企业与高等院校以及科研机构开展合作，为企业在项目申报、产权交易、科技咨询等方面提供服务，实现科技成果的快速产出。在科技成果转化方面，应以市场需求为导向，搭建技术交易、产权交易的市场，拓宽企业科技成果转化的渠道和途径。高新企业要发挥带头作用，积极吸收、消化科技成果，将科技成果应用于企业生产实践，推动企业生产效率的提高，企业生产效率的提高可以为其创造更多的经济效益，从而形成良性循环，最终推动创新能力的提高。

第二，加大创新投入力度，提高资源利用效率。政府要加大对创新型企业的支持力度，鼓励企业积极创新，在税收、资金等方面给予相应支持，提高科技经费占财政支出比例，解决科技投融资难问题，以市场拉动科技创新的投入。增加研发型企业政策的获得感，强化企业科技创新的主体地位。增强企业开展科技创新活动的紧迫感和吸纳创新成果的主动意识，引导企业调整优化结构，支持企业承担重大项目研发任务，同时还需要引导企业增强知识产权保护意识。

第三，大力改善人才环境，尽快形成吸引人才、留住人才的有效机制。人才是科技创新的根本保证，重大科技创新项目和产业化成功的关键在人才。政府要制定一系列优惠政策，不断加大引进各类优秀人才的力度，如鼓励和支持创办企业、专利和技术入股，广开人才引进渠道。除了高水平人才的培养和引进外，还应重视对社会劳动者素质的培养和提高，在不断提高城市化水平的同时，加大进城务工人员和农民的职业素质教育力度，为科技创新提供大批的合格劳动者。

第四，建立科技中介服务体系良性运行机制。努力促进高校、科研机构和企业间的协同机制，真正实现完全意义上"利益共享、风险共担"的产学研联合，开放高校和科研机构的仪器和实验室以实现技术设备资源的共享，降低企业技术创新的成本。进一步完善科技中介服务体系的自我运行机制，加强科技中介服务机构在科技创新活动中的"纽带"功能，使之成为风险和利益的主体；积极探索基于现代网络技术的信息流动与扩散机制，在更高层次上和更大范围内实现创新资源的共享和整合。巩固和发展软科学及决策咨询产业，整合优化公共决策咨询人才队伍，提高科技决策咨询能力和水平。

参考文献

［1］湖南创新发展研究院．2019 湖南创新发展研究院智库研究报告——创新引领高质量发展［M］．北京：经济管理出版社，2019．

［2］中国科学院地理科学与资源研究所．中国创新型城市发展报告［M］．北京：科学出版社，2013．

［3］朱孔来，王忠辉．山东区域创新能力的评价分析及提升对策［J］．环渤海经济瞭望，2009（1）：47－51．

［4］中国科学院《中国区域创新指数报告（2019）》发布［EB/OL］．http：//www．clas．ac．cn/xwzx2016/xwzxcmsm2017/202003/t20200331_5522550．html．

［5］赵宏波，李光慧，苗长虹．河南省区域创新能力与提升路径［J］．经济经纬，2020，37（4）：11－19．

［6］朴哲范，缪彬彬，张伟恩．区域经济创新发展能力评价研究——以浙江省为例［J］．河北经贸大学学报，2019，40（3）：87－93．

［7］柳卸林，徐晓丹，高太山．广东区域创新能力分析——基于《中国区域创新能力评价报告2019》的解读［J］．广东科技，2019，28（12）：15－19．

［8］高原．河北省创新能力排位情况分析——基于《中国区域科技创新评价报告2018》分析［J］．知识经济，2019（18）：6－7．

［9］姜文仙，张慧晴．珠三角区域创新能力评价研究［J］．科技管理研究，2019，39（8）：39－47．

［10］李兴光，王玉荣，周海娟．京津冀区域创新能力动态变化分析——基于《中国区域创新能力评价报告（2009—2016）》的研究［J］．经济与管理，2018，32（2）：9－16．

第二章

"创新型省份"建设与湖南市州创新发展能力评价*

内容提要：本章继续采用湖南创新发展研究院对各市州综合创新能力的评价指标体系，运用2018年的年度统计数据，采用综合评价法，对湖南省各市州的综合创新能力进行了测度。研究结果表明，与上年相比，长株潭的综合创新能力继续领跑其他各市州；岳阳在创新绩效中名列前茅；常德综合创新能力排名相对下降；益阳创新环境有所改善，综合创新能力有待进一步提升；娄底创新绩效和综合创新能力有较大幅度上升；怀化虽然创新投入大幅增加，但创新产出和创新绩效没有相应提高；湘西和张家界的综合创新能力虽然有所提升，但由于创新环境相对落后，创新投入相对较弱，所以创新绩效相对较差。

关键词："创新型省份"建设；市州创新发展能力；创新绩效；综合评价

核心观点：

（1）"创新型省份"建设的关键在于缩小各市州的区域创新能力，特别是要提升大湘西区域的综合创新能力。

（2）"十四五"时期，长株潭地区要继续以自主创新示范区建设为统领，实现创新和创业政策的一体化，吸引海内外创新资源，优化创新要素布局，瞄准湖南优势产业集群升级的核心关键技术，特别是新一代数字化信息技术和基础研究，进行科技创新。

（3）提质全省的交通和新一代信息技术基础设施建设，构建省内、省外联通的高铁网络和覆盖偏远地区的5G信息网络，加速吸引省内外优质创新资源向湘中和湘西地区流动和集聚，进一步缩小区域内创新差距。

＊ 本章是2019年湖南省社科基金智库专项重点项目"湖南区块链技术创新与产业发展研究"（项目编号19ZWB34）的阶段性成果，项目负责人为曾世宏教授。

（4）优化科技资金投入机制和管理机制，进一步优化和落实科技创新的各项政策，发挥财政科技资金投入的带动效应和放大效应，壮大全社会研发投入，落实省内创新追赶专项基金，优化区域创新绩效评价办法，引导相对落后的地区发挥自身优势，结合特色资源，积极进行产业创新。

一、引言

党的十九大报告提出"加快创新型国家建设"要求，为贯彻党的战略部署，科技部计划到 2020 年建设一批"创新型省份"。湖南省委、省政府积极争创，于 2018 年 10 月成为全国第 10 个获批建设的"创新型省份"。围绕建设"创新型省份"的战略使命，湖南省委、省政府及各相关部门大力推进以科技创新为核心的全面创新，不断改革创新制度、培育创新文化、优化创新体系，为深入推进"创新型省份"建设奠定了良好的基础。湖南作为中部地区的科教大省、人口大省，将丰富的劳动力资源转化为人才资源、创新资源，是推动湖南经济社会持续健康发展的关键。自 2018 年 10 月获批建设"创新型省份"以来，湖南着力打造产业集群水平高、自主创新能力强、科技综合实力突出的"创新型省份"，这是顺应创新型国家建设战略、贯彻党的十九大精神的具体体现，是用好湖南人才资源、挖掘湖南创新潜能的内在要求，也是推进中部崛起、增强国家综合竞争力的必然选择。

将"创新型省份"建设作为推动全省高质量发展的重要抓手，坚持发展是第一要务，人才是第一资源，创新是第一动力，以科技创新为核心，统筹推进产品创新、文化创新、管理创新等各领域全面创新，更加注重科技与经济深度融合，强化供给侧结构性改革，实施动力变革、质量变革、效率变革，坚持自主创新，增强区域创新能力，增加研发投入，积极培育创新主体，汇聚创新资源，着力构建创新合力，加快建设现代化经济体系，全面提升湖南区域创新能力，服务创新型国家建设，形成"创新条件完善、创新环境优良、创新要素集聚、创新平台健全、创新主体活跃、创新体系运行高效、创新成果源源不断、创新产业不断涌现"的良好局面，为中西部建设"创新型省份"积累可复制、可推广的经验。

因此，在"创新型省份"建设的大背景下，对于湖南省各地州市来说，如何充分利用自身的区位优势与有力政策，加快区域创新体系的构建，提升区域创新能力，促进本地经济发展成为"十四五"时期亟待解决的重大战略问题，并对全省有效发挥现有科技资源优势，缩小区域创新差距，提升区域创新整体能力，建设创新型湖南，实现由科技大省向科技强省转变具有重要的现实意义和理论价值。从全省的角度来看，构建区域创新体系、缩小区域创新差距和增强区域创新能力是推动区域发展和科技进步的一种战略思路。因此需要正确、客观地揭示和评价湖南各市州综合创新能力的现状，发现制约各市州"十四五"创新能力提高的因素与创新优势之所在，研究从区域创新体系构建的角度来分析提升湖南各市州综合创新能力的有效途径，并制定科学合理的区域创新对策，实现创新引领高质量发展。

二、湖南省各市州综合创新能力评价

（一）评价指标体系构建与评价方法

为了保持研究结果的连续性和可比性，本书大部分沿用《2019 湖南创新发展研究报告》中的区域综合创新能力评价指标体系。这些创新指标体系分为两个层次。第一层次反映区域创新总体发展情况；第二层次反映区域创新环境、创新投入、创新产出和创新绩效四个领域的发展情况。为了能够真正地反映湖南省 14 个地级市创新能力的大小，本书共选取了 21 个指标体系，这些指标都是结合地方实际情况选取的。为了便于后文的说明，将各指标用英文大写字母进行说明。为了减少由于权重的差异而引起的判断误差，本书中的二级指标的权重相同。一级指标由于对综合创新能力影响大小的不同，所以应设定不同的权重进行区分。经过综合的考虑，将创新环境和创新投入的权重都设为 0.15，将创新产出和创新绩效的权重都设为 0.35，如表 2 - 1 所示。

表 2 - 1　区域综合创新能力评价指标体系

一级指标	二级指标	权重
1. 创新环境 （0.15）	1.1　A. 科技活动人员数占年平均就业人员数的比重（人/万人）	1/5
	1.2　B. 人均 GDP（元/人）	1/5
	1.3　C. 互联网用户数（万户）	1/5
	1.4　D. 教育支出占公共财政支出的比重（%）	1/5
	1.5　E. 公共图书馆图书总藏量（千册）	1/5
2. 创新投入 （0.15）	2.1　F. 规模以上工业企业每万人 R&D 人员全时当量（人·年）	1/5
	2.2　G. R&D 经费内部支出占 GDP 的比重（%）	1/5
	2.3　H. 规模以上工业企业 R&D 经费内部支出/研发人数（万元/人）	1/5
	2.4　I. 规模以上工业企业 R&D 经费占主营业务收入比重（%）	1/5
	2.5　J. 规模以上工业企业办科技机构数所占比重（%）	1/5

续表

一级指标	二级指标	权重
3. 创新产出 （0.35）	3.1　K. 全部 R&D 项目数（项）	1/6
	3.2　L. 专利授权数（件）	1/6
	3.3　M. 发表科技论文数（篇）	1/6
	3.4　N. 每万人 R&D 人员技术合同成交金额（亿元/万人）	1/6
	3.5　O. 新认定的总的商标数（件）	1/6
	3.6　P. 规模以上工业企业新产品产值（万元）	1/6
4. 创新绩效 （0.35）	4.1　Q. 第三产业增加值占 GDP 的比重（%）	1/5
	4.2　R. 规模以上工业企业新产品销售收入占主营业务收入的比重（%）	1/5
	4.3　S. 单位 GDP 能耗（吨标准煤/万元）	1/5
	4.4　T. 劳动生产率（万元/人）	1/5
	4.5　U. 高新技术产业对经济增长的贡献率（%）	1/5

（二）各评价指标的描述统计

1. 创新环境

该领域主要反映创新驱动发展所必备的人力、财力等基础条件的支撑情况，以及政策环境对创新的引导和扶持力度，共设五个评价指标，分别是 A——科技活动人员数占年平均就业人员数的比重（人/万人）、B——人均 GDP（元/人）、C——互联网用户数（万户）、D——教育支出占公共财政支出的比重（%）、E——公共图书馆图书总藏量（千册）。

科技活动人员数占年平均从业人员的比值反映出湖南省就业人员的综合素质和人力创新资源的情况，2018 年湖南省各地州市科技活动人员数占年平均从业人员的比值如图 2-1 所示。从图 2-1 可以看出，比值由高到低的排名依次为：长沙、株洲、湘潭、益阳、岳阳、衡阳、永州、常德、郴州、怀化、邵阳、娄底、湘西、张家界。相对而言，排名前三的长株潭三个地州市的科技活动人员占年平均就业人员的比重远远高于其他地州市。比值排名第一的长沙达到了每一万从业人员中有 852 个科技活动人员，而比值排在最后一名的张家界每一万从业人员中仅有 113 个科技活动人员。由此得出，科技活动人员数占年平均从业人员的比值存在地区差异。

发展经济学中常用人均 GDP 作为衡量经济发展状况的指标，是最重要的宏观经济指标之一，它可以反映出一个国家或地区的经济实力，也可以反映出经济增长与创新能力发展之间相互依存、相互促进的关系。因此，人均 GDP 可作为衡量区域创新环境的指标之一。2018 年，湖南省各地州市人均 GDP 的比较如图 2-2 所示。从图 2-2 中可以看出,湖南省 14 个地州市人均 GDP 排名由高到低依次为:长沙、湘潭、株洲、岳阳、常德、郴州、衡阳、益阳、娄底、张家界、永州、怀化、邵阳、湘西。从图 2 - 2 中可以看出,长沙的人均 GDP 达到了 131207 元/人,远远高于湖南省其他地州市的人均 GDP。湘潭、株洲、岳阳、常德四个地级市的人均 GDP 也都超过了 50000 元/人,说明其经济发展状况还算可以。而怀化、邵阳、湘西的人均 GDP 都没有超过 30000 元/人,其经济发展水平还有待提升。

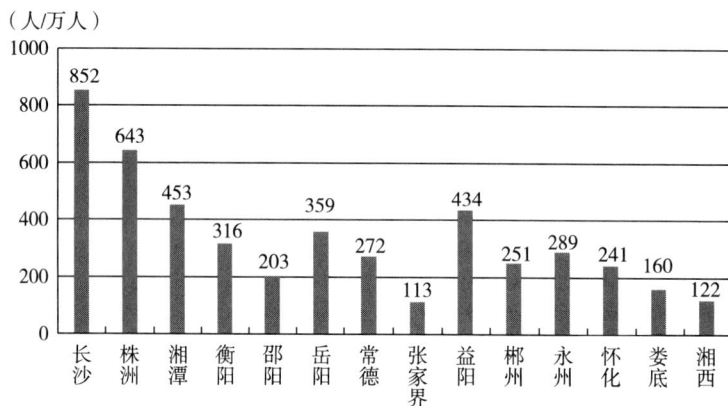

（人/万人）

图 2 - 1 2018 年湖南省各地州市科技活动人员数占年平均从业人数的比重

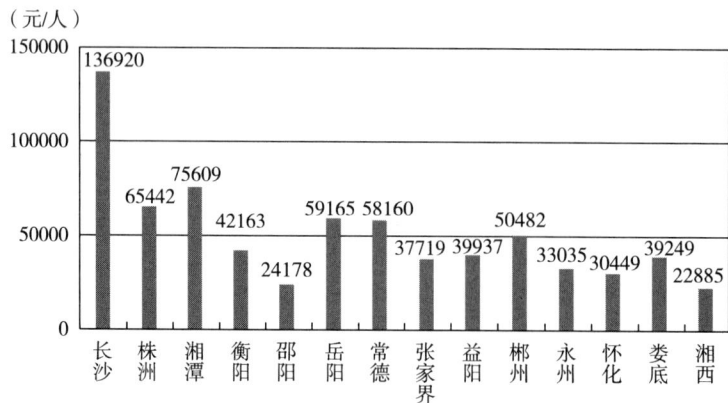

（元/人）

图 2 - 2 2018 年湖南省各地州市人均 GDP 比较

互联网用户数通常是用来衡量地区创新环境的一个指标,可以反映社会利用信息通信技术来创建、获取、使用和分享信息及知识的能力以及信息化发展对社会经济发展的推动作用。从图 2 - 3 可以看出,2018 年湖南省 14 个地州市移动互联网用户数的排名依次是:长沙、衡阳、常德、岳阳、邵阳、郴州、株洲、怀化、永州、益阳、娄底、湘潭、湘西、张家界。其中互联网用户数排名第一的长沙拥有 1127.17 万用户，远远高于排名第二衡阳的用户数，这说明长沙的信息化比较发达。互联网的普及率存在非常大的地区差异。

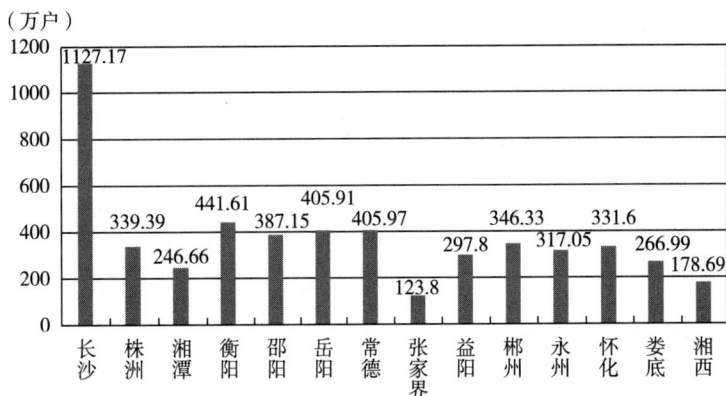

图 2-3 2018 年湖南省各地州市互联网用户数

教育支出占公共财政支出的比重是衡量一个地区教育水平的基础线，是衡量创新环境的一个指标，它反映一个地区教育投入的大小，反映政府对教育的支持力度以及重点、关键和前沿领域的规划和引导作用。从图 2-4 中可以看出，2018 年湖南省各地州市教育支出占公共财政支出的比重排名依次是：永州、湘西、郴州、娄底、衡阳、怀化、邵阳、益阳、长沙、常德、张家界、株洲、岳阳、湘潭。从总体上看，湖南省 14 个地州市的教育支出占财政支出的比重差距不是很大。

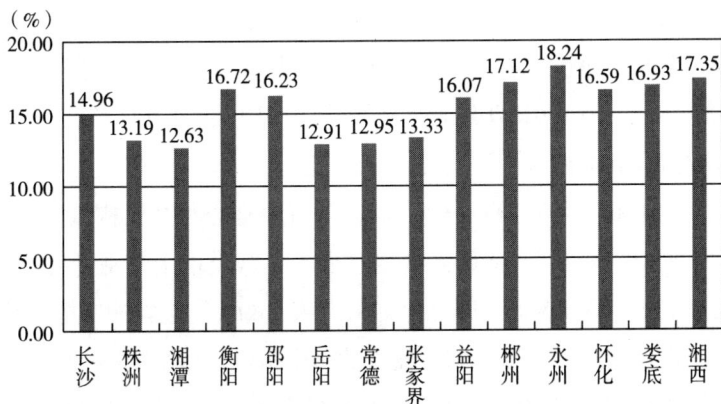

图 2-4 2018 年湖南省各地州市教育支出占公共财政支出的比重

公共图书馆图书总藏量是创新环境的一个重要指标，该指标从侧面反映了企业的创新环境情况。由图2-5可以看出，2018年湖南省各地州市公共图书馆图书总藏量的排名依次为：长沙、株洲、邵阳、衡阳、怀化、永州、常德、湘潭、郴州、岳阳、益阳、娄底、湘西、张家界。排名第一的长沙公共图书馆图书总藏量为10848千册，是排在最后一名张家界的27倍左右。湖南省排名前三的地州市公共图书馆图书总藏量数占全省总数的50%，而排名靠后的三个地州市公共图书馆图书总藏量数仅占全省总数的7%。由此可见，2018年湖南省各地州市公共图书馆图书总藏量存在严重的地区差异。

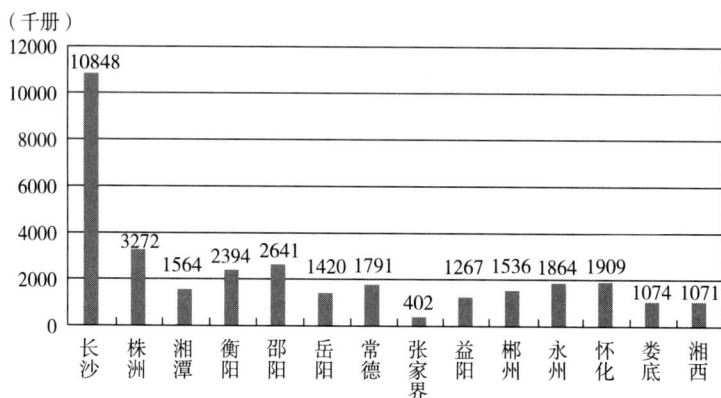

图2-5 2018年湖南省各地州市公共图书馆图书总藏量

2. 创新投入

该领域通过创新的人力财力投入情况、企业创新主体中发挥关键作用的部门（研发机构）的建设情况以及创新主体的合作情况来反映区域创新体系中各主体的作用和关系。该领域共设五个评价指标，分别是：F——规模以上工业企业每万人R&D人员全时当量（人·年）、G——R&D经费内部支出占GDP的比重（%）、H——规模以上工业企业R&D经费内部支出/研发人数（万元/人）、I——规模以上工业企业R&D经费占主营业务收入比重（%）、J——规模以上工业企业办科技机构数所占比重（%）。

规模以上工业企业每万人R&D人员全时当量是规模以上工业企业R&D人员全时当量与规模以上工业企业R&D人员之比，每万人R&D人员全时当量反映的是自主创新人力的投入规模和强度，是衡量创新投入的一个指标。由图2-6可知，2018年湖南省14个地州市规模以上工业企业每万人R&D人员全时当量排名依次为：长沙、株洲、岳阳、常德、湘潭、益阳、衡阳、永州、郴州、邵阳、怀化、娄底、张家界、湘西。根据排名可知，排名第一的是长沙为37851人·年，而排名最后的是湘西为230人·年，两者相差 37621 人·年，相差较大，说明 2018 年湖南省各地州市自主创新人力的投入规模相差较不平稳。

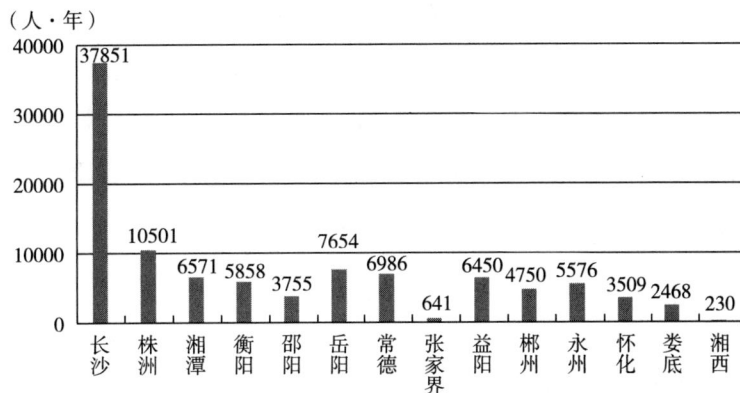

图 2-6 2018 年湖南省各地州市规模以上工业企业每万人 R&D 人员全时当量比较

R&D 经费内部支出占 GDP 比重是用来衡量创新投入的另一个指标，它是反映一个国家或者地区科技投入水平的核心指标，也是我国国家中长期科技发展规划纲要中的重要指标。从图 2-7 中我们可以看出，2018 年湖南省各地州市 R&D 经费内部支出占 GDP 比重的排名依次是：株洲、长沙、湘潭、岳阳、益阳、怀化、永州、衡阳、邵阳、娄底、郴州、常德、湘西、张家界。最多的是株洲 2.86%，最少的是张家界，仅为 0.29%，这说明湖南省各地州市的 R&D 投入强度极度不平衡，存在严重的地区差异性。

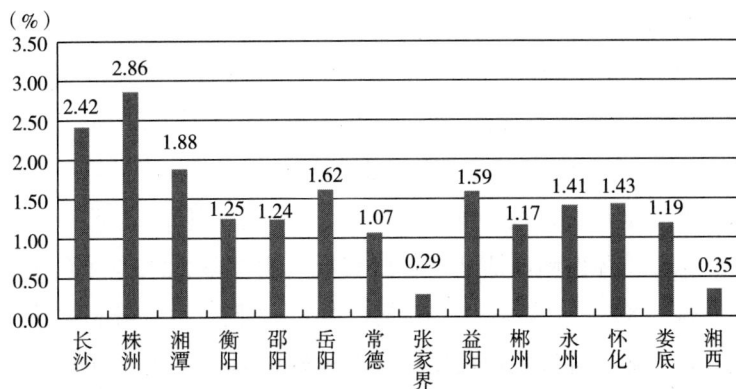

图 2-7 2018 年湖南省各地州市 R&D 经费内部支出占 GDP 比重的比较

规模以上工业企业每个 R&D 活动人员的 R&D 经费内部支出是用来衡量创新投入

的一个指标，在一定程度上可以代表一个地区的创新能力，是用来反映一个地区在提高原始创新能力上所做的努力。由图2－8可以看出，2018年湖南省各地州市规模以上工业企业每个R&D活动人员的R&D经费内部支出的排名依次是：长沙、娄底、湘潭、怀化、岳阳、株洲、郴州、衡阳、常德、邵阳、湘西、永州、益阳、张家界。从图2－8中可以看出，湖南省各地州市每个R&D活动人员的R&D经费内部支出大部分都在20万元/人到50万元/人，整体来看，各地州市的原始创新能力差异不大，但从排名第一的长沙与排名最后的张家界相差29.25万元/人来看，相差还是较大的，所以就湖南省而言，其原始创新能力的差异较大。

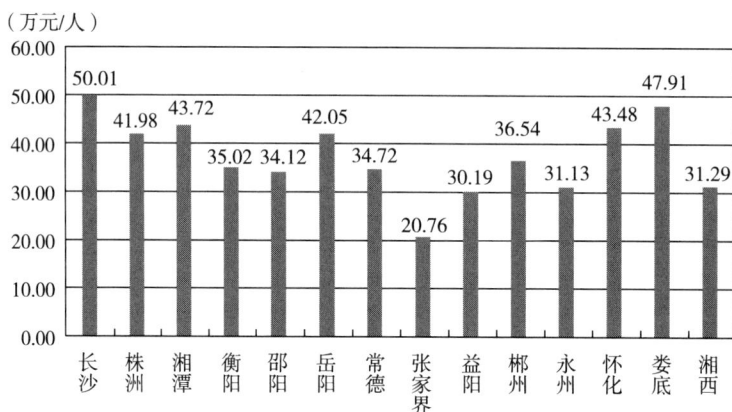

图2－8　2018年湖南省各地州市规模以上工业企业每个R&D

活动人员的R&D经费内部支出比较

企业是创新互动的主体，而工业企业又在企业创新活动中占主导地位。规模以上企业R&D经费与规模以上工业企业主营业务收入之比反映了创新活动主体的经费投入情况，是衡量一个地区创新投入的指标。由图2－9可以看出，2018年湖南省各地州市规模以上企业R&D经费内部支出占主营业务收入比重的排名依次是：长沙、株洲、怀化、衡阳、张家界、永州、常德、湘潭、湘西、益阳、邵阳、岳阳、郴州、娄底。排名前三的长沙、株洲、怀化创新活动主体经费投入相差不大，其余各地州市的创新活动经费投入都超过了8%，但与第一的长沙还是有点差距，要提升总体经费投入。

规模以上工业企业办科教机构数所占比重是规模以上企业办科教机构数与规模以上企业数之比。企业办科教机构是指企业自办（或与外单位合办），管理上同生产系统相对独立（或者单独核算）的专门科技活动机构，主要任务是从事科技活动，该指标从侧面反映了企业持续开展科技活动的能力，是衡量创新投入的指标。由图2－10可以看出，2018年湖南省各地州市规模以上工业企业办科教机构数所占比重排名依次为：

长沙、永州、郴州、常德、张家界、衡阳、益阳、怀化、株洲、岳阳、娄底、湘西、邵阳、湘潭。从图 2-10 中我们可以看出,湖南省各地州市规模以上工业企业办科教机构数所占比重分为两个梯队,第一梯队是长沙、永州、郴州,比重都超过了 12%;第二梯队为常德、张家界、衡阳、益阳、怀化、株洲、岳阳、娄底、湘西、邵阳、湘潭,比重都不超过 10%;同一梯队内部之间相差不大,但是从排名第一的长沙是排名最后湘潭的 6 倍来看,湖南省 2018 年各地州市规模以上工业企业办科技机构数所占比重的地区差异化整体还是比较大的。

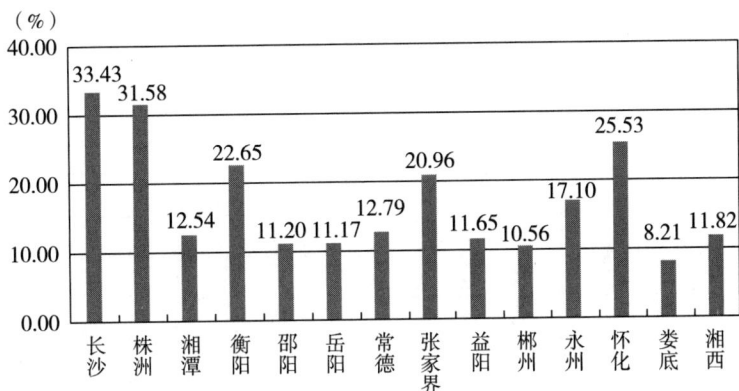

图 2-9 2018 年湖南省各地州市规模以上工业企业 R&D 经费内部支出占主营业务收入比重

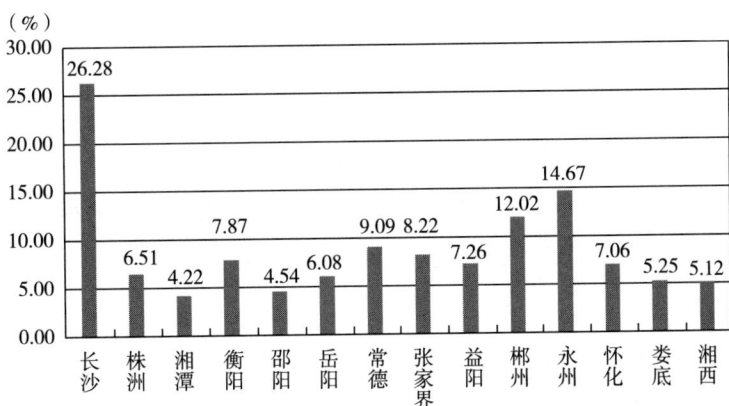

图 2-10 2018 年湖南省各地州市规模以上工业企业办科教机构数所占比重的比较

3. 创新产出

该领域通过论文、专利、商标、技术成果成交额反映创新中间产出结果,该领域共设六个评价指标,分别是 K——全部 R&D 项目数(项)、L——专利授权数(件)、

M——发表科技论文数（篇）、N——每万人 R&D 人员技术合同成交金额（亿元/万人）、O——新认定的总的商标数（件）、P——规模以上工业企业新产品产值（万元）。

全部 R&D 项目（课题）数是指研发活动项目的数量，是衡量地区创新产出的一个指标，该指标反映了研发活动的产出水平和效率。由图 2-11 可以看出，2018 年湖南省各地州市全部 R&D 项目（课题）数排名依次为：长沙、永州、常德、衡阳、株洲、益阳、岳阳、郴州、邵阳、怀化、湘潭、娄底、张家界、湘西。湖南省 2018 年的 R&D 活动项目主要集中在某些地级市，导致地区差距非常大。

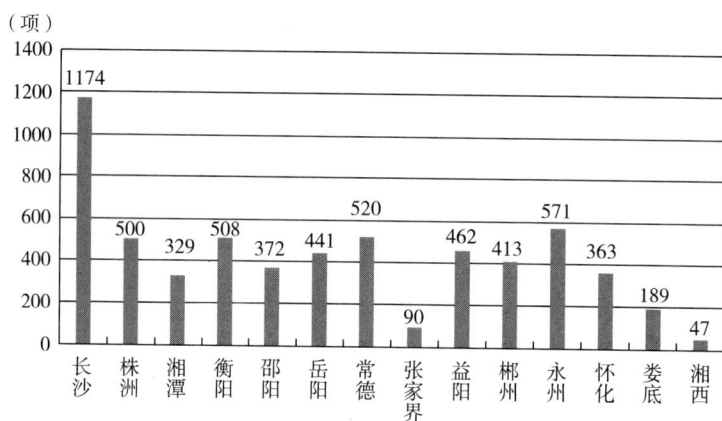

图 2-11　2018 年湖南省各地州市 R&D 项目（课题）数比较

专利授权数是指国内职务专利授权数，专利授权数是创新活动中间产出的又一重要成果形式，同时也是反映研发活动的产出水平和效率的重要指标。由图 2-12 中可以看出，2018 年湖南省各地州市专利授权数排名依次是：长沙、株洲、常德、益阳、湘潭、岳阳、永州、衡阳、邵阳、郴州、怀化、娄底、张家界、湘西。从图 2-12 中可以看出，排名第一的长沙在 2018 年的专利授权数为 10138 件，比排名第二的株洲多了 5138 件，相差非常大，说明长沙研发活动的产出水平很高。其中长沙的专利授权数占了全省总数的 38.49%，而且是排名最后湘西的 72 倍。由此可见，湖南省各地州市的研发水平存在着非常大的地区差异。

科技论文是指事业单位立项的、由科技项目产生的、并在有正规刊号的刊物上发表的学术论文，科技论文是创新活动中产出的重要成果形式之一。该指标反映出研发活动的产出水平和效率。由图 2-13 可以得出，2018 年湖南省各地州市发表论文数排名依次为：长沙、湘潭、衡阳、株洲、益阳、常德、邵阳、岳阳、永州、娄底、郴州、湘西、怀化、张家界。其中排名前三的长沙、湘潭、衡阳，占湖南省 2018 年各地州市总发表科技论文的 77.58%，排名后三名的湘西、怀化、张家界，仅占湖南省 2018 年各地州市总共发表科技论文的 2.73%。发表科技论文篇数第一的长沙是排名最后的张家界的 268 倍，由此可见，2018 年湖南省各地州市发表科技论文数具有明显的地区差异。

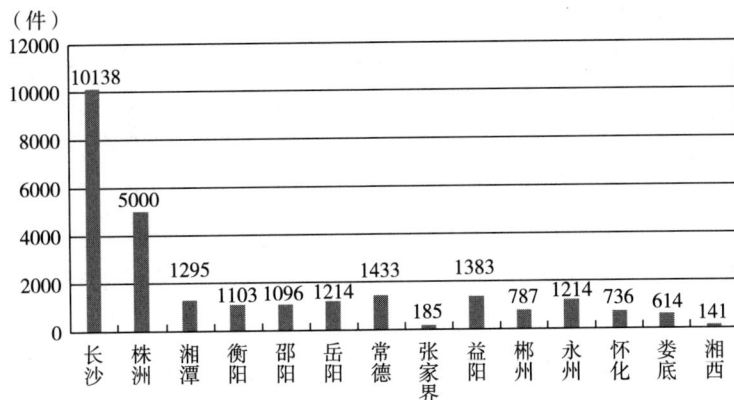

图 2-12 2018 年湖南省各地州市专利授权数比较

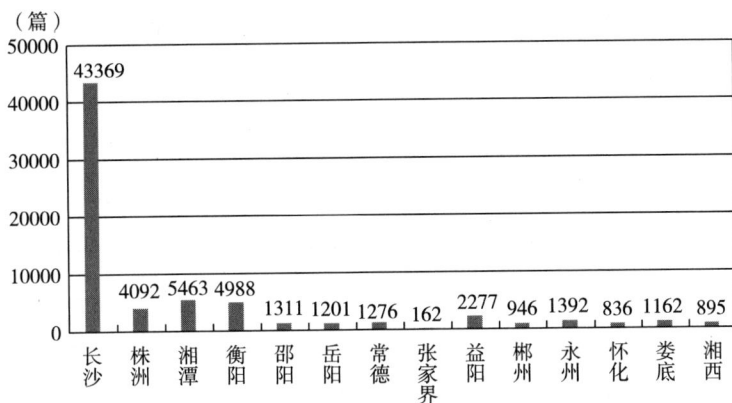

图 2-13 2018 年湖南省各地州市发表论文数比较

技术市场成交额是指全国技术市场合同成交项目的总金额，是衡量创新产出的一个指标。该指标反映技术转移和科技成果转化的总体规模。由图 2-14 可以看出，2018 年湖南省各地州市每万名 R&D 人员技术合同成交额排名依次为：湘潭、株洲、长沙、常德、怀化、张家界、衡阳、邵阳、湘西、益阳、娄底、岳阳、郴州、永州。2018 年技术交易活动主要集中在长株潭地区，技术合同成交总额达 234.52 亿元，占全省的 83.26%，常德、株洲和岳阳的技术合同成交额增速排全省前三。

（亿元/万人）

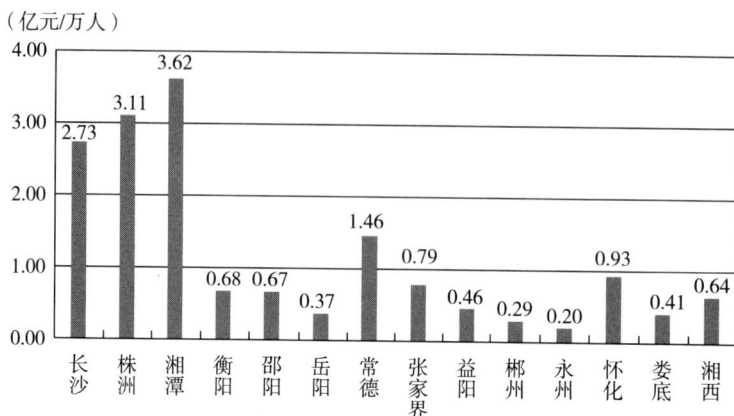

图 2 - 14　2018 年湖南省各地州市每万人 R&D 人员技术合同成交额比较

商标拥有量指企业拥有的在国内外知识产权部门注册的受知识产权保护的商标数量。该指标在一定程度上反映出企业自主品牌的拥有情况和自主品牌的经营能力，是创新产出的一个指标。由图 2 - 15 可以看出，2018 年湖南省各地州市新认定的总的商标数排名依次为：长沙、株洲、湘潭、衡阳、常德、益阳、岳阳、永州、郴州、娄底、怀化、邵阳、张家界、湘西。除了排名第一的长沙新认定的商标数为 10293 件。其余的地州市新认定的商标数相差不是很大。

（件）

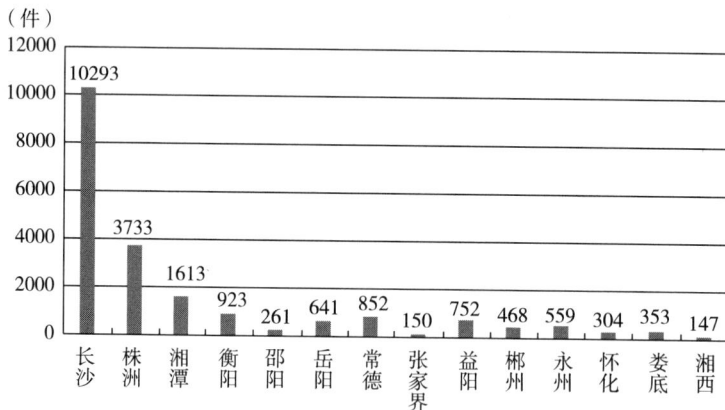

图 2 - 15　2018 年湖南省各地州市新认定的总的商标数比较

新产品开发是指从研究选择适应市场需要的产品开始到产品设计、工艺制造设计，直到投入正常生产的一系列决策过程。从广义而言，新产品开发既包括新产品的研制，也包括原有的老产品的改进与换代。新产品开发是企业研究与开发的重点内容，也是企业生存和发展的战略核心之一。企业新产品开发的实质是推出不同内涵与外延的新产品，是衡量创新产出的一个指标。从图2－16中可以看出，2018年湖南省各地州市规模以上工业企业新产品产值排名依次是：长沙、岳阳、株洲、湘潭、娄底、郴州、常德、衡阳、益阳、湘西、邵阳、永州、怀化、张家界。从图2－16中可以清楚地发现，长沙在2018年规模以上工业企业新产品产值为32746188万元，是排名最后的张家界规模以上工业企业新产品产值的385倍。由此可见，湖南省规模以上工业企业新产品开发项目主要集中在某些地级市，两极分化比较严重。

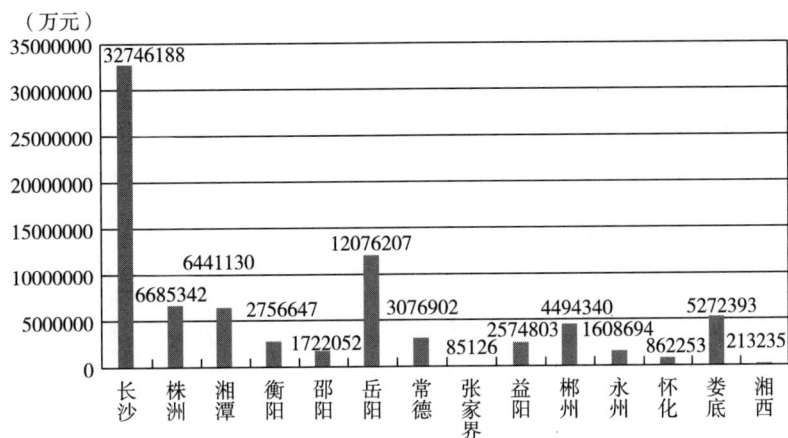

图2－16 2018年湖南省各地州市规模以上工业企业新产品产值

4. 创新绩效

该领域通过产品结构调整、产业国际竞争力、节约能源、经济增长方面，反映创新对经济社会发展的影响，该领域共设五个评价指标，分别是：Q——第三产业增加值占GDP的比重（％）、R——规模以上工业企业新产品销售收入占主营业务收入的比重（％）、S——单位GDP能耗（吨标准煤/万元）、T——劳动生产率（万元/人）、U——高新技术产业对经济增长的贡献率（％）。

第三产业增加值占GDP的比重反映一个地区的产业结构，比重的变化代表了该地区产业机构升级的水平。该指标用于反映创新对产业结构调整的效果，是衡量创新成效的指标。从图2－17可以看出，2018年湖南省各地州市第三产业增加值占GDP的比重排名依次为：张家界、湘西、怀化、衡阳、长沙、常德、永州、株洲、岳阳、邵阳、益阳、郴州、湘潭、娄底。从总体上来看，湖南省各地级市的差异不大。

新产品销售收入是指企业在主营业务收入和其他业务收入中销售新产品实现的收入，是反映企业创新成果，即将新产品成功推向市场的指标。新产品的销售对提高经济效益具有一定作用，并且在一定区域或行业范围内具有先进性、新颖性和适用性。从图 2-18 可以看出，2018 年湖南省各地州市规模以上工业企业新产品销售收入占主营业务收入的比重排名由高到低依次为：长沙、株洲、娄底、岳阳、湘潭、衡阳、郴州、湘西、益阳、张家界、怀化、永州、常德、邵阳。其中，长沙、株洲、娄底、岳阳四个地州市的比重都超过了 20%，仅有永州、常德、邵阳三个地州市的比重没有超过 10%。由此对比可以看出，2018 年湖南省各地州市规模以上工业企业创新成果具有明显的地域差异。

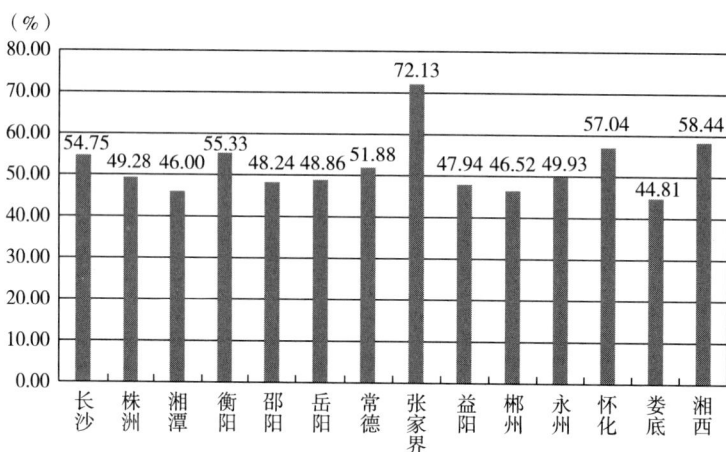

图 2-17　2018 年湖南省各地州市第三产业增加值占 GDP 比重比较

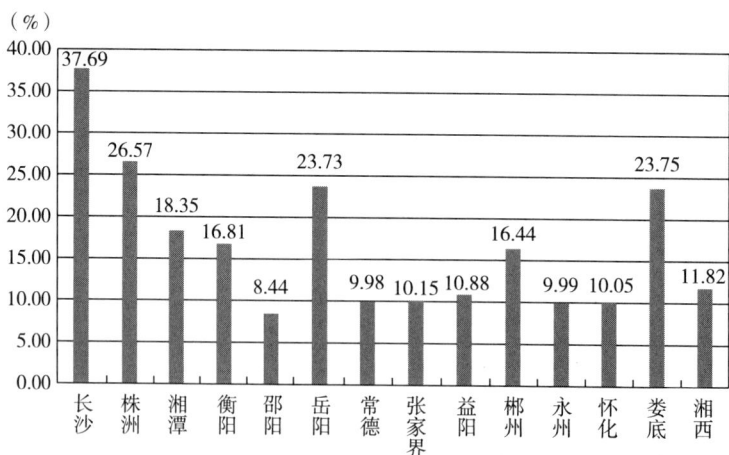

图 2-18　2018 年湖南省各地州市规模以上工业企业新产品销售收入占主营业务收入的比重

单位 GDP 能耗指每产出万元国内生产总值（GDP）所消耗的以标准煤计算的能源。

节约能源是企业技术创新的目的之一，创新是节约能源的途径和保障，对节约能源起决定性作用。该指标反映创新对降低能耗的效果，该指标越小表明创新对降低能耗的效果越明显，是衡量创新成效的一个指标。从图2-19中可以看出，2018年湖南省各地州市单位GDP能耗效率排名由低到高依次为：长沙、张家界、永州、湘西、怀化、常德、株洲、衡阳、邵阳、益阳、郴州、湘潭、岳阳、娄底。由分析可以看出，2018年湖南省各地州市单位GDP能耗除了娄底、岳阳、湘潭较高外，其他地州市差别不大。

（吨标准煤/万元）

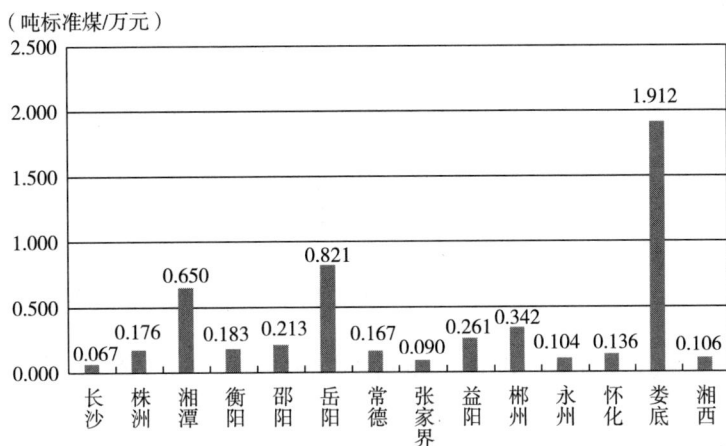

图 2-19 2018 年湖南省各地州市单位 GDP 能耗比较

劳动生产率是指一定时期内工业总产值与年平均从业人员之比。创新是影响劳动生产率的重要因素，提高劳动生产率是企业创新的目的之一。该指标反映创新对工业经济发展的促进作用，是衡量创新成效的一个指标。从图2-20可以看出，2018年湖南省各地州市劳动生产率由高到低的排名依次为：长沙、岳阳、湘潭、郴州、常德、株洲、益阳、娄底、衡阳、永州、怀化、邵阳、张家界、湘西。其中，长沙、岳阳、湘潭、郴州、常德、株洲、益阳、娄底、衡阳九个地级市劳动生产率都超过了20万元/人，永州、怀化、邵阳、张家界、湘西的劳动生产率都在10万元/人到20万元/人。所以从总体来看，湖南省各个地州市的发展较为均衡。

高新技术产业对经济增长的贡献率指广义技术进步对经济增长的贡献份额，是地区高新技术产业增加值的增量与地区GDP增量之比，即扣除了资本和劳动力之外的其他因素对经济增长的贡献，是衡量科技竞争实力和科技转化为现实生产力的综合性指标。由图2-21可以看出，2018年湖南省各地州市高新技术产业对经济增长的贡献率排名为：湘潭、长沙、株洲、郴州、邵阳、益阳、岳阳、永州、娄底、衡阳、怀化、常德、湘西、张家界。其中，湘潭高新技术产业增量对地区生产总值增量的贡献率达到了 33.79%；而最引人注目的是张家界高新技术产业增量对地区生产总值增量的贡献率仅为 3.09%。由此可见，湖南省各地州市高新技术产业对经济增长的贡献率存在明显的地区差异。

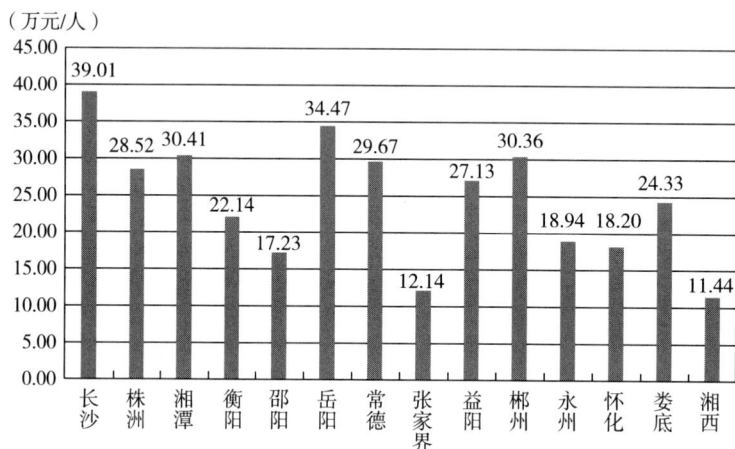

图 2-20　2018 年湖南省各地州市劳动生产率比较

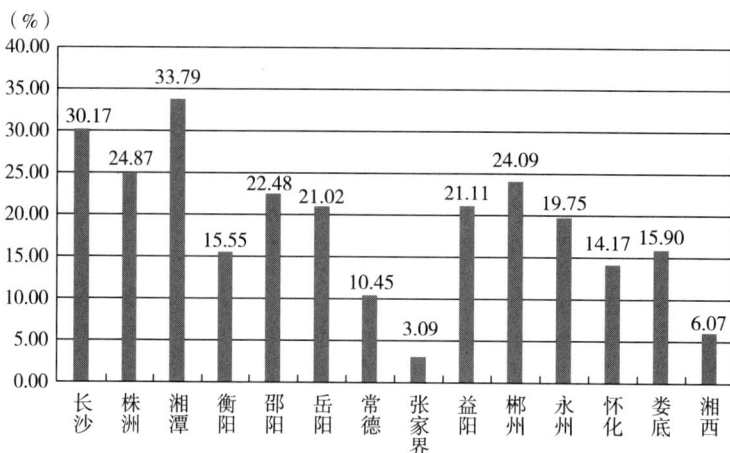

图 2-21　2018 年湖南省各地州市高新技术产业对经济增长的贡献率比较

（三）湖南省各市州创新指标排名及综合得分排名

本次评价方法运用主成分分析法计算各地州市的得分进行排名（见表 2-2），先将各地州市在每个指标下的原始数据进行标准化处理，标准化处理的方法采用 z-score 标准化，具体步骤是首先算出原始数据的均值和标准差 s_i，然后根据公式 $z_{ij} = （x_{ij} -$

x_i）/s_i 对数据进行标准化处理。其中，z_{ij} 为标准化后的变量值，x_{ij} 为实际变量值。然后将标准化后的数据同时加上一个正数，因为标准化处理后的数据有正有负，这样就可以得到全部都是正数的值，这些正数就是每个地州市在各指标下的位置，即为这个地州市就这个指标在湖南省的排名。根据指标体系中给出的权重算出二级指标的各地州市的相对位置，最后根据二级指标在指标体系中的权重计算出2018年湖南省14个地州市综合创新能力的相对位置，得到各层次的结果进行比较分析。由上述方法可得到各地州市在各指标的排名（见表2-2）。

表2-2 2018年湖南省各地州市在各创新指标中的排名

地州市	A	B	C	D	E	F	G	H	I	J	K	L	M	N	O	P	Q	R	S	T	U
长沙	1	1	1	9	1	1	2	1	1	1	1	1	1	3	1	1	5	1	14	1	2
株洲	2	3	7	11	2	2	1	6	2	9	5	2	4	2	2	3	8	2	8	6	3
湘潭	3	2	12	14	8	5	3	3	8	14	11	5	2	1	3	4	13	5	3	3	1
衡阳	6	7	2	5	4	7	8	8	4	8	4	8	3	7	4	8	4	6	7	9	10
邵阳	11	13	5	7	3	10	9	10	11	13	9	9	7	8	12	10	10	14	6	12	5
岳阳	5	4	4	13	10	3	4	5	12	10	7	6	9	12	7	2	9	4	2	2	7
常德	8	5	3	12	7	4	12	9	7	4	3	3	8	4	5	7	6	13	9	5	12
张家界	14	10	14	10	14	13	14	14	5	5	13	13	14	6	13	14	1	10	13	13	14
益阳	4	8	10	8	11	6	5	13	10	7	6	4	5	10	6	9	11	9	5	7	6
郴州	9	6	6	3	9	11	6	7	13	3	10	11	13	9	6	12	7	4	4	4	4
永州	7	11	9	1	6	8	7	2	6	2	2	6	14	8	11	7	12	12	12	10	8
怀化	10	12	8	6	5	11	11	4	9	12	8	12	5	11	8	3	11	10	10	11	11
娄底	12	9	11	4	12	12	10	2	14	11	12	12	10	11	10	5	14	3	1	8	9
湘西	13	14	13	2	14	14	13	11	9	12	14	12	11	2	8	11	14	14	14	14	13

资料来源：根据《湖南统计年鉴》（2019年）原始数据计算而来，下同。

由表2-2可以看出，各地州市按照本章的得分方法得出的排名情况与原始数据的排名情况是一样的，即本书的得分排名方法是可行的。进一步地，根据一级指标在指标体系中的权重计算出每个地州市的综合得分得到排名，如表2-3所示。

表2-3 各一级指标得分和综合得分及其排名

地州市	创新环境		创新投入		创新产出		创新绩效		综合	
	得分	排名	得分	排名	得分	排名	得分	排名	得分	排名
长沙	4.45	1	4.56	1	4.98	1	3.09	1	4.17	1
株洲	2.23	2	3.11	2	2.70	2	2.32	5	2.56	2
湘潭	1.83	7	2.21	4	2.30	3	2.48	4	2.28	3

续表

地州市	创新环境		创新投入		创新产出		创新绩效		综合	
	得分	排名	得分	排名	得分	排名	得分	排名	得分	排名
衡阳	2.12	3	2.16	6	1.83	6	1.87	7	1.94	6
邵阳	1.80	9	1.67	12	1.62	10	1.52	13	1.62	12
岳阳	1.77	10	2.14	7	1.86	5	2.56	2	2.14	4
常德	1.71	11	1.91	10	1.92	4	1.67	9	1.80	9
张家界	1.09	14	1.34	13	1.34	13	1.61	10	1.39	13
益阳	1.94	6	1.85	11	1.73	7	1.81	8	1.80	8
郴州	2.00	5	1.99	8	1.63	9	2.09	6	1.90	7
永州	2.04	4	2.20	5	1.70	8	1.54	12	1.77	10
怀化	1.81	8	2.42	3	1.61	11	1.61	11	1.76	11
娄底	1.70	12	1.94	9	1.50	12	2.53	3	1.96	5
湘西	1.51	13	1.29	14	1.30	14	1.31	14	1.33	14

由表 2-3 可以看出，长沙在创新环境、创新投入、创新产出、创新绩效这四个一级指标的排名均位于全省第一，综合排名也居于全省第一；株洲在创新环境、创新投入和创新产出中均排名第二，在创新绩效中排名第五，创新环境、创新投入的排名上升，创新绩效排名略微下降，与 2017 年相比有较大波动，在总的排名中居于全省第二，与 2017 年相比有所上升；湘潭在创新环境和创新绩效这两个一级指标中排名与 2017 年相比有所下降，尤其是湘潭在创新环境中排名相对靠后，位于全省第七，所以湘潭在这一方面有待加强，总体来说综合创新能力排名与 2017 年相比持平，位于全省第三；衡阳在创新环境中排名全省第三，创新环境、创新产出排名有所下降，综合排名与 2017 年相比下降了一名，位于全省第六；邵阳在创新投入和创新绩效中排名相对靠后，分别位于全省第十二和第十三名，四项排名和总排名与 2017 年相比均有所下降，总排名位于全省第十二；岳阳在创新绩效中名列前茅，排名第二，但与 2017 年相比，在创新环境、创新投入中排名有所下降，创新产出和创新绩效中排名均有所上升，综合排名有所上升，排名全省第四；常德在创新环境、创新投入和创新绩效中的排名与 2017 年相比均大幅度下降，综合排名也大幅下降，由 2017 年排名第四下降到排名第九；张家界在创新投入、创新产出中排名均位于全省第十三，在创新环境中排名为全省第十四，综合排名与 2017 年相同，为全省第十三名；益阳在创新环境中排名有所上升，在创新产出、创新绩效中排名有所下降，综合排名不变，位于全省第八；郴州在创新环境、创新投入和创新绩效中排名与 2017 年相比均有所下降，在创新产出中排名相对靠后，位于全省第九，综合排名位于全省第七；永州在创新环境、创新投入和创

新产出中排名与 2017 年相比均有所上升，而创新绩效排名靠后，为全省第十二，综合排名为全省第十；怀化在创新环境和创新投入中排名相对于 2017 年来说有较大的进步，尤其是创新投入位于全省第三，创新产出和创新绩效有所下降，综合排名相对 2017 年下降了两个名次，为全省第十一名；娄底在创新环境和创新产出中排名相对靠后，在创新绩效中排名有较大的提升，为全省第三，但创新投入有很大的下降，综合排名相对 2017 年上升较多，为全省第五；湘西在四个一级指标中排名均位于全省靠后位置，在创新投入、创新产出和创新绩效中排名均处于全省最后位置，在综合排名中也处于全省最后一名。

（四）湖南省各市州综合创新能力总体评价

为了评价湖南省各市州的综合创新能力，运用 SPSS 25.0 软件，采用系统聚类分析方法将各市州综合创新能力进行分类。第一类为长沙；第二类为株洲、湘潭、岳阳、娄底、衡阳；第三类为郴州、益阳、常德、永州、怀化、邵阳、张家界、湘西，如表 2 - 4 所示。

表 2 - 4　湖南省各市州综合创新能力分类

创新能力	地州市
第一类	长沙
第二类	株洲、湘潭、岳阳、娄底、衡阳
第三类	郴州、益阳、常德、永州、怀化、邵阳、张家界、湘西

注：运用软件 SPSS 25.0 的系统聚类分析方法计算而来。

三、湖南建设 "创新型省份" 的主要障碍

随着社会各界对创新认识水平的不断提升，特别是获批建设 "创新型省份" 以来，湖南对创新愈加重视，"创新型省份" 建设快速推进，并初显成效，但仍然存在许多困难和障碍，突出表现在以下几个方面。

（一）科技管理体制有待完善

近年来，随着国家科技体制改革的深入推进，湖南科技管理体制日趋完善，但仍然存在科技创新计划定位不清晰、项目形成不够科学、专业服务不够健全、企业创新

主体地位亟须加强，以及科技项目多头管理、项目小而分散、经费管理僵化等问题，难以充分激发科技创新潜能及科技人员创新积极性。

（二）人才支撑有待加强

"创新型省份"的建设最终要靠"创新型人才"去实现。首先，近年来，为满足科技创新对人才的需求，湖南持续加大人才引育的财政支持力度。但作为经济和开放程度相对落后的中部省份，公共财政支持创新人才引育的能力仍然有限，特别是缺乏对高端创新人才系统的培育机制和政策吸引。其次，从人才评价任用机制来看，高校、科研院所对科研人员的职称评聘、绩效评价中，主要以论文发表、课题立项为依据，较少考虑技术转让、成果转化等实际贡献，导致一些科研人员忽视经济和社会发展的实际需要，产生了"唯论文、唯职称、唯学历、唯奖项"的现象，结果是高等院校、科研院所在论文发表、课题立项的数量颇丰，但真正能转化为现实生产力、有实用价值的成果很少。

（三）创新环境不够优化

部分政策难以落实到位，如高新区针对科技创新型企业制定的税前扣除政策，受到资质认证等多方面限制，企业难以真正享受到税收优惠。创新氛围需进一步营造，法制环境需进一步健全，尤其是在知识产权保护等方面的法律制度不完善。

四、湖南"十四五"时期建设 "创新型省份"的对策建议

第一，加大财政投入，激发创新活力。建立完善财政科技投入稳定增长机制，把科技投入作为全省各级政府重要的公共投入和战略性投入，在年初预算安排时予以重点保障。优化整合部分省级财政资金，设立"创新型省份"建设专项资金，加大长株潭国家自主创新示范区和各类创新平台建设力度。积极争取国家各项产业基金和创投基金支持长株潭国家自主创新示范区建设。健全企业为主体的创新投入制度，建立有利于激发市场投入的制度环境，加大金融财税政策对企业创新投入的支持。建立多元化科技创新投入体系，改革以单向支持为主的政府专项资金支持方式，加强对创新产品研制企业和用户方的双向支持。

第二，培育创新文化，共建创新氛围。建设"创新型省份"，不仅需要道路交通等

基础设施的改善，更需要构建良好的软件环境，培育区域创新发展的软实力。要构建"创新型省份"建设的常态化工作机制，特别要转变地方政府的职能，构建跨地区、跨部门、跨行业、跨时代的服务境界。要构建有利于创新的文化氛围，主要是在传承"敢为人先"的湖湘文化的基础上，构建鼓励创新、宽容失败的社会文化氛围。要服务开放崛起，特别要抓住"一带一路"的机遇，既鼓励区域内"产学研"合作，也要鼓励跨省区、跨国界的技术交流与合作，通过"走出去"和"引进来"提升湖南"创新型省份"建设速度和效率。

第三，加快政策创新，积极引进人才。健全完善全方位支撑创新发展的人才体系，建立柔性灵活的人才激励服务模式，完善人才评价、流动、激励机制，充分激发各类人才创新活力。要加强人才引进和培育，特别是深入推进"芙蓉人才行动计划"，注重通过协同创新强化人才团队建设，制定普惠性的人才政策，切实提高科研人员待遇，促进科学研究、工程技术、科技管理、科技创业人员和技能型人才等协调发展，构建柔性灵活的人才任用机制、激励机制，以此助推湖南"创新型省份"建设进程。

第四，扩大对外开放，加强区域合作。依托"一带一路"拓宽创新发展的交流合作渠道。支持湖南科研机构、高校和企业与"一带一路"沿线国家相关机构合作。推进亚欧水资源研究和利用合作中心等一批国际科技合作平台建设，推动杂交水稻种子研发国外分中心等项目建设。加快实施"湘企出海"计划。加强对非研究智库等国际合作研究智库建设。深耕独联体、非洲、东盟、中拉美、两河流域等重点地区，推动优势产能、基础设施领域合作。完善区域合作机制，对接长江经济带、泛珠三角、粤港澳大湾区等国家战略规划布局，争取跨区域共建"飞地园区"和跨区域实施科技创新。

参考文献

[1] 王大南. 破除机制体制障碍　高质量建设"创新型省份"[N]. 科技日报, 2019 – 12 – 18 (001).

[2] 童旭东. 坚定创新自信, 勇攀科技高峰, 高水平建设"创新型省份"[N]. 湖南日报, 2020 – 06 – 10 (004).

[3] 李红娟. 构建科技创新生态体系　助力"新基建"[J]. 财经界 (学术版), 2020 (16): 1 – 2.

[4] 林志红. 湖南建设"创新型省份"的现状、障碍与任务 [J]. 长江技术经济, 2020, 4 (2): 48 – 51.

[5] 李红兵, 任媛媛, 丁元欣, 李颖. "创新型省份"建设的安徽实践 [J]. 安徽科技, 2018 (12): 5 – 8.

[6] 程高新. "创新型省份"背景下的高校科研创新团队建设研究——以安徽省为例 [J]. 开

封教育学院学报,2018,38(3):118-119.

[7] 商丽媛,韩子睿,张雯,魏晶,孙君.巴斯德象限视角下的"创新型省份"建设——以江苏省为例[J].中国科技论坛,2019(10):110-117.

[8] 夏宝龙.加快建设"创新型省份"和科技强省[J].政策瞭望,2016(8):4-8.

[9] 王秦.实施创新驱动发展战略 高质量建设"创新型省份"[N].科技日报,2019-11-20(001).

[10] 童旭东.加快"创新型省份"建设 增强高质量发展动能[N].科技日报,2019-11-29(001).

[11] 贾晓玲,易春,蒋劲松.2019年度湖南"创新型省份"建设专项项目受理数据统计分析及对策建议[J].创新科技,2019,19(10):49-55.

[12] 郭鹰.加快建设大科学装置 提速"创新型省份"建设[J].浙江经济,2019(12):36-38.

[13] 俞慧友.解决"卡脖子"难题,湖南底气何在[J].发明与创新(大科技),2019(4):36-37.

[14] 谭蔚泓.发挥人才第一资源作用 服务"创新型省份"建设[N].湖南日报,2018-11-27(008).

[15] 李世锋.发挥智力和人才优势 助推"创新型省份"建设[J].科协论坛,2018(11):42-43.

[16] 李琳.以科技创新为引领,加快"创新型省份"建设[N].湖南日报,2018-07-17(005).

第三章

湖南"创新型省份"建设的
政策支持体系研究[*]

内容提要： 自 2018 年获批建设"创新型省份"以来，湖南省委、省政府高度重视"创新型省份"建设，为全面推进"创新型省份"建设，从组织保障、项目建设、管理体制、创新支持等方面出台了系列政策措施，有效保障了"创新型省份"建设的有序推进。然而，与"创新型省份"建设标准相比，湖南全面深入开展"创新型省份"建设在创新空间布局、创新主体培育、创新投入强度、创新产出质量、创新成果转化效率等方面还存在一定差距，亟须政府针对这五个方面制定相应的支持政策，以进一步加快"创新型省份"建设进程，全面提升区域创新能力，为服务创新型国家建设贡献力量。

关键词： "创新型省份"；创新空间布局；创新支持政策

核心观点：

（1）近年来，围绕建设"创新型省份"的战略使命，湖南省委、省政府及各相关部门大力推进以科技创新为核心的全面创新，不断改革创新制度、培育创新文化、优化创新体系，为深入推进"创新型省份"建设奠定了良好的基础。

（2）与其他较为发达的"创新型省份"相比，湖南全面开展"创新型省份"建设的科技管理体制、创新资源凝聚能力、研发资金投入、创新成果转化渠道等都还存在一定差距，亟须政府加大政策支持力度，进一步加快"创新型省份"建设进程。

（3）针对"创新型省份"建设过程中政策支持存在的主要问题，湖南应从优化创新空间布局、创新主体培育与壮大、创新投入强化、创新产出提质增效、创新成果转化效量提升五个方面构建支持"创新型省份"建设的政策体系。

＊ 本章为湖南省社科成果委员会一般资助项目（XSP20YBC22）和湖南省教育厅一般项目（18C0307）的阶段性成果。

一、引言

"创新型省份"建设是加快实施创新驱动发展战略、助力我国进入创新型国家行列的必然要求；是培育发展新动力、引领经济发展新常态的内在需要；是贯彻落实国家区域发展总体战略、推动区域协调发展的重要支撑。党的十九大报告明确指出要加快建设创新型国家，加强国家创新体系建设，强化战略科技力量。"创新型省份"建设对于推动我国产业转型升级和经济高质量发展具有重要意义，是我国创新型国家建设的重要组成部分。

湖南作为中部地区的科教大省、人口大省，将丰富的劳动力资源转化为人才资源、创新资源，是推动湖南经济社会持续健康发展的关键。自2018年10月获批建设"创新型省份"以来，湖南着力打造产业集群水平高、自主创新能力强、科技综合实力突出的"创新型省份"。围绕建设"创新型省份"的战略使命，省委、省政府及各相关部门大力推进以科技创新为核心的全面创新，不断改革创新制度、培育创新文化、优化创新体系，为深入推进"创新型省份"建设奠定了良好的基础。然而，与其他较为发达的"创新型省份"相比，湖南全面开展"创新型省份"建设的科技管理体制、创新资源凝聚能力、研发资金投入、创新成果转化渠道等都还存在一定差距，亟须政府加大政策支持力度，进一步加快"创新型省份"建设进程，全面提升区域创新能力，服务创新型国家建设，为中西部建设"创新型省份"积累可复制、可推广的经验。

二、湖南"创新型省份"建设政策支持现状

"创新型省份"建设的政策支持是指政府为了促进"创新型省份"建设目标的达成而制定的配套公共政策和管理体系，主要包括组织、金融、财税、法律、创新支持等内容，这些政策支持应在保证原有政策基础上适度镶嵌其他的相关政策，与其融会贯通。近年来，湖南省委、省政府高度重视"创新型省份"建设，为全面推进"创新型省份"建设，从组织保障、项目建设、管理体制、创新支持等方面出台了系列政策措施，有效保障了"创新型省份"建设的有序推进。

（一）初步建立"创新型省份"建设的政策支持体系

中央和部委层面高度重视"创新型省份"建设，科技部于 2013 年开始陆续批复了十多个"创新型省份"建设试点，并于 2016 年 4 月出台了《建设创新型省份工作指引》，指出要加快推进"创新型省份"建设，并提出了"创新型省份"建设的指标体系，为"创新型省份"建设标准做了顶层设计和总体部署。省级层面，湖南省于 2018 年 10 月获得科技部同意批复湖南建设"创新型省份"后，同年 12 月 30 日，出台了《湖南创新型省份建设实施方案》，方案对湖南进行"创新型省份"建设的总体思路、建设目标和总体任务进行了具体规划和设计，明确提出到 2022 年全省各项主要指标均达到"创新型省份"建设标准，从优化功能布局、加快聚集高端人员、增强创新发展动力、壮大创新型企业、创新科技服务等八个方面提出了"创新型省份"建设的重点任务。2019 年 3 月，湖南省科技厅印发了《2019—2021 年湖南创新型省份建设专项组织实施工作方案》，将原有的科技发展计划专项、产学研结合专项、长株潭国家自主创新示范区建设专项整合为"创新型省份"建设专项。另外，在支持企业技术创新、高新技术企业培育、高端人才引进等方面逐步配套了相应的支持政策，"创新型省份"建设的政策理念不断深化，初步形成了"创新型省份"建设的政策支持体系。

（二）项目试点和典型示范不断涌现

根据中央和部委层面的相关文件指导，湖南在推进"创新型省份"建设的政策保障方面也提出了支持重点区域、重点城市的示范试点，拟通过培育一批"创新型省份"建设示范城市、示范园区、示范平台和示范企业，针对重点产业领域和试点任务，创新体制机制，破除新兴产业准入、数据开放、市场监管等方面存在的政策障碍，建立多层次、宽领域的试点示范推广体系，总结成功的经验和良好做法。围绕"三区一极"定位，规划了一大批项目试点，共实施重大标志性项目和平台 45 个，形成了以长沙"科创谷"、株洲"动力谷"、湘潭"智造谷"为核心；以国家可持续发展议程创新示范区、马栏山视频文创产业园、岳麓山大学科技城等为重要内容的创新平台体系和典型示范。

（三）科技创新管理体制不断完善

为更好发挥科技创新在全面创新中的引领作用，湖南科技管理部门不断提高政治站位，深化以"三个转变"为导向的科技创新体制机制改革。为了配套"创新型省份"建设，出台了高新技术条例、科技成果转化办法、长株潭自创区条例等系列法规，为科技创新工作提供了坚实的法律保障。省级科技计划实行"三分离""五统一"管理模式,获科技部高度肯定并向全国推介。创新工作机制,加强和各类创新主体的主动服务、上门服务、"一对一"服务,会同教育、卫健、应急管理等部门,共同出资开展研发攻关和平台建设,形成了存量科技资金整合投入、协同推进的工作机制。实施加大全社会研发投入行动计划,建立联席会议制度,将目标任务分解到市州和八大行业主管部门,取得显著成效。

(四) 创新支持政策力度不断加大

为了加快推进"创新型省份"建设,湖南出台了系列创新支持政策,从多元化投入方式和投入机制等方面加大了创新支持力度。一是采用了研发奖补、前资助、后补助、股权投资等方式灵活运用财政科技资金,有效激发了创新主体的创新投入积极性。二是建立省级知识产权质押融资风险补偿资金,完成对接企业 112 户,融资需求 6.2 亿元,有效缓解了科技型中小企业融资困难。三是探索科技金融新模式,2020 年以来,会同中国建设银行、工商银行等金融机构,对 1385 家科技型中小企业评估授信 18.73 亿元,助力企业平稳复工复产,成效显著。四是加快推进高端创新人才的引进,以"芙蓉人才行动计划"为指引,大力实施高层次人才聚集工程、省科技领军人才、青年英才等人才引进和培养计划,引进高水平创新团队 70 余个、高层次专家 1100 多名。目前在湘两院院士 69 名、湘籍院士 110 多名。

三、湖南"创新型省份"建设支持政策存在的主要问题

(一) 创新空间布局有待进一步优化

"创新型省份"建设属于中观层次的创新,主要以培育优势创新产业为主,以区域性发展为重点,必须立足产业发展需求进行创新,才能做到有的放矢,稳步推进。尽管湖南根据自身的产业发展情况布局了 20 条重点工业新兴产业链,但由于地区间资源的不平衡以及区域内部各地州市之间缺乏区域协同发展的理念和意识,导致一些政策支持的重点产业和项目重复建设。例如,有些地州市尽管明显缺乏相关人才以及产业基础也跟风进入"互联网+"、电子信息等热门产业,导致资源浪费,也在一定程度上制约其可持续发展潜力开发。另外,湖南省大部分创新平台和载体都布局在长株潭,对其他偏远地区的辐射带动效应不显著,不利于其他地州市充分开发和发掘优势资源,地区间的创新能力和创新潜力难以提升,在总体层面制约湖南"创新型省份"建设指

标体系目标的达成。因此，依托现有产业发展优势，对接"一带一路""长江经济带"等国家重大战略项目建设契机，优化创新空间布局是湖南进行"创新型省份"建设的首要任务。

（二）创新主体培育力度有待加强

创新主体（高新技术企业、高校和科研院所等）是"创新型省份"建设的重要基础，加快培育创新主体的自主创新能力和创新平台协同创新能力的可行模式和相关机制是"创新型省份"建设的重要内容。近年来，湖南在大力培育创新主体方面取得显著成效。截至 2019 年底，湖南高新技术企业增加至 6287 家，高新技术产值增加至 9472.89 亿元，全省共有国家级重点实验室 19 家、省级实验室 310 家，国家级工程技术中心 14 家、省级工程技术中心 429 家，但其总量及占比与湖北、安徽等其他中部省份相比还存在较大差距，与"创新型省份"建设标准也存在一定差距。特别是在具有辐射带动效应的重大科技基础设施和大科学装置布局方面，湖南亟须克服瓶颈、创造有利条件取得突破，以强化湖南在全国科技创新中的战略地位。因此，在创新主体培育方面，湖南应明确"创新型省份"建设的目标和任务，加强政策支持力度，进一步做大做强高新技术企业，提升高校、科研院所的创新研究水平和能力。

（三）创新投入资金瓶颈约束突出

增加科研经费投入、满足科研创新资金的刚性需求，是推进"创新型省份"建设的根本保障。作为中部地区经济相对落后的省份，湖南现阶段公共财政的科研投资能力有限，必须通过制度创新来带动金融机构、企业组织、社会力量的研发投入，通过构建多元化的资金投入机制，缓解科技研发的资金瓶颈约束。从金融机构的角度来讲，针对高风险的创新行为，银行往往存在"惜贷"想象。从企业的角度来讲，一方面，企业研发投入获政府经费支持相对保守，未能适配企业创新增长态势；另一方面，一些企业受条件限制，研发能力和意愿不强，特别是近年来受中美贸易摩擦、国际政治格局等方面的影响，市场竞争激烈，导致很多企业在研发投入方面"有心无力"。从科研院所和高校的角度来看，高校和科研院所经费来源单一，主要依靠政府经费投入，社会化创新融入不够，导致高校和科研院所的研发活动与企业研发需求契合不够，也在很大程度上影响全社会研发投入水平，导致创新投入资金效率不高，进一步加剧资金约束瓶颈。

（四）创新产出质量和效率不高

创新产出质量和产出效率是"创新型省份"建设的重要考核标准，其主要衡量指标为发明专利授权数量和有效发明专利数量。近年来，湖南涌现出一大批诸如国防科技大学研制的"天河二号"超级计算机、袁隆平院士领衔研究的超级杂交稻、由中车株机提供动力和控制系统等关键装置的超高速列车以及最长臂架泵车、最强起重能力履带起重机、"海牛"深海钻机、中低速磁悬浮列车、IGBT 芯片等重大科技创新成果。但作为创新主体的高新技术企业贡献科技创新成果主要以实用型专利和外观设计、软件著作权等二类知识产权为主，发明专利等一类知识产权数量相对较少，实质性创新成果并不多，尤其是能够大幅度增加产品附加值、增强企业核心竞争力的"卡脖子"技术更是凤毛麟角，这与高新技术企业作为全社会研发投入的主体地位不匹配，也在很大程度制约了湖南创新产出质量和效率的总体水平。因此，提高创新知识产出质量、提升发明专利授权与有效发明专利等核心知识产权比重，从注重数量向质量和数量并重转变是湖南推进"创新型省份"建设的重要途径。

（五）创新成果转化渠道不畅

科技创新成果转化是科技创新能否实现产业化、转化成为经济效益的重要环节，因此，科技创新成果转化渠道通畅是加快推进"创新型省份"建设的重要保障。2015～2018 年，湖南专利授权量由 34075 件增加至 48957 件，技术合同成交额由 105.4 亿元增加至 281.7 亿元，保持了一定的增长态势，但总量规模、结构比例与"创新型省份"建设目标相比还存在较大差距。一是企业创新主体地位不突出，以专利授权量为例，工矿企业专利授权数占比仅为 48% 左右；二是产学研协同创新效果不理想，企业工程技术中心、产业技术创新联盟中心数量少；三是技术交易市场不活跃，科研院所和高校技术人员转移转让技术的激励不足，企业实际技术需求不能得到有效满足；四是财政资金对科技成果转化缺乏专门的奖励政策，特别是针对中小企业的奖励政策几乎空白，这与湖南省特别是经济欠发达地级市以中小企业为主的现实状况不符，严重制约企业创新主体地位作用的发挥。

四、加快推进湖南"创新型省份"建设的政策支持体系

针对以上湖南"创新型省份"政策支持中存在的主要问题，以创新空间布局优化、创新主体培育与壮大、创新投入强化、创新产出提质增效、创新成果转化效量提升为关键点，构架布局合理、定位清晰、多元投入、联动协同、动态调整、管理科学、服务高效的"创新型省份"建设政策支持体系，包括以下五个方面。

（一）创新空间布局优化的引导政策

一是基于湖南"创新型省份"建设的战略布局方案，在充分发挥各地市州比较优势、以重大科技项目为引领，加速形成错位发展、竞合有度的创新空间布局为基本任务，重点构建以长株潭国家自主创新示范区为核心，以创新型城市为载体、创新园区为支撑的特色区域创新体系的引导政策。

二是结合国家创新平台建设发展布局要求湖南省区域创新发展战略，组织编制区域创新平台发展战略规划以及相关专项规划，明确区域创新平台发展路径，对各类区域创新平台资源进行深入分析，充分挖掘区域创新平台建设与布局等方面的优势，优化区域创新平台发展模式，提升平台建设与布局特色，在统筹区域协调发展的框架下，推进区域创新平台建设与布局的顶层设计，引导各地市州根据自身特征和区域功能定位布局创新空间。

三是按照不同类型区域创新平台的特点及发展规律，结合基础研究、应用研究和开发研究的不同需求，分阶段、按步骤积极稳妥推进区域创新平台建设布局，加强政府规划引导，强化相关规划与政策的衔接，明确各区域创新平台行政主体间责任，构建定位清晰、目标明确、布局系统、错位有序的差异化发展机制格局，推进区域创新平台的优化布局、开放共享、协同创新，将湖南省打造成为区域科技创新发展的新高地，并借助区域间的空间近邻效应，实现区域创新的有效优化溢出与空间集聚，统筹区域创新协调发展，区域创新一体化均衡发展。

（二）创新主体培育与壮大的支持政策

一是大力培育高新技术企业，实施高新技术企业"倍增计划"，着力推进创新创业，打造跨企业研发活动协同平台并务实推动产学研合作，推动更多的企业开展研发活动，着力提升有研发活动企业的数量，引进有发展潜力的创新型企业，重点培育有竞争力的创新型企业，对符合有关文件规定的政策扶持条件的公司或企业，鼓励其积极申报争取相关政策扶持，对研发经费支出高且支出总量达到一定数额的企业给予补助。

二是支持企业建立研究院、院士工作站、工程技术研究中心等研发机构，引进和培养创新团队和科技型企业家，承担国家和省重大科技项目，重点培育一批创新型龙头、骨干企业。支持企业创新能力建设，建立高新技术企业培育后备库，对通过国家认定高新技术企业给予资金支持。大力扶持科技型中小企业加速成长，提高高新技术产业增长速度。加大企业对其核心技术的投入力度，支持企业进行技术攻关和产品创新，全力为科技型企业开展创新创业活动搭建合作平台，不断发展和壮大创新主体。

三是鼓励重点企业牵头建立产学研合作战略联盟。政府各部门共同推动产学研合作战略联盟的建设和发展，支持鼓励产学研合作战略联盟成员单位，共同参与国家重大产业技术的研究和攻关，共同开展产业共性技术、高端技术、前瞻性技术的研究和攻关。建设产学研结合产业化基地，支持政府、重点企业与高校、科研院所加强产学研合作，探索区域性、综合性推进产学研结合的新机制、新模式。

（三）创新投入强化的支持政策

一是强化企业研发投入的主体地位。鼓励规模以上企业加大研发投入，设定规模以上企业研发投入标准，对未达到标准的企业，各级科技、人才、新兴产业等各类专项资金一律不予支持，不予推荐申报国家、省级科技计划等项目，不享受科技优惠政策；大力培育创新型企业，建立多元化、多渠道的研发投入体系，大力发展创业投资、科技小额贷款、科技担保公司等投融资机构，支持企业利用银行贷款、创业风险投资、科技担保等金融工具和手段，开展股权质押和知识产权质押贷款等业务，进一步拓宽企业融资渠道，鼓励科技型企业涉足资本市场，多渠道吸引社会资本加大研发投入力度。

二是进一步引导财政科技资金投入，落实科技支持政策力度，推进研发活动精准管理，引导市场主体、科研院所、高校等加大研发投入力度，提高资金使用效率。首先，要优化财政资金的投入方向，加大对重大科技项目的研发投入。重点投向创新型企业、高校以及科研院所等科研机构。将研发投入作为财政经费支持的重要评审条件，对研发经费支出申请高的给予优先支持，促进技术创新和科技成果转化。其次，要加大政府科技政策的宣传力度，鼓励大众创业、万众创新。认真执行落实国家、省关于高新技术企业税收优惠、企业研发费用加计扣除、技术转让税收优惠、成果转化税收优惠等方面的支持政策，营造支持全社会加大研发投入的良好税收环境。加强政策辅导与审核，提高政府服务效率，激发企业进行研发活动的积极性。要加强政府与银行之间的合作，合力支持科技型企业向银行业机构融资开展科技研发活动。设立地方银行科技支行，对科技型企业提供融资便利，支持创新创业。深入开展专利质押、投贷联动、科技贷款贴息、创新券等工作，大力推动科技银行、科技保险、科技准金融业加快发展。最后，要围绕研发投入的各个环节，聚焦重点，确保研发活动取得效果。积极开展研发培训工作，启动企业走访调研工作。强化科技研发活动过程检测，结合科技项目评估、绩效评价等项目管理，指导企业做好研发归集等工作。督促做好研发活动管理和申报等工作。

（四）创新产出提质增效的支持政策

一是大力提升高新技术企业的创新产出质量，围绕"布局优才带动面广""技术含量高才带得起"和"竞争力强才影响大"的思路，多措并举，切实增强湖南省高新技术企业的辐射带动能力。鼓励和引导企业开展实质性创新，更加注重发明专利的产出和应用，逐步提高发明专利作为全省产业引导资金、科技创新资金立项的门槛条件，形成开展实质性创新的正向激励。同时，大力支持高新技术企业对新技术和新产品的研发应用，开发具备自主知识产权的产品，将实质性创新转化为高新技术企业成长的基石，做大做强一批高新技术企业，进而形成强大的产业带动能力。鼓励高新技术企业按照国际标准生产具备较高技术含量、较大影响力的拳头产品，积极提升产品质量和服务水平。设立专项引导基金，遴选部分产品附加值高、市场潜力大的高新技术产品进行重点支持，切实提升高新技术企业创新产出的质量和效率。

二是引导和支持高校和科研院所提高政治站位，把科技创新能力作为加强内涵建设、促进教育发展、引领产业转型升级、提高对经济社会贡献度的重要途径。要确保投入保障、层层夯实责任从而营造良好的科技创新氛围。激励高校和科研院所加大研发投入，建立产学研深度合作模式。加快培育引进大院名所，进一步加强与国内外高水平大学、科研机构和领军企业合作，加快引进共建一批大院名所和高端研发载体。推进完善实验室体系，打造若干突破引领、学科交叉、综合集成、国际一流的高水平实验室。

三是加快推进重大科技创新平台建设，充分利用重大科技创新平台的辐射带动效应。落实贯彻国家科技基础条件平台建设纲领，以及湖南省关于重大科技创新平台建设专题会议精神，依托湖南省医疗卫生、人工智能、文娱等优势产业，启动构建相关产业的科技服务平台试点工作，通过试点有效整合科技资源、建立科技资源共享机制，搭建一批创新资源配置更优、联合创新能力更强、开放服务水平更高、具有良性自我发展机制的公共科技基础条件创新平台。加快推进岳麓山种业创新中心，争取获批国家新一代人工智能创新试验区，推进岳阳、娄底、湘西创建国家高新区，加快推进永州、益阳创建国家农业高新技术产业示范园等创新平台建设。大力实施"百城百园"行动计划，按照"一城一主题""一园一产业"原则，围绕长沙智慧城市、株洲智慧交通、衡阳卫生健康、湘阴绿色建筑建材、湘西黄牛茶叶等，强化创新全产业链的科学布局。加强区域科技合作，对接国家重大科技项目，深化对港澳台地区科技创新合作，引进更多的科技项目和创新平台落地湖南。

（五）创新成果转化效量提升的支持政策

一是充分发挥企业在科技成果转化中的主体地位，制定科技项目指南，征求企业关于成果转化和产业化导向的建议，应用类科技成果项目评审中发挥企业的"带头"作用，项目管理过程中建立跨部门联席管理制度。

二是大力促进产学研合作创新，建立科技重大成果转化数据库，完善线上科技成果转化平台建设，进一步落实科技特派员制度，加强企业工程技术中心建设，组建重大优势产业技术创新联盟，积极组织产学研对接活动。

三是加大财政对创新成果转化的引导作用，有针对性地建立科技成果转化产业化基金，强化科技成果转化的人员激励，鼓励科研机构、高校院所的科技人员参与经营性领域的技术入股改革，完善科技成果转化的收入分配制度。

四是加强技术市场建设，完善技术转移体制，为科技成果转化提供保障，组织技术交易活动和技术交易培训，解决企业技术需求，建立高校、科研院所技术成果转化中心，发展新型互联网技术市场交易模式，促进科技成果转化和产业化。

五是完善科技成果转化服务体系，充分发挥财政资金的引导作用，重点支持中小企业的科技成果转化，大力发展科技中介服务机构，培育科技服务骨干机构，大力建设科技成果转化孵化机构，加强科技成果管理团队建设。

第四章

绿色创新与中国重点城市
绿色创新能力评价*

内容提要： 绿色创新能力已经成为衡量一个地区经济发展状况的重要因素之一。开展绿色创新能力评价是实现区域经济、社会和生态可持续发展的重要环节。本章紧紧围绕国家创新驱动发展战略，在现有相关研究的基础上，从绿色创新投入、产出（包括"期望产出"和"非期望产出"）层面构建了中国省（自治区、直辖市）、重点城市绿色创新发展能力评价指标体系，运用熵权法进行测度并评价测度结果，并提出了相应可提升绿色创新能力的政策建议。旨在帮助政府等主体更好掌握区域绿色创新水平，推动产业优化、技术创新、绿色环保，为实现经济高质量发展助力。

关键词： 绿色创新；熵权法；重点城市；省份

核心观点：

（1）2018年，全国绿色创新能力综合得分排名前五的省份分别是广东、江苏、北京、浙江、山东，都处于东部地区。其中，广东在东部地区中排名第一，湖北在中部地区中排名第一，四川在西部地区中排名第一，辽宁在东北地区中排名第一。与2017年绿色创新能力综合得分相比，全国前三位的省份并未发生改变，浙江由2017年的第五位上升至第四位，山东取代上海成为全国第五位，而上海由2017年的第四位降为第六位。此外，湖南保持2017年的发展态势，仍位居全国第十，中部地区第三位，属于中等偏上行列。

（2）规模以上工业企业R&D项目数、R&D外部经费支出额、规模以上工业企业新产品开发经费支出额、高新技术产业消化吸收经费支出额、国家自然科学基金面上

---

　　* 本章是国家自然科学基金面上项目（42071161）、湖南省社会科学成果评审委员会课题（XSP20YBC051）、湖南省社会科学基金一般项目（18YBA168）、湖南省教育厅科学研究优秀青年项目（18B212）的阶段性成果。

项目数、国家实验室数量、博士生毕业人数、高等学校数、工业二氧化硫排放量9个指标是影响省级绿色创新能力综合得分的重要因素。

（3）2018年，绿色创新能力综合得分排名前五的城市分别是深圳、广州、北京、上海、南京。其中，"深广北上"一线城市继续领跑全国119个重点城市，南京市紧随其后。而珠海、杭州、东莞、佛山、成都则依次成为"中国最具绿色创新力的城市"前十。此外，北京市在四个直辖市中排名第一；深圳市在15个副省级市中排名第一；珠海、东莞、佛山、合肥、长沙在100个地级市中排名前五。与2017年中国重点城市绿色创新能力综合得分相比，综合得分前五的城市仍然为深圳、广州、北京、上海、南京。仅在顺序上有所差别，具体表现在深圳超越北京、上海跃居首位，广州超越上海达到全国第三位。

（4）财政科技投入占地方财政支出比重、财政教育投入占地方财政支出比重、人均地区生产总值、建成区绿化覆盖率、一般工业固体废物综合利用率、生活垃圾无害化处理率、工业废水排放量、工业氮氧化物排放量、工业二氧化硫排放量、工业烟尘排放量、PM2.5年平均浓度11个指标是影响城市绿色创新能力综合得分的重要因素。

一、引言

改革开放以来，我国经济实现了质的飞跃，据有关数据统计，GDP年均增长值高达9.7%，其增长速度远高于同期世界经济增速。但经济快速增长的背后也面临着许多严峻的考验，"高投入、高消耗"的经济增长模式下带来了环境承载能力持续下降、环境治理成本显著提高和资源浪费等诸多问题，根据2019年《BP世界能源统计年鉴》显示，中国连续多年是世界上能源消耗和碳排放最多的国家。新时代背景下，转变经济增长方式，寻求一种协同环境保护和经济发展"双赢"的经济发展模式刻不容缓。当前世界经济发展由资源、物质经济向知识、循环经济转变，为了应对生态危机的挑战，多数国家提出绿色创新发展理念。实现绿色创新常态化、推动经济社会可持续发展，必须依托绿色技术。党的十八届五中全会上，国务院提出了"创新、协调、绿色、开放、共享"五大发展理念，把绿色和创新放在比较突出的地位提了出来。党的十八大报告首次提出创新驱动发展战略，之后中共中央、国务院又出台了《国家创新驱动发展战略纲要》，从国家和全局的角度出发，系统谋划了今后一段时期内各地区各部门创新驱动发展战略的实施流程。绿色创新能力的高低已经成为衡量一个地区经济发展状况的重要因素之一，开展绿色创新能力评价是实现区域经济、社会和生态可持续发展的重要环节。

二、评价体系的构建

为实现我国可持续发展目标，绿色创新作为重要途径一直备受关注。评价绿色创新能力可以帮助政府、社会各主体掌握区域绿色创新水平，明确区域具有创新性、收益性的环境友好活动开展情况，是实现区域经济、社会和环境可持续发展、提高经济社会发展质量的重要依据，一直受到政府、公众及学者的关注。现有研究从不同层次来界定绿色创新能力。曹慧等（2016）认为，绿色创新能力综合体现了创新性原则、能力原则和可持续发展原则，是指在保证经济、社会和环境可持续发展的前提下，一定时期内区域创新行为主体将创新投入转变为创新产出的一种综合发展能力，其中创新投入主要包括人力、物力和财力等，创新产出主要包括新知识、新技术和新产品等，绿色创新能力更多地侧重绿色可持续的理念。刘章生等（2017）指出，绿色创新是区域实现经济社会可持续发展的有效力量，可持续发展背景下，绿色创新能力定义为降低能耗、减少环境不利影响的创新能力。华振（2011）认为，"绿色"的内涵与"可持续"和"可持续发展"是密不可分的，既满足当代人的需求，又不损害后代人的利益，强调经济发展与保护环境之间的统一协调；"创新"强调的是新，即行为主体通过全新的思维方式创造出来新的产品、服务或工艺；"能力"则是一种技能或潜力。此外，还利用全要素生产率来测度绿色创新能力。

本章紧紧围绕国家创新驱动发展战略、加快推进生态文明建设的总体布局，基于目前比较流行的绿色创新投入、产出（包括"期望产出"和"非期望产出"）模型，开展中国省（自治区、直辖市）、重点城市绿色创新发展指数研究，探索并建立一套评价中国绿色创新能力的指标体系，测度并分析评价结果，帮助政府等主体掌握区域绿色创新水平，推动产业优化、技术创新、绿色环保，实现经济社会可持续发展的能力，有针对性地提升区域绿色创新水平。

（一）指标体系

为了保持研究结果的连续性和可比性，本书大部分沿用了《2019 湖南创新发展研究院智库研究报告》中的创新能力评价指标体系。评价指标体系由两个层次指标构成：中国省（自治区、直辖市）绿色创新能力评价指标体系（见表 4-1）、中国重点城市绿色创新能力评价指标体系（见表 4-2），在中国省（自治区、直辖市）绿色创新能力评价指标体系中，一级指标共 3 个，主要包括绿色创新投入、期望产出、非期望产出。二级指标共 37 个，主要包括绿色创新投入二级指标 17 个、期望产出二级指标 15 个、非期望产出二级指标 5 个。在重点城市绿色创新能力评价指标体系中，鉴于数据的最终可得性，"中国重点城市绿色创新评价指标体系"的指标数量比"中国省（自治区、直辖市）绿色创新能力评价指标体系"要少，由 37 个二级指标减少为 23 个二级指标，其中绿色创新投入二级指标 7 个、期望产出二级指标 11 个、非期望产出二级指标 5 个。其中，二级指标中的"一般工业固体废物综合利用量"替换为"一般工业固体废物综合利用率"（"一般工业固体废物综合利用率"是指一般工业固体废物综合利用量占一般固体废物产生量与综合利用往年贮存量之和的百分率）。

表 4 - 1   中国省（自治区、直辖市）绿色创新能力评价指标体系

一级指标	序号	二级指标
绿色创新投入（17 个）	1	科技活动人员数（人）
	2	规模以上工业企业 R&D 项目数（项）
	3	R&D 人员数（人）
	4	财政科技投入占地方财政支出比重（%）
	5	财政教育投入占地方财政支出比重（%）
	6	R&D 内部经费支出额（万元）
	7	R&D 外部经费支出额（万元）
	8	规模以上工业企业新产品开发经费支出额（万元）
	9	规模以上工业企业技术改造经费支出额（万元）
	10	高新技术产业消化吸收经费支出额（万元）
	11	国家自然科学基金面上项目数（个）
	12	国家自然科学基金面上项目经费（万元）
	13	国家社会科学基金项目数（个）
	14	国家实验室数量（个）
	15	博士生毕业人数（个）
	16	高等学校数（个）
	17	能源消耗总量（万吨标准煤）
期望产出（15 个）	18	技术市场成交额（万元）
	19	规模以上工业企业新产品销售收入（万元）
	20	高新技术产业新产品销售收入（万元）
	21	人均地区生产总值（元）
	22	市辖区绿地面积（公顷）
	23	建成区绿化覆盖率（%）
	24	每万人拥有公共汽车数（辆/万人）

续表

一级指标	序号	二级指标
期望产出（15 个）	25	一般工业固体废物综合利用量（万吨）
	26	生活垃圾无害化处理率（%）
	27	"新三板"上市公司数量（个）
	28	高新技术产业工业总产值（千元）
	29	SCI、EI 工程发文量（篇）
	30	绿色专利申请数（件）
	31	专利申请数（件）
	32	专利申请授权数（件）
非期望产出（5 个）	33	工业废水排放量（万吨）
	34	工业氮氧化物排放量（吨）
	35	工业二氧化硫排放量（吨）
	36	工业烟尘排放量（吨）
	37	PM2.5 年平均浓度（微克/立方米）

表 4 - 2　中国重点城市绿色创新能力评价指标体系

一级指标	序号	二级指标
绿色创新投入（7 个）	1	科技活动人员数（人）
	2	R&D 人员数（人）
	3	财政科技投入占地方财政支出比重（%）
	4	财政教育投入占地方财政支出比重（%）
	5	R&D 内部经费支出额（万元）
	6	规模以上工业企业技术改造经费支出额（万元）
	7	高等学校数（个）
期望产出（11 个）	8	人均地区生产总值（元）
	9	市辖区绿地面积（公顷）
	10	建成区绿化覆盖率（%）
	11	每万人拥有公共汽车数（辆/万人）
	12	一般工业固体废物综合利用率（%）
	13	生活垃圾无害化处理率（%）
	14	"新三板"上市公司数量（个）
	15	SCI、EI 工程发文量（篇）
	16	绿色专利申请数（件）
	17	专利申请数（件）
	18	专利申请授权数（件）

续表

一级指标	序号	二级指标
非期望产出 （5 个）	19	工业废水排放量（万吨）
	20	工业氮氧化物排放量（吨）
	21	工业二氧化硫排放量（吨）
	22	工业烟尘排放量（吨）
	23	PM2.5 年平均浓度（微克/立方米）

（二）指标解释

由于本章大部分沿用了《2019 湖南创新发展研究院智库研究报告》中的绿色创新能力评价指标体系，在 2019 年发布的创新研究报告中，中国省（自治区、直辖市）绿色创新能力评价指标体系以及中国重点城市绿色创新能力评价指标体系各指标均进行了较为详细的说明，在此不再做过多描述。

（三）评价对象

本章在考虑城市统计数据的可得性、准确性和标准性的基础上，选取中国大陆 31 个省（自治区、直辖市）和 119 个重点城市（即所有一、二、三线城市）进行量化研究，如表 4 - 1、表 4 - 2 所示。具体说明见第一章的内容。

本章力争采用最新数据分析中国省（自治区、直辖市）、重点城市当前绿色创新能力情况，相关数据主要来源于《中国统计年鉴》《中国城市统计年鉴》《中国科技统计年鉴》等国家、地区、城市政府公布的统计年鉴、统计公报等官方出版物，部分缺失数据采用插值法进行填补。除官方公布的统计数据外，也从国际知名研究机构和网站获取部分数据，如中国知网、CSMAR 经济金融研究数据库等。

三、评价方法、测度结果及评价分析

（一）评价方法

本研究采用熵权法（Entropy Weight Method，EWM）综合评价中国大陆 31 个省（自治区、直辖市）和 119 个重点城市的绿色创新能力水平。其中，在熵权法第一步

"原始数据 x_{ij} 标准化处理"中对"绿色创新投入"第17项指标和"非期望产出"指标数据进行负向处理：

$$x'_{ij} = \frac{\max x_{ij} - x_{ij}}{\max x_{ij} - \min x_{ij}} \tag{4-1}$$

其中，x_{ij} 为原始数据，x'_{ij} 为标准化后的数据，$\max x_{ij}$ 为原始数据的最大值，$\min x_{ij}$ 为原始数据的最小值。

（二）中国31个省（自治区、直辖市）的测度结果及评价分析

通过运用熵权法对中国31个省（自治区、直辖市）测度，各指标的权重结果及中国31个省（自治区、直辖市）2018年绿色创新能力综合得分及排名结果分别如表4-3、表4-4所示。

表4-3　中国31个省（自治区、直辖市）绿色创新能力评价指标体系及权重

一级指标	序号	二级指标	权重
绿色创新投入（17个）	1	科技活动人员数（人）	0.0288
	2	规模以上工业企业 R&D 项目数（项）	0.0415
	3	R&D 人员数（人）	0.0353
	4	财政科技投入占地方财政支出比重（%）	0.0211
	5	财政教育投入占地方财政支出比重（%）	0.0110
	6	R&D 内部经费支出额（万元）	0.0356
	7	R&D 外部经费支出额（万元）	0.0460
	8	规模以上工业企业新产品开发经费支出额（万元）	0.0412
	9	规模以上工业企业技术改造经费支出额（万元）	0.0249
	10	高新技术产业消化吸收经费支出额（万元）	0.0534
	11	国家自然科学基金面上项目数（个）	0.0462
	12	国家自然科学基金面上项目经费（万元）	0.0207
	13	国家社会科学基金项目数（个）	0.0094
	14	国家实验室数量（个）	0.0448
	15	博士生毕业人数（个）	0.0404
	16	高等学校数（个）	0.0635
	17	能源消耗总量（万吨标准煤）	0.0178
期望产出（15个）	18	技术市场成交额（万元）	0.0214
	19	规模以上工业企业新产品销售收入（万元）	0.0073
	20	高新技术产业新产品销售收入（万元）	0.0072
	21	人均地区生产总值（元）	0.0184

续表

一级指标	序号	二级指标	权重
期望产出 （15个）	22	市辖区绿地面积（公顷）	0.0045
	23	建成区绿化覆盖率（%）	0.0399
	24	每万人拥有公共汽车数（辆/万人）	0.0293
	25	一般工业固体废物综合利用量（万吨）	0.0297
	26	生活垃圾无害化处理率（%）	0.0317
	27	"新三板"上市公司数量（个）	0.0363
	28	高新技术产业工业总产值（千元）	0.0376
	29	SCI、EI工程发文量（篇）	0.0031
	30	绿色专利申请数（件）	0.0053
	31	专利申请数（件）	0.0046
	32	专利申请授权数（件）	0.0035
非期望产出 （5个）	33	工业废水排放量（万吨）	0.0079
	34	工业氮氧化物排放量（吨）	0.0358
	35	工业二氧化硫排放量（吨）	0.0833
	36	工业烟尘排放量（吨）	0.0110
	37	PM2.5年平均浓度（微克/立方米）	0.0058

表4-4　中国31个省（自治区、直辖市）2018年绿色创新能力综合得分、排名及变化

省份	综合得分F	全国排名	排名变化	省份	综合得分F	全国排名	排名变化	省份	综合得分F	全国排名	排名变化
广东	0.6689	1	0	河南	0.1728	12	0	山西	0.0889	23	0
江苏	0.5698	2	0	陕西	0.1574	13	1	贵州	0.0845	24	0
北京	0.5405	3	0	天津	0.1515	14	-1	黑龙江	0.0798	25	-3
浙江	0.3892	4	1	辽宁	0.1473	15	0	内蒙古	0.0748	26	0
山东	0.3363	5	1	吉林	0.1461	16	3	海南	0.0692	27	0
上海	0.3342	6	-2	河北	0.1402	17	-1	新疆	0.0627	28	1
湖北	0.2193	7	0	重庆	0.1327	18	-1	宁夏	0.0609	29	-1
安徽	0.2106	8	0	江西	0.1307	19	-1	青海	0.0593	30	0
福建	0.2025	9	0	广西	0.0971	20	0	西藏	0.0387	31	0
湖南	0.1879	10	0	甘肃	0.0929	21	4				
四川	0.1873	11	0	云南	0.0908	22	-1				

　　从表4-3的权重可以看出，权重超过0.04的指标有9个，分别为规模以上工业企业R&D项目数、R&D外部经费支出额、规模以上工业企业新产品开发经费支出额、高

新技术产业消化吸收经费支出额、国家自然科学基金面上项目数、国家实验室数量、博士生毕业人数、高等学校数、工业二氧化硫排放量。根据信息熵的概念，指标波动的幅度越大，权重也就越大。这说明上面 9 个指标是影响省级绿色创新能力综合得分的重要因素。从这些信息可以看出，R&D 项目、经费投入、国家自然科学面上项目数、新产品开发、高新技术产业、高端教育与人才以及工业污染排放等是提高省级绿色创新能力的重要途径。

从表 4-4 以及图 4-1 的结果来看，2018 年全国绿色创新能力综合得分排名前五的省份分别是广东、江苏、北京、浙江、山东，都属于东部地区。其中，广东在东部地区中排名第一，湖北在中部地区中排名第一，四川在西部地区中排名第一，辽宁在东北地区中排名第一。

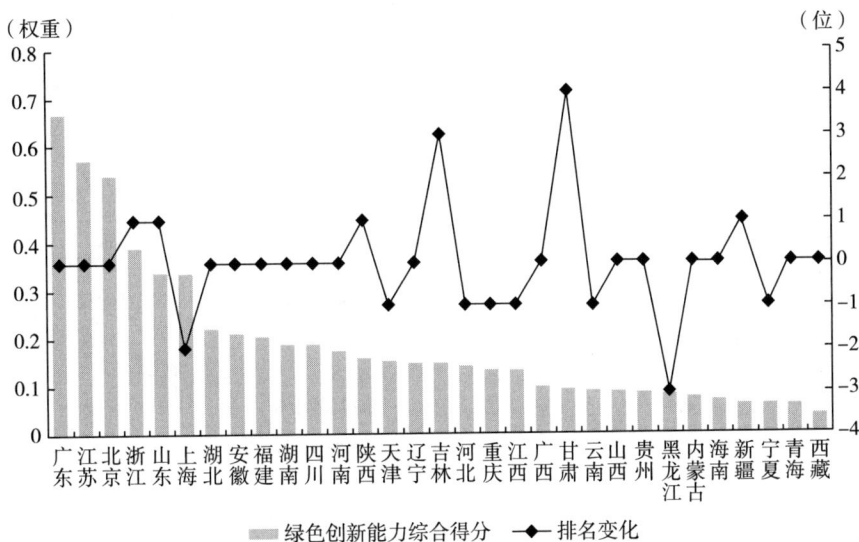

图 4-1　中国 31 个省（自治区、直辖市）2018 年绿色创新能力综合得分、排名及变化

与 2017 年绿色创新能力综合得分相比，全国前三位的省份并未发生改变，浙江由 2017 年的第五位上升至第四位，山东取代上海成为全国第五位，而上海由 2017 年的第四位降为第六位。此外，湖南保持 2017 年的发展态势，位居全国第十，中部地区第三位。此外，根据表中各省份排名变化可知，与 2017 年全国各省份创新能力全国排名相比，排名上升的省份有 6 个，其中上升最大的省份为甘肃省，共上升 4 位，位居全国第 21；排名下降的省份有 8 个，其中下降最多的为黑龙江，共下降 3 位；排名不变的省份有 17 个，广东、江苏以及北京绿色创新能力全国排名依然位居前三。

我们以在全国 31 个省（自治区、直辖市）综合排名第十位的湖南省为例，对省级

"绿色创新能力评价指标体系"中所有 37 个二级指标分别测算其在全国的排名结果，得到表 4-5 所示情况。从表 4-5 可以看出，2018 年湖南省有 13 项评价指标排名在全国第 10 位以内（含第 10 位），其中有 1 项指标（即"高新技术产业新产品销售收入"）排名第 4，进入全国前五名；另外的 24 项评价指标排名都在全国第 10 位之后，有 3 项指标排在第 20 名之后，其中"SCI、EI 工程发文量"这项指标排名最靠后，排在全国第 25 位。

表 4-5　湖南省 2018 年绿色创新能力各项二级评价指标在全国的排名及变化情况

序号	评价指标	全国排名	排名变化	序号	评价指标	全国排名	排名变化	序号	评价指标	全国排名	排名变化	序号	评价指标	全国排名	排名变化
1	科技活动人员数	11	-1	11	国家自然科学基金面上项目数	11	4	21	人均地区生产总值	20	-4	31	专利申请数	17	-3
2	规模以上工业企业 R&D 项目数	8	6	12	国家自然科学基金面上项目经费	10	5	22	市辖区绿地面积	9	9	32	专利申请授权数	15	-2
3	R&D 人员数	18	-9	13	国家社会科学基金项目数	6	7	23	建成区绿化覆盖率	14	-5	33	工业废水排放量	19	-6
4	财政科技投入占地方财政支出比重	14	4	14	国家实验室数量	14	-3	24	每万人拥有公共汽车数	9	4	34	工业氮氧化物排放量	10	7
5	财政教育投入占地方财政支出比重	15	1	15	博士生毕业人数	9	0	25	一般工业固体废物综合利用量	8	11	35	工业二氧化硫排放量	10	2
6	R&D 内部经费支出额	9	3	16	高等学校数	14	-8	26	生活垃圾无害化处理率	13	-2	36	工业烟尘排放量	7	8
7	R&D 外部经费支出额	6	2	17	能源消耗总量	16	1	27	"新三板"上市公司数量	13	0	37	PM2.5 年平均浓度	22	-3
8	规模以上工业企业新产品开发经费支出额	8	-1	18	技术市场成交额	15	-1	28	高新技术产业工业总产值	15	-9				
9	规模以上工业企业技术改造经费支出额	9	-5	19	规模以上工业企业新产品销售收入	11	0	29	SCI、EI 工程发文量	25	-18				
10	高新技术产业消化吸收经费支出额	9	-2	20	高新技术产业新产品销售收入	4	4	30	绿色专利申请数	18	-5				

与 2017 年湖南省各二级指标在全国的排名结果相比，排在全国第 15 位以外（含第 15 位）的指标由 12 项降低至 11 项；排名进入全国前 10 名的指标由 12 项增加至 13 项。此外，各二级指标全国排名上升的共有 16 个，其中上升最大的为"一般工业固体废物综合利用量"这个指标，共上升 11 位；各二级指标全国排名下降的共有 18 个，其中下降最大的为"SCI、EI 工程发文量"这个指标，共下降 18 位；各二级指标全国排名下降的共有 3 个。

（三）119 个重点城市的测度结果及评价分析

通过运用熵权法对中国 119 个重点城市的测度，各指标的权重结果及中国 119 个重点城市 2017 年绿色创新能力综合得分及排名结果分别如表 4－6、表 4－7 所示。

表 4－6　中国重点城市绿色创新能力评价指标体系及权重

一级指标	序号	二级指标	权重
绿色创新投入（7 个）	1	科技活动人员数（人）	0.0090
	2	R&D 人员数（人）	0.0338
	3	财政科技投入占地方财政支出比重（%）	0.0504
	4	财政教育投入占地方财政支出比重（%）	0.0589
	5	R&D 内部经费支出额（万元）	0.0260
	6	规模以上工业企业技术改造经费支出额（万元）	0.0164
	7	高等学校数（个）	0.0372
期望产出（11 个）	8	人均地区生产总值（元）	0.0566
	9	市辖区绿地面积（公顷）	0.0318
	10	建成区绿化覆盖率（%）	0.0619
	11	每万人拥有公共汽车数（辆/万人）	0.0403
	12	一般工业固体废物综合利用率（%）	0.0620
	13	生活垃圾无害化处理率（%）	0.0647
	14	"新三板"上市公司数量（个）	0.0231
	15	SCI、EI 工程发文量（篇）	0.0117
	16	绿色专利申请数（件）	0.0277
	17	专利申请数（件）	0.0352
	18	专利申请授权数（件）	0.0339
非期望产出（5 个）	19	工业废水排放量（万吨）	0.0647
	20	工业氮氧化物排放量（吨）	0.0643
	21	工业二氧化硫排放量（吨）	0.0644
	22	工业烟尘排放量（吨）	0.0646
	23	PM2.5 年平均浓度（微克/立方米）	0.0614

表4-7 中国119个重点城市2018年绿色创新能力综合得分、排名及变化

城市	综合得分	全国排名	排名变化	城市	综合得分	全国排名	排名变化	城市	综合得分	全国排名	排名变化	城市	综合得分	全国排名	排名变化
深圳	0.7759	1	2	金华	0.5139	31	18	淮安	0.4816	61	-4	衡阳	0.4489	91	8
北京	0.7443	2	-1	湖州	0.5128	32	18	宁德	0.4804	62	47	商丘	0.4462	92	10
广州	0.6939	3	1	嘉兴	0.5119	33	11	三亚	0.4766	63	47	信阳	0.4457	93	22
上海	0.6531	4	-2	大连	0.5115	34	0	郴州	0.4743	64	44	九江	0.4455	94	3
南京	0.6040	5	0	常州	0.5097	35	-8	徐州	0.4742	65	-17	泰安	0.4403	95	-28
珠海	0.5899	6	17	无锡	0.5086	36	-15	廊坊	0.4742	66	21	石家庄	0.4391	96	-56
杭州	0.5830	7	2	南宁	0.5069	37	5	沈阳	0.4742	67	-43	南阳	0.4379	97	-3
东莞	0.5644	8	0	芜湖	0.5069	38	1	长春	0.4733	68	-35	济宁	0.4366	98	-34
佛山	0.5634	9	9	西安	0.5055	39	-28	湘潭	0.4696	69	15	滁州	0.4345	99	-11
成都	0.5572	10	-3	三明	0.5051	40	46	桂林	0.4673	70	-2	潍坊	0.4333	100	-53
厦门	0.5566	11	17	海口	0.5051	41	50	梅州	0.4669	71	32	哈尔滨	0.4323	101	-78
中山	0.5551	12	18	扬州	0.5038	42	-1	洛阳	0.4667	72	-9	宜昌	0.4317	102	-20
合肥	0.5534	13	1	济南	0.5037	43	-21	揭阳	0.4650	73	33	马鞍山	0.4300	103	-37
长沙	0.5522	14	1	丽水	0.5029	44	46	兰州	0.4614	74	21	清远	0.4295	104	0
青岛	0.5497	15	1	南平	0.5027	45	56	柳州	0.4604	75	8	银川	0.4286	105	-12
绍兴	0.5462	16	13	武汉	0.5007	46	-34	淄博	0.4603	76	18	阜阳	0.4285	106	-1
宁波	0.5378	17	0	太原	0.4985	47	-28	襄阳	0.4601	77	-8	上饶	0.4253	107	-10
泉州	0.5372	18	17	盐城	0.4958	48	-3	大庆	0.4582	78	20	保定	0.4217	108	33
温州	0.5366	19	17	惠州	0.4940	49	-3	宿迁	0.4572	79	16	包头	0.4096	109	-9
南昌	0.5326	20	17	赣州	0.4921	50	24	肇庆	0.4552	80	-4	岳阳	0.4081	110	-4
威海	0.5324	21	23	泰州	0.4901	51	5	乌鲁木齐	0.4527	81	-26	呼和浩特	0.4070	111	-55
台州	0.5319	22	30	株洲	0.4893	52	20	蚌埠	0.4522	82	-22	咸阳	0.4053	112	4
苏州	0.5315	23	-13	湛江	0.4886	53	52	安庆	0.4520	83	-2	莆田	0.4030	113	-24
重庆	0.5310	24	-11	绵阳	0.4848	54	17	秦皇岛	0.4517	84	8	荆州	0.3983	114	-1
南通	0.5271	25	13	烟台	0.4843	55	-4	昆明	0.4514	85	-54	邯郸	0.3827	115	-1
镇江	0.5248	26	17	贵阳	0.4843	56	-30	漳州	0.4502	86	-6	遵义	0.3767	116	-14
福州	0.5236	27	-2	连云港	0.4842	57	8	舟山	0.4500	87	-8	潮州	0.3691	117	-6
天津	0.5232	28	-22	郑州	0.4832	58	-38	沧州	0.4497	88	-11	鞍山	0.3682	118	0
汕头	0.5216	29	32	江门	0.4826	59	-2	新乡	0.4496	89	-29	吉林	0.3531	119	0
龙岩	0.5209	30	55	金华	0.5139	60	-11	临沂	0.4489	90	-17				

从表4-6的权重可以看出,权重超过0.05的指标有11个,分别为财政科技投入占地方财政支出比重、财政教育投入占地方财政支出比重、人均地区生产总值、建成区绿化覆盖率、一般工业固体废物综合利用率、生活垃圾无害化处理率、工业废水排

放量、工业氮氧化物排放量、工业二氧化硫排放量、工业烟尘排放量、PM2.5 年平均浓度。根据信息熵的概念，指标波动的幅度越大，权重也就越大。这说明上面 11 个指标是影响城市绿色创新能力综合得分的重要因素。从这些信息可以看出，财政科技以及财政教育投入比重、经济发展水平以及降低污染物排放和提升处理效率等是提高城市绿色创新能力的重要途径。

从表 4 - 7 的结果来看，在全国 119 个重点城市中，2018 年绿色创新能力综合得分排名前五的城市分别是深圳、北京、广州、上海、南京。其中，"深广北上"一线城市继续领跑全国 119 个重点城市，南京紧随其后。而珠海、杭州、东莞、佛山、成都则依次成为"中国最具绿色创新能力的城市"前十。排名后 10 位（从第 110 位至第 119 位）的城市分别是：岳阳、呼和浩特、咸阳、莆田、荆州、邯郸、遵义、潮州、鞍山、吉林。

此外，北京在 4 个直辖市中排名第一；深圳在 15 个副省级市中排名第一；珠海、东莞、佛山、合肥、长沙在 100 个地级市中排名前五。

与 2017 年中国重点城市绿色创新能力综合得分相比，综合得分前五的城市仍然为深圳、广州、北京、上海、南京。仅在顺序上有所差别，具体表现在深圳超越北京、上海跃居首位，广州超越上海达到全国第三位。根据表 4 - 7 的排名变化情况来看，中国 119 个重点城市创新能力排名上升的城市有 54 个，其中提升最大的城市为南平，提升了 56 位；排名下降的城市有 56 个，其中下降最多的城市为哈尔滨，下降了 78 位；排名不变的城市有 7 个，分别为南京、东莞、宁波、大连、清远、鞍山以及吉林。

以湖南省的重点城市为例，湖南省入围一、二、三线城市的分别为长沙、株洲、郴州、湘潭、衡阳、岳阳 6 个城市，其绿色创新能力综合排名分别为第 14、第 52、第 64、第 69、第 91、第 110 位。湖南省这 6 个重点城市的平均排名为第 67 位，处于 119 个重点城市里面中间靠后的位置。我们对这 6 个城市的"绿色创新能力评价指标体系"中所有 23 个二级指标分别测算其在全国 119 个重点城市里面的排名结果，得到表 4 - 8 所示的情况。

表 4 - 8 湖南省 6 个重点城市 2018 年绿色创新能力各项二级评价指标在全国的排名结果

序号	评价指标	长沙	株洲	郴州	湘潭	衡阳	岳阳
1	科技活动人员数	15	82	55	102	92	51
2	R&D 人员数	10	56	99	72	89	74
3	财政科技投入占地方财政支出比重	51	75	49	33	110	79
4	财政教育投入占地方财政支出比重	89	108	64	110	67	109
5	R&D 内部经费支出额	14	55	86	75	83	63

续表

序号	评价指标	长沙	株洲	郴州	湘潭	衡阳	岳阳
6	规模以上工业企业技术改造经费支出额	23	61	98	80	106	89
7	高等学校数	12	58	107	54	66	102
8	人均地区生产总值	10	22	95	66	103	84
9	市辖区绿地面积	34	88	105	104	71	93
10	建成区绿化覆盖率	74	56	10	12	81	62
11	每万人拥有公共汽车数	2	11	78	10	82	86
12	一般工业固体废物综合利用率	63	69	20	34	75	102
13	生活垃圾无害化处理率	88	76	107	1	93	77
14	"新三板"上市公司数量	19	114	115	60	113	82
15	SCI、EI工程发文量	13	114	32	22	75	89
16	绿色专利申请数	10	81	96	74	90	104
17	专利申请数	27	79	114	101	93	108
18	专利申请授权数	31	77	116	98	92	104
19	工业废水排放量	38	14	32	20	31	79
20	工业氮氧化物排放量	21	37	32	45	39	68
21	工业二氧化硫排放量	9	75	38	71	67	70
22	工业烟尘排放量	21	54	50	104	56	40
23	PM2.5年平均浓度	80	73	30	85	52	84
	全国综合排名	14	52	64	69	91	110

从表4-8可以看出，2018年长沙市有9项评价指标排名在全国第15位（含第15位）以内，处于全国前列，分别是科技活动人员数、R&D人员数、R&D内部经费支出额、高等学校数、人均地区生产总值、每万人拥有公共汽车数、SCI和EI工程发文量、绿色专利申请数、工业二氧化硫排放量；另外14项评价指标排名都在全国第15位之后，其中"财政教育投入占地方财政支出比重"这项指标排名最靠后，是其短板，排在全国第89位。株洲的短板是"新三板上市公司数量"以及"SCI、EI工程发文量"两项指标，均排名全国第114位；郴州的短板是"专利申请授权数"，排名全国第116名；湘潭的短板是"财政教育投入占地方财政支出比重"这项指标，排名全国第110位；衡阳的短板是"新三板上市公司数量"这项指标，排名全国第113位；岳阳的短板则是"财政教育投入占地方财政支出比重"这项指标，排名全国第109位。

由图4-2可知，与2017年湖南六大重点城市在全国重点城市绿色创新综合得分相比，长沙由2017年的第15位上升到第14位，株洲由2017年的第72位上升到第52位，郴州上升幅度最大，由2017年的第108位上升至第64位，湘潭与衡阳也均有一定程度的提升，分别由 2017 年的第 84、第 99 位上升至第 69、第 91 位，只有岳阳存在一定程度的下降，由 2017 年的第 96 位降至第 110 位，进入倒数后十城市行列。

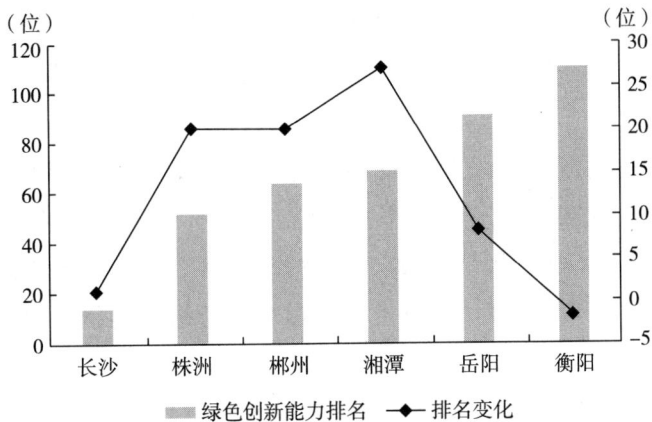

图 4 − 2　湖南省 6 个重点城市 2018 年绿色创新能力排名及变化

四、主要结论与对策建议

综上所述，本章得出以下主要结论：

第一，2018 年，全国绿色创新能力综合得分排名前五的省份分别是广东、江苏、北京、浙江、山东，都处于东部地区。其中，广东在东部地区中排名第一，湖北在中部地区中排名第一，四川在西部地区中排名第一，辽宁在东北地区中排名第一。与2017 年绿色创新能力综合得分相比，全国前三位的省份并未发生改变，浙江由 2017 年的第五位上升至第四位，山东取代上海成为全国第五，而上海由 2017 年的第四位降为第六位。此外，湖南保持 2017 年的发展态势，位居全国第十，中部地区第三位。

第二，规模以上工业企业 R&D 项目数、R&D 外部经费支出额、规模以上工业企业新产品开发经费支出额、高新技术产业消化吸收经费支出额、国家自然科学基金面上项目数、国家实验室数量、博士生毕业人数、高等学校数、工业二氧化硫排放量 9 个指标是影响省级绿色创新能力综合得分的重要因素。

第三，2018 年，绿色创新能力综合得分排名前五的城市分别是深圳、广州、北京、上海、南京。其中，"深广北上"一线城市继续领跑全国 119 个重点城市，南京紧随其后。而珠海、杭州、东莞、佛山、成都则依次成为"中国最具绿色创新能力的城市"前十。此外，北京在四个直辖市中排名第一；深圳市在 15 个副省级市中排名第一；珠海、东莞、佛山、合肥、长沙在 100 个地级市中排名前五。与 2017 年中国重点城市绿色创新能力综合得分相比，综合得分前五的城市仍然为深圳、广州、北京、上海、南京。仅在顺序上有所差别，具体表现在深圳超越北京、上海跃居首位，广州超越上海达到全国第三位。

第四，财政科技投入占地方财政支出比重、财政教育投入占地方财政支出比重、人均地区生产总值、建成区绿化覆盖率、一般工业固体废物综合利用率、生活垃圾无害化处理率、工业废水排放量、工业氮氧化物排放量、工业二氧化硫排放量、工业烟尘排放量、PM2.5 年平均浓度 11 个指标是影响城市绿色创新能力综合得分的重要因素。

在前文分析、研究的基础上，我们紧紧抓住影响绿色创新能力的关键因素，提出如下对策建议：

第一，加大绿色创新投入力度，建立多元化创新研发投入体系。足够的资金投入是绿色创新的关键。这就需要建立多元化的绿色创新投入体系，健全绿色财政、税收、金融、证券、保险、信贷等政策，鼓励社会资本投资绿色创新，构建稳定的绿色创新资金来源渠道，保证企业的绿色创新活动。同时积极引导政府和企业加大对我国基础应用和战略前瞻等研究的投资力度，将来自民间的资本和来自金融机构的资金都充分融入创新领域，将科技投入体系打造成集合多元化、多渠道、多层次的综合性投入体系。

第二，坚持"绿色"与"创新"两手抓，做到知行合一。绿色创新具有"绿色"与"创新"的双重属性，这也说明在提升绿色创新能力时需要从这两种属性上共同发力。一方面，从根本转变传统发展思路和发展方式，彻底进行思想解放、观念更新和工作方法改变，彻底纠正"唯 GDP"粗放型发展，尽快将绿色经济纳入经济社会发展综合决策中，加强对绿色经济发展战略的研究，明确牵头部门，加快制订绿色经济专项发展规划，从总体上明确绿色经济发展的指导思想、目标、重点领域和支持政策，为绿色创新发展营造一个"正向激励的好环境"，打造一些"反向约束的硬标准"。另一方面，坚持"创新驱动、资本撬动"两轮齐动，推进绿色金融产品和服务创新，统筹整合政府资金和引导放大社会资本，满足传统制造业绿色升级需要，如创新和发展能效贷款、排污权、碳排放权质押贷款等产品。

第三，优化绿色创新体制机制，培养绿色创新人才队伍。优化绿色创新体制机制是绿色创新的保障。优化政府推动机制，包括市场导向机制、社会服务机制、政府采购机制等。优化消费者拉动机制，即通过强化绿色消费意识，实现消费方式的绿色化转变，增加对绿色产品的需求。同时，高素质的人才是绿色创新的决定性因素。为此，企业要大力加强创新人才队伍建设，包括加强企业文化建设，创造尊重知识、尊重人才、倡导团队精神、公正公平待人的良好环境，深刻认识到人才对于绿色创新的必要性；开展人才柔性引进，通过智力引进、智力借入、业余兼职、人才创业、人才派遣等途径，充实绿色创新人才队伍；建立和完善绿色创新人才激励方式，通过建立科学完备的考核体系和适应绿色创新需求的人才配置体制，以及环境、目标、精神和物质激励相结合的激励机制，不断调动绿色创新人才的积极性和主动性。

参考文献

［1］中国政府网. 中共中央　国务院印发《国家创新驱动发展战略纲要》［EB/OL］. http：//www. gov. cn/zhengce/2016 – 05/19/content_ 5074812. htm.

［2］湖南创新发展研究院. 2019 湖南创新发展研究院智库研究报告——创新引领高质量发展［M］. 北京：经济管理出版社，2019.

［3］曹慧，石宝峰，赵凯. 我国省级绿色创新能力评价及实证［J］. 管理学报，2016，13（8）：1215 – 1222.

［4］刘章生，宋德勇，弓媛媛. 中国绿色创新能力的时空分异与收敛性研究［J］. 管理学报，2017，14（10）：1475 – 1483.

［5］华振. 我国绿色创新能力评价及其影响因素的实证分析——基于 DEA – Malmquist 生产率指数分析法［J］. 技术经济，2011，30（9）：36 – 41.

［6］张文宇，于琦，杨凤霞，樊海燕. 创新驱动战略下区域制造业绿色创新能力评价——基于30 个地区数据的复杂网络建模分析［J］. 工业技术经济，2018，37（8）：86 – 94.

［7］李金滟，李泽宇，李超. 城市绿色创新效率实证研究——来自长江中游城市群的证据［J］. 江西财经大学学报，2016（6）：3 – 16.

［8］程鹤. 资源型城市绿色创新能力评价指标体系的构建［J］. 科技管理研究，2019，39（19）：90 – 97.

［9］殷群，程月. 我国绿色创新效率区域差异性及成因研究［J］. 江苏社会科学，2016（2）：64 – 69.

［10］彭文斌，文泽宙，邝嫦娥. 中国城市绿色创新空间格局及其影响因素［J］. 广东财经大学学报，2019，34（1）：25 – 37.

中篇 湖南"十四五"时期的创新发展对策研究

第五章

人工智能产业发展促进湖南创新经济增长的对策研究*

内容提要： 人工智能是 21 世纪最前沿的重大科技之一，将渗透到政治、经济、文化和社会生活的各个方面，深刻改变人类社会生活、生产方式，成为我国转换新旧动能、振兴实体经济、建设制造强国，以及推动创新引领经济高质量发展的新引擎。本章认为，人工智能产业链可以分为上游基础层、中游技术层和下游应用层。本章首先探讨了人工智能产业发展促进创新经济增长的理论机制，其次分析了人工智能产业发展促进湖南创新经济增长的现状，再次剖析了人工智能产业发展促进湖南创新经济增长的机遇与挑战，最后提出了人工智能产业发展促进湖南创新经济增长的对策建议。加快人工智能产业发展，不仅是促进湖南传统产业转型升级的基本动力，也是从根本上助推湖南创新经济增长的重要手段。鉴于此，研究人工智能产业发展以及其对促进湖南创新经济增长的理论机制和现状，具有重要的理论和现实意义。

关键词： 人工智能；创新经济；理论机制；对策研究

核心观点：

（1）人工智能产业是由人工智能设备、软件和互联网构成的新兴产业。从产业链角度看，人工智能产业由上游基础层、中游技术层和下游应用层组成。与传统意义的资源驱动、资本驱动的传统经济形态不同，创新经济有着巨大的"魔力"。如果说经济发展是一艘航行的大船，投资拉动的传统经济就好比是人力拉纤，而创新经济则好比给大船装上了发动机，体现了创新发展的内在特征。一般而言，传统经济投入产出比

---

　　* 本章是国家自然科学基金面上项目"空间异质性视城下环境规制对绿色创新的影响效应与调控路径研究"（42071161）、湖南省社科基金智库专项重点项目"人工智能产业发展促进湖南创新经济增长的对策研究"（19ZWB60）的阶段性研究成果。

只有 1:2 左右，而创新投入产出则可以达到惊人的 1:50 以上。创新经济既是经济阶段提升和要素结构变化的必然结果，也是经济高质量发展的核心推动力。

（2）我国应当以需求为导向，以人工智能产业链（上游基础层、中游技术层、下游应用层）为切入点，全面推动人工智能领域的科技创新，并以发展人工智能引领传统产业转型升级和新产业的成长，形成经济发展的新动能。在上游基础层，以加强人工智能的基础理论和关键技术研究引领新一轮创新周期，为中国经济高质量发展培育新动能；在中游技术层，以加快人工智能与传统产业融合推动产业转型升级，为中国经济高质量发展培育新动能；在下游应用层，以发展人工智能推动产品和市场创新，进而带动新产业的成长，为中国经济高质量发展培育新动能。

（3）2019 年，湖南全省人工智能核心产业规模已经达到 60 亿元，年均增速在 20% 以上，人工智能产业链相关企业数量达 400 余家。截至 2020 年上半年，全省人工智能核心产业产值达到 70 亿元，同比增长 16.7%，全省人工智能相关企业达到 3126 家。湖南 AI 大学人才有优势，但跨界复合型人才严重稀缺；基础性研发平台有支撑，但融合创新性研究不够；制造行业有深厚技术基础，但智能产业区域竞争力不强。

（4）人工智能产业发展促进湖南创新经济增长，需要双管齐下，为发展人工智能培养和引进跨界综合型人才；需要软硬结合，加快推动人工智能研发基础设施建设；需要产研互动，加快建设人工智能发展的数据治理和产业支撑体系。

作为新一轮科技革命和产业变革的重要驱动力，人工智能已上升为国家战略。国务院先后发布了《中国制造 2025》《新一代人工智能发展规划》《促进新一代人工智能产业发展三年行动计划（2018—2020 年）》等纲领性文件，人工智能产业发展已成为我国促进创新经济增长的"新动能"。湖南省委、省政府高度重视人工智能产业和创新经济的发展，2019 年发布了《湖南省人工智能产业发展三年行动计划（2019—2021年）》，提出"以'人工智能 +'为抓手，深入推进人工智能与实体经济融合"。人工智能产业发展促进湖南创新经济增长的现状如何，人工智能产业发展如何与湖南创新经济增长形成新的契合点，这些都亟须政策顶层设计者和学术研究者进行深度思考。本章认为，加快人工智能产业发展，不仅是促进湖南传统产业转型升级的基本动力，也是从根本上助推湖南创新经济增长的重要手段。因此，研究人工智能产业发展促进湖南创新经济增长的理论机制与应对之策，对于实现湖南创新引领高质量发展具有重要的理论和实际意义。

一、内涵界定

（一）人工智能产业内涵

人工智能产业是由人工智能设备、软件和互联网构成的新兴产业。随着新一轮科技革命和产业变革蓬勃发展，大数据的形成、理论算法的革新、计算能力的提升及网络设施的演进驱动人工智能进入新一轮创新发展高峰期，新技术持续获得突破性进展，呈现出深度学习、跨界融合、人机协同、群智开放、自主操控等以应用为导向的新特征。人工智能具有显著的溢出效应，将进一步带动其他技术的进步，推动战略性新兴产业总体突破。人工智能产业日益成为推进供给侧结构性改革、振兴实体经济和建设制造强国的新引擎。

从产业链角度看，人工智能产业由上游基础层、中游技术层和下游应用层组成（见图5－1）。其中，上游基础层主要包括芯片、传感器、大数据、云服务所构成的计算能力平台；中游技术层又分为平台层、认知层和感知层，主要有语音识别、自然语言处理、计算机视觉、深度学习等技术提供商；下游应用层主要是把人工智能相关技术集成到产品和服务中并切入特定场景，包括智能安防、智能金融等场景应用和机器人、无人机等消费级终端。

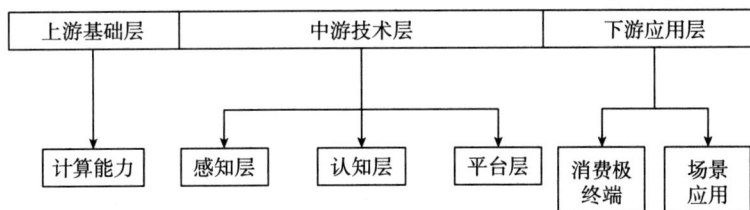

图5－1　人工智能产业链

（二）创新经济内涵

创新经济最早由美国著名学者迈克尔·波特提出。他认为，经济发展具有阶段性，在不同的发展阶段，推动经济增长的驱动力量是不一样的。形成国家或者区域竞争优势的经济发展可分为四个阶段，即要素驱动阶段、投资驱动阶段、创新驱动阶段和财富驱动阶段。随着科学技术的飞速发展，越来越多的国家开始从要素驱动阶段、投资驱动阶段逐渐进入创新驱动阶段。与此相对应，21 世纪的区域经济发展模式也逐步转变为创新型经济发展模式。此时，区域经济优势已不再严重依赖于自然资源和劳动力资源的拥有状况，而是依赖于国家和企业的技术创新构想和技术创新能力。从这个意义上来说，创新经济实质上是以五大新发展理念为基本遵循，以知识和人才作为依托，以创新为主要驱动力，以发展拥有自主知识产权新技术和新产品为着力点，以创新产业作为标志的经济形态。创新经济具有三个主要特征：一是以创新知识密集产业和绿色技术产业作为标志；二是科技创新和产业创新互动结合；三是以知识创新为主体，也就是大学、科研机构同技术创新主体紧密合作。

与传统意义的资源驱动、资本驱动的传统经济形态不同，创新经济有着巨大的"魔力"。如果说经济发展是一艘航行的大船，投资拉动的传统经济就好比是人力拉纤，而创新经济则好比给大船装上了发动机，体现了创新发展的内在特征。一般而言，传统经济投入产出比只有 1∶2 左右，而创新投入产出则可以达到惊人的 1∶50 以上。此外，创新经济符合新发展理念的基本要求。创新不仅可以通过不断提高全要素生产率解决生产要素报酬递减，通过新的发现与创造来突破经济发展由于要素或资源短缺所造成的瓶颈问题，而且创新、创意和创造本身是一种绿色资源，可以反复多次使用，越开发活力就越强，越使用效率就越高。因此，创新经济既是经济阶段提升和要素结构变化的必然结果，也是经济高质量发展的核心推动力。20 世纪 90 年代以来，美国在微电子、半导体、激光、超导、生物工程、新材料、航天科技等许多尖端领域的突出表现，体现了创新经济发展的内生性和可持续性，为全球新兴技术革命和创新经济发展提供了样板。

二、人工智能产业发展促进创新经济增长的理论机制

（一）理论逻辑

作为全球新一轮科技和产业变革的关键驱动力，新一代人工智能将进一步释放科技革命和产业变革积蓄的巨大能量，加快重构生产、分配、交换、消费等经济活动各环节，催生新技术、新产品、新产业、新业态、新模式，形成从宏观到微观各领域的智能化新需求，推动创新经济加快发展，成为引领经济高质量发展的强大引擎。与传

统的技术创新不同,新一代人工智能技术主要基于深度神经网络和机器学习,能够实现自我升级和自我进化,对经济增长的作用不仅体现在提升生产率层面,更体现在新要素供给和提升现有要素质量层面,对现有的经济增长理论也提出了新的挑战。总体看来,人工智能是培育下一轮经济增长的新动能,其主要理论逻辑在于以下几个方面。

第一,人工智能的发展能够降低自动化成本。从传统的自动化转向"智能自动化",其实质是创造了一种可能突破规模报酬递减规律的新的生产要素。传统自动化机械能够使劳动生产率得以提升,但其在工作中存在缺陷,即只能执行简单任务和单一特定任务,不可能实现技术的自我更新,因此传统自动化机械主要作为资本进入生产函数中。人工智能的发展使自动化技术进入新的智能自动化时代,创造出一种类似人类的虚拟劳动力,这本质上是创造了一种新的生产要素。与传统的自动化技术相比,这种新的生产要素具有几个重要的特征:一是可以执行需要敏捷性和适应性的复杂任务;二是通用人工智能可以解决跨领域与跨行业的问题;三是人工智能在大量重复工作基础上可以实现自我学习和自我更新。因此,与作为资本要素的传统自动化机械不同,人工智能资产不但不会出现折旧和贬值,反而会在不断的自我学习中升级更新,这在一定程度上可能突破规模报酬递减的规律,实现经济长期可持续发展。

第二,人工智能的发展能够改善劳动力质量和资本质量。在改善劳动力质量方面,人工智能的发展使一切可计算可重复的技术性工作均能够实现智能自动化,这就将劳动力从烦琐的可重复工作中解放出来,更有效地利用时间,专注于创造性工作,从而极大提升了劳动生产率。此外,人工智能的发展方向是人机协同,通过人机协同能够拓展和延伸人类的生产能力,同时提升人类的智能,进一步使劳动效率大幅提升。在改善资本质量方面,人工智能通过对生产过程中海量数据的分析,能够实时做出控制决策,现有生产过程中存在的准确率低、工作量大、设备闲置和安全性差等问题都将在人工智能发展背景下得到解决,从而实现资本效率的提升。同时,由于人工智能具备不断学习、适应环境和自我进化的能力,这也就能使传统的机器设备随着人工智能的发展而实现生产效率的提高,进而导致资本回报提升,这也是资本质量随人工智能而发展的重要体现。

第三,人工智能的发展能够提高全要素生产率。尽管持"技术怀疑论"的学者认为人工智能对经济增长的影响可能存在"索洛悖论",但人工智能对全要素生产率增长仍然具有比较明显的正影响,具体体现在以下方面:一是在微观层面,人工智能的发展能够带来企业组织管理效率的提升,人工智能能够为管理者提供决策支持,对于扁平化和分散化运行的组织,人工智能能够使具有决策权的人掌握更加全面和准确的信息,甚至提供相应的解决方案,这就使企业的管理效率提升,进而提升企业层面的全要素生产率。二是在中观层面,人工智能能解决行业间存在的要素错配问题,从而减少由于错配带来的生产效率损失，特别是解决资金与人才的错配问题。如人工智能与金融业的结合，能够提升金融机构对小微企业融资的风控能力，从而解决现有的金融资源过多偏向国有大中型企业的错配问题；再如人工智能的发展会改变行业的人才结构，更多的优秀人才将从人工智能占优势的领域流出，进入更具创造性的行业，改善现有的人力资本错配格局，从而提升全要素生产率。三是在宏观层面，人工智能的发展，特别是在语音识别、人机交流和即时翻译等领域的突飞猛进，能够极大地降低生产生活中的交易成本，降低交易效率，从而提升全要素生产率。此外，人工智能的发展也催生了多个传统行业的技术创新，特别是在金融、医疗、教育等领域均引领新的行业变革，这也为经济增长开辟了新的空间。

第四，人工智能的发展能够拓展生产可能性边界。传统经济发展中，技术对增长的作用主要表现为对人类体力的替代，通过以机器替代劳动力，从而实现生产效率的提升和生产规模的扩大，这本质上是属于专业化效率的提升。人工智能的发展，使技术开始进入替代人类脑力的阶段，进入了人类所独有的多样化效率领域，这意味着人工智能主导的产品创新成为可能。根据斯坦福大学 AI 指数指导委员会 2018 年 12 月发布的《2018AI 指数年度报告》，人工智能已经出现了"达到或超越人类表现"的重要进展，这些进展体现在其对产品创新的复杂性和多样性上。传统的信息技术能够提升生产的专业化效率，专业化效率的提升意味着生产效率的提升，能够在既定成本下扩张产品的数量，而在人工智能发展背景下，生产的多样化效率能够随之提升，生产的多样性能够同时创造出供给和需求，从而拓展生产的可能性边界，为经济增长提供新动能。

（二）动力机制

当前，人工智能还处在发展初期阶段，随着基础研究的不断深入，未来人工智能可能面临从"专用人工智能"向"通用人工智能"的转变，这将开启新一轮技术长波周期，引领经济、产业和生活方式的全面变革。我国应当以需求为导向，以人工智能产业链（上游基础层、中游技术层、下游应用层）为切入点，全面推动人工智能领域的科技创新，并从发展人工智能引领传统产业转型升级和新产业的成长，形成经济发展的新动能。

第一，在上游基础层，以加强人工智能的基础理论和关键技术研究引领新一轮创新周期，为中国经济高质量发展培育新动能。瞄准世界人工智能科技前沿，强化政产学研协同创新，加大在基础理论研究和关键核心技术领域的研发投入，占领全球人工智能科技制高点，为人工智能形成经济新动能提供强大的科学储备。要在大数据智能、人机混合增强智能、自主协同与决策等基础理论研究领域加大研究投入，在以深度学习为代表的算法模型等底层关键技术领域加大研究投入，在基础材料、元器件、智能芯片和传感器等核心硬件领域加大投入，同时推动人工智能领域与其他学科的交叉融合，鼓励跨学科探索性研究，以发展人工智能践行我国新时代发展理念中的创新发展，使我国人工智能的科技水平处在世界前列，在新一轮产业革命中处于引领位置，为经济新动能培育创造基础条件。

第二，在中游技术层，以加快人工智能与传统产业融合推动产业转型升级，为中国经济高质量发展培育新动能。加快传统产业的数字化和智能化改造，以人工智能的规模化应用引领传统产业实现转型升级，释放传统产业高质量发展的"效率红利"，以"智能＋"为传统产业赋能，将人工智能技术和装备应用于各产业和产品制造的所有环节，实现全产业链的智能化升级，推动人工智能与实体经济的深度融合。一是加快人工智能与农业的深度融合，利用智能农业设施和物联网平台，综合运用大数据分析决策和智能化数字化控制体系，发展农产品定制生产和智能销售，以智能农业发展促进农业现代化。二是加快人工智能与传统制造业的深度融合，特别是在"工业4.0"的背景下，将智能工业机器人广泛运用到先进制造业中，实现制造业生产的智能化、数字化和信息化，以推进智能制造提高中国传统制造业的产品质量和国际竞争力。三是加快人工智能与服务业的深度融合，精准选取人工智能的应用场景，在智能医疗服务、智能物流服务、智能金融服务、智能出行服务和智能旅游服务等领域加快人工智能技术的推广应用，推进传统服务业的智能化升级，构建智能社会，为经济发展提供新动能。

第三，在下游应用层，以发展人工智能推动产品和市场创新，进而带动新产业的成长，为中国经济高质量发展培育新动能。随着人工智能从科学研究逐步走向产业应用，人工智能产业链上的新兴行业将成为中国经济发展潜力最大的行业，这主要包括人工智能设备生产、人工智能软件服务以及相关的互联网服务等。因此，要积极推动人工智能的科技成果转化与应用，以科技创新引领产品创新和市场创新，进而带动产业创新。积极培育人工智能的创新产品和服务，以智能传感器和智能芯片为核心，结合相关的智能存储、互联网设备、语言处理、虚拟现实和增强现实设备、技术平台和机器学习等大力发展人工智能的硬件产业；以智能软件为核心，结合大数据、云计算、商务智能解决方案、无人驾驶软件服务等大力发展人工智能的软件服务产业。以人工智能产业带动中国经济新产业的成长，推动智慧产业的全面布局，打造具有国际竞争力的人工智能产业集群，为中国经济高质量发展提供新的增长点与驱动力。

三、现状分析

（一）发展现状

近年来，湖南省委、省政府把创新经济增长摆在发展全局的核心位置，坚持以优化创新环境、培育创新主体、加大研发投入、推进成果转化等重点工作为抓手，科技创新机制体制不断完善，创新发展实效不断增强。2018 年，湖南高新技术企业数量达到 4660 家，全省已有国家级创新平台 100 家，省级创新平台 400 家，各类科技企业孵化器 62 家，省级以上"众创空间"110 家，省级创新基地 104 家。为推动创新经济发展，湖南具有发展人工智能产业的深厚科教资源、丰富应用场景、优势政策环境。比如，在智能应用方面，国家智能网联汽车（长沙）测试区是现有已建成的测试区中模拟场景类型全国最多、综合性能全国领先、测试服务全国最优、5G 覆盖范围最广的测试区，开园一年多来，已开展测试约 1600 余场，构建了封闭式测试场景测试数据管理平台，积累了智能网联汽车测试数据资源。在智能研究领域，国家超级计算长沙中心充分发挥"天河"超级计算机强大的计算处理能力，致力于推动高性能计算与大数据、人工智能以及云计算融合发展，同时，依托国防科技大学、湖南大学等高校人才资源和人才制度，形成一批高水平创新团队。2019 年，全省人工智能核心产业规模已经达到 60 亿元，年均增速在 20% 以上，人工智能产业链相关企业数量达 400 余家。截至 2020 年上半年，全省人工智能核心产业产值达到 70 亿元，同比增长 16.7%，全省人工智能相关企业达到 3126 家。长沙、湘潭等地已形成产业集聚区，拥有国家超级计算长沙中心、机器人视觉感知与控制技术国家工程实验室、自兴人工智能研究院、湖南先进传感与信息技术创新研究院、长沙智能驾驶研究院、哈工大机器人（岳阳）军民融合研究院等多家科研机构以及一批创新型企业。

此外，湖南人工智能在产业链发展方面也具备了较好基础。在人工智能产业链的上游基础层，湖南超算中心、长沙工业云平台、永州华为云计算数据中心等机构可为人工智能提供云计算服务、数据支撑；景嘉微电子生产的国内首款拥有完全自主知识产权的 GPU 芯片，可为人工智能深度学习等算法及数据处理提供基础运算能力；湖南启泰信息等企业从事高端传感器的科研生产。在中游技术层，湖南拥有机器人视觉感知与控制技术国家工程实验室、湖南人工智能学会、自兴人工智能研究院、长沙智能驾驶研究院、湖南先进传感与信息技术创新研究院等多家科研机构以及一批创新型企业；湖南 80% 以上的人工智能相关企业集中在下游应用层。安克创新、蓝思智能机器人、中南智能、三一、中联、时代电动等一批企业，在智能驾驶、智能制造、智能工程机械、智能机器人、智能家居等应用领域发展较快，特色优势明显。

（二）主要挑战

第一，AI 大学人才有优势，但跨界复合型人才严重稀缺。过去传统的计算机人才大多强调算法能力和代码能力的培养。如今人工智能的发展还要求人才具有创新意识和跨学科的实践动手能力，打破学科的藩篱，实现学科之间的交叉融合，具有学科融合能力的 "跨界综合型人才"。中国 94 所 AI 大学的地域分布如图 5 - 2 所示，湖南拥有 AI 大学人才优势，排名全国前五。但是，当前人工智能技术与传统产业的结合日益紧密，产业化程度日益提高。华菱钢铁、三一集团、蓝思科技等省内知名企业反映，人工智能专业人才引进、招聘难，领军人才和顶尖人才缺乏，人才流失较为严重，人才制约因素明显。目前，在湖南人工智能领域，不仅存在高层次创新型人才不足的问题，更重要的是长期以来面临跨界复合型人才严重稀缺的局面，致使人工智能前沿战

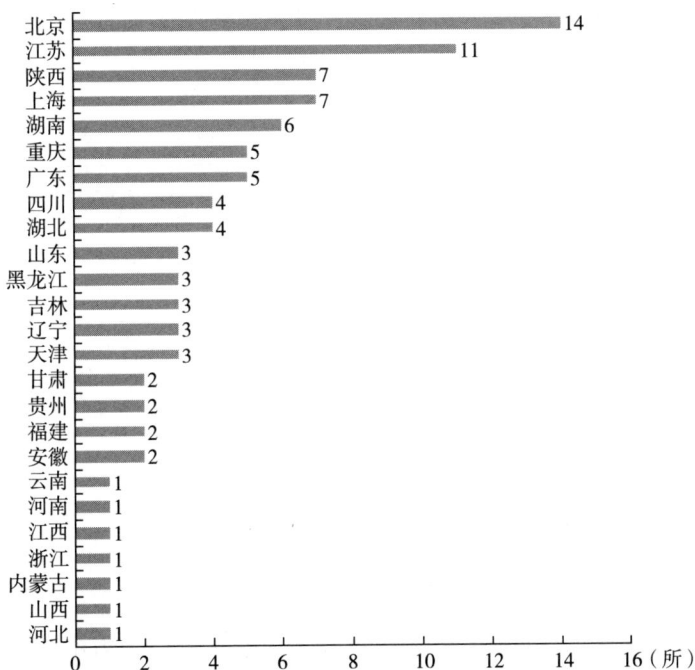

图 5 - 2　中国 94 所 AI 大学的地域分布

资料来源：中国新一代人工智能发展战略研究院发布的《中国新一代人工智能科技产业发展报告（2019）》，统计时间截至 2018 年 12 月 31 日。

略性研发能力明显不够,关键技术储备捉襟见肘的现象较为普遍。人才资源配置的市场导向机制不健全,重硬件轻软件、留人措施不具体、人才政策落地难等问题,创新人才队伍活力不够,流动受阻,深度合作、协同创新难以推进。

第二,基础性研发平台有支撑,但融合创新性研究不够。在人工智能基础研究方面,湖南省已经拥有国家超级计算长沙中心等研发平台支撑,但融合创新性研究却较为薄弱,缺少原创性科研成果,融合创新及整体基础性研发能力较弱。而融合创新性研究主要体现在人工智能专利和核心技术应用方面。据统计,2018年,湖南省各地州市人工智能专利数(企业专利数和高校专利数)如图5-3所示,从图5-3中可以看出,省会长沙市具有明显的"虹吸效应",在人工智能专利方面一枝独秀,占了全省的3/4以上,其他13个地州市的人工智能专利数都相对较少。2020年上半年,全省人工智能相关企业数长沙占比77%。省内大多科技型企业、研究机构在核心技术研发、人工智能应用等领域自主创新能力需要提升,特别是人工智能芯片、高端工业软件等一些重点行业的核心技术和关键产品研发对标国际先进水平存在差距。如人工智能基础层所包含的芯片、传感器、大数据与云计算平台等领域,芯片主要依赖进口,传感器基础研发能力较强但产业"小、散、弱"问题突出,数据的多样性、可用性、开放性以及训练性不够,影响了人工智能算力算法升级和产业落地。

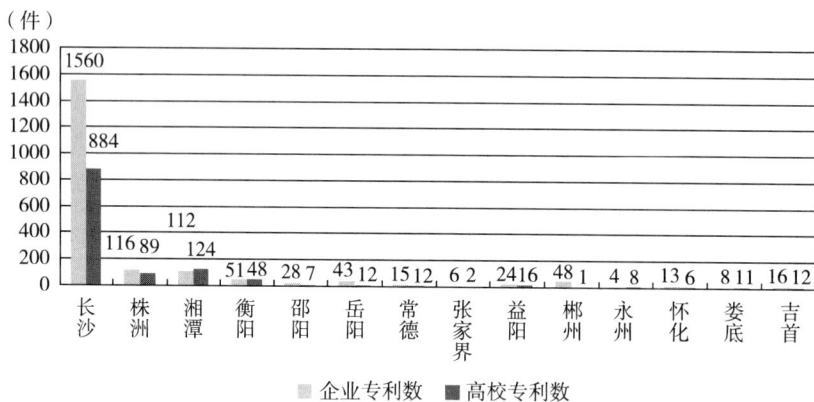

图5-3 2018年湖南省各地州市人工智能专利数

资料来源:智慧芽专利数据库检索,统计时间截至2018年12月31日。

第三,制造行业有深厚的技术基础,但智能产业区域竞争力不强。数据治理是企业组织中涉及数据使用的一整套管理体系,是企业实现数字战略的基础。人工智能产业需要有较强的数字化水平和数据治理。湖南虽然在智能运载工具、智能工程机械、智能机器人、无人驾驶汽车、轨道交通等高精尖的制造行业方面具有深厚技术基础,但人工智能在这些行业中的数据治理应用却十分有限,人工智能产业缺乏龙头企业和

"独角兽"企业，相关企业以中小企业为主，存在技术雷同、同质化竞争的情况，与湖南特色优势产业关联度不高，过于追逐热点技术概念，忽视了与实际发展要求相结合，无法有效支撑当地产业创新发展。在2018年世界智能大会南开大学经济研究所、中国新一代人工智能发展战略研究院发布的智能产业区域竞争力评价指数排名中，北京、广东、浙江、上海和江苏走在了全国前列，处于第一梯队（见图5-4）。湖南省在统计的28个省份里面排名第16位，处于中游水平，与第一梯队还有很大的差距。

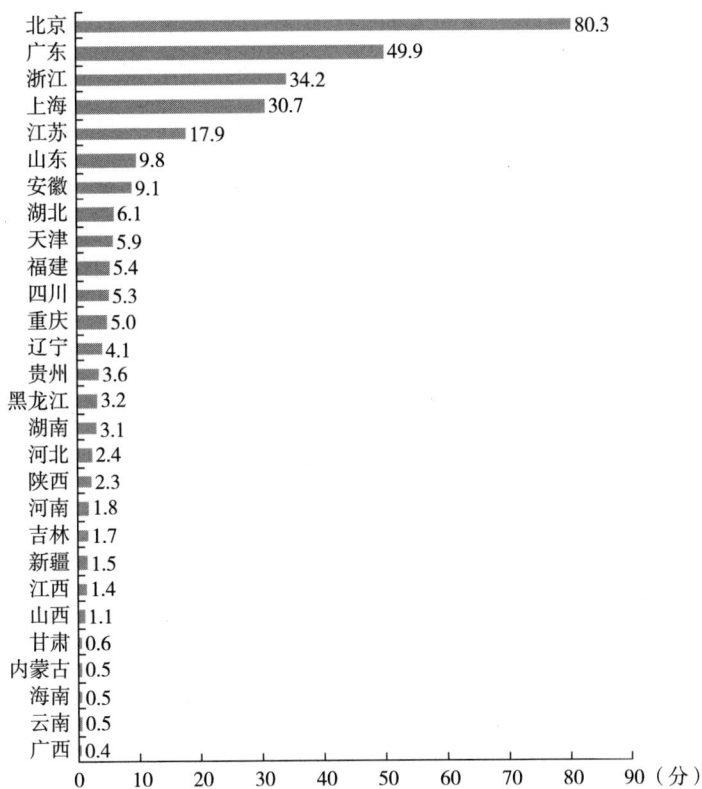

图5-4　2018年全国人工智能产业竞争力排名

资料来源：南开大学经济研究所、中国新一代人工智能发展战略研究院。

四、对策建议

目前，越来越多的有识之士认识到，人工智能将驱动湖南经济持续增长。促进人工智能产业发展，尤其是机器人产业的发展，有利于湖南传统制造业升级和新兴产业快速发展，尽快形成具有湖南特色的人工智能创新体系，为国家打造人工智能创新高地贡献湖南智慧。争取到2025年，建成10家省级人工智能产业园，打造50家具有核心竞争力的人工智能骨干企业，培育形成具有重大引领作用的人工智能企业和产业，全省智能经济规模达到3000亿元。针对当前湖南人工智能发展中存在的主要问题，借鉴日本和上海的先进经验，湖南应该从以下三个方面入手，加快抢占湖南人工智能产业未来发展新高地。

第一，双管齐下，为发展人工智能培养和引进跨界综合型人才。一方面，大力推动人工智能领域内的跨界高端人才的培养。依托现有的人工智能相关学科的研究基础，以岳麓山国家大学科技城为龙头，加快人工智能相关学科布局，实现学科间资源优化配置，将科学研究与人才培养结合起来，开设人工智能专业，打造多种形式的人才培养平台，为湖南省及全国人工智能产业发展源源不断地提供人才。另一方面，加大人工智能领域高层次跨界综合型人才的引进力度。重点聚焦芯片研发、底层算法等关键核心领域，充分利用现有各类人才计划加强对国际顶级人才的吸引力，特别是引进国际顶尖科学家和高水平的创新团队，同时鼓励相关机构采用项目合作、技术咨询、学术交流等多种形式加大技术合作力度，为人工智能基础研究和关键核心技术实现突破提供高端人力资本条件。此外，建立适应智能经济时代的学习和培训体系。结合人工智能产业发展带来的就业结构变迁，支持各类机构开展人工智能的技能培训，适应不断增长的人工智能专门岗位需求，为人工智能发展提供坚实的人力资本保障。

第二，软硬结合，加快推动人工智能研发基础设施建设。一是加快适应智能经济和智能社会的基础设施网络建设。加快布局高速度大容量的5G移动通信网和高度智能化的物联网，保障低时延、高通量的数据传输能力，为人工智能在无人驾驶、智能制造、虚拟现实和增强现实等场景的应用提供可行性。二是加大对人工智能基础和应用研发的支持力度。建设云计算中心等高效能计算基础设施，同时提升超级计算对人工智能产业发展的制程能力，促进各类通用软件和技术平台的研发和开源开放，为人工智能推广应用奠定坚实的基础，形成良性发展的产业生态。三是加快人工智能的基础性公共平台建设。加快实现公共信息数字化，建设适应人工智能产业发展的公共数据库，开放文献、语音、图像、视频、地图和行业数据，为基础资源社会共享提供便利，为人工智能深入各个行业的应用提供良好的数据基础，构建能够适应人工智能时代所需要的基础设施体系。

第三，产研互动，加快建设人工智能发展的数据治理和产业支撑体系。一是加快人工智能在社会治理中的应用。将人工智能设备更广泛地应用于公用事业领域，全面推进智能政务、智慧法庭、智慧城市、智能交通和智能环保的建设和应用，以人工智能基础设施建设全面推进社会治理智能化和现代化。二是加快人工智能在工业互联网中的应用。打通生产端与需求端，引领要素配置、组织管理和商业模式的根本性变革，打造具有消费者导向、更具市场竞争力的产品与服务，为传统产业实现"智能＋"赋能提供基础支撑。三是推动人工智能产业园、人工智能众创基地等产业集聚空间建设。以岳麓山国家大学科技城科创平台、长沙新一代人工智能创新发展试验区、湘潭机器人产业园等重大项目建设为契机，发挥长株潭国家自主创新示范区的引领带动作用，积极围绕人工智能的产业链和创新链，汇聚各类高端要素，形成人工智能产业集群和创新高地，构建人工智能产业健康发展和良性发展的产业生态格局。四是积极参与人工智能的全球治理。在人工智能国际规则方面加强合作，共同应对人工智能领域内的全球性挑战，为人工智能产业实现健康发展保驾护航。

参考文献

［1］李建波．论创新型经济的涵义、特征与发展趋势［J］．前沿，2011（7）．

［2］吴晓波．浙江省创新型经济蓝皮书2005［M］．杭州：浙江大学出版社，2006．

［3］李南征．技术创新与科技产业化［M］．北京：中国经济出版社，1999．

［4］周苏，王硕苹等．创新思维与方法［M］．北京：中国铁道出版社，2016．

［5］中国政府网．国务院关于印发新一代人工智能发展规划的通知［EB/OL］．http：//www. gov. cn/zhengce/content/2017 – 07/20/content_ 5211996. htm.

［6］中华人民共和国工业和信息化部网站．工业和信息化部关于印发《促进新一代人工智能产业发展三年行动计划（2018—2020 年）》的通知［EB/OL］．http：//www. miit. gov. cn/n1146295/n1652858/n1652930/n3757016/c5960820/content. html.

［7］湖南省工业和信息化厅网站．关于印发《湖南省人工智能产业发展三年行动计划（2019—2021 年）》的通知［EB/OL］．http：//gxt. hunan. gov. cn/xxgk＿ 71033/tzgg/201903/t20190301＿5282873. html.

［8］吕荣胜，原伟．创新经济学理论的演进轨迹与发展趋势研究［J］．河北科技大学学报（社会科学版），2007（2）：8 – 12.

［9］张文闻，张聪，邓凯文，李承杰．我国人工智能产业的发展趋势、经验和启示［J］．广东经济，2019（10）：36 – 41.

［10］郭晗．人工智能培育中国经济发展新动能的理论逻辑与实践路径［J］．西北大学学报（哲学社会科学版），2019，49（5）：21 – 27.

第六章

农户绿色发展转型影响机制与
湖南省"十四五"对策研究*

内容提要： 绿色发展是湖南省抢占新一轮创新发展制高点，提高长远竞争力的重大举措，也是乡村振兴战略的必然路径。促进农户绿色发展转型有利于发展绿色农业，倡导绿色消费，弘扬绿色文化，探索资源节约、环境友好的生产方式和消费模式，从而为湖南"十四五"创新驱动发展与乡村振兴战略奠定坚实基础。

为此，本章在对农户绿色发展转型理论分析的基础上，基于可持续生计资本框架，设定了转型发展影响机制与效益的计量检验模型，确定了生计资本指标的计算方式，即根据熵值法客观确定各指标的权重，再根据权重加总得到各类生计资本的数值；并从绿色发展、绿色转型两个层面，化肥施用、技术学习、绿色消费支出、绿色能源使用四个指标出发研究农户生计资本对农户绿色转型的影响机制。研究发现从资本角度看，不同生计资本对不同转型行为指标的影响差异均显著；而从地区角度看，不同地区受资本影响差异明显。总的来看，人力资本和自然资本对绿色生产和绿色消费支出影响显著，物质资本和社会资本对绿色能源使用影响明显。因此，本章根据实证结果提出湖南省"十四五"政策建议：第一，要建立农业绿色发展的监管体系。第二，要构筑农业绿色发展的科技进步支撑体系。第三，要以考核评价为重要抓手，建立完善湖南省绿色发展的促进机制。第四，要以提质增效为基本途径，深入挖掘绿色生产提升空间。第五，要以营造绿色氛围为重点，加快实现绿色文化向更高层次提升。

关键词： 绿色发展；乡村振兴；绿色转型

---

* 本章为教育部人文社会科学研究规划基金项目：基于新时代中国"经济—环境—能源"CGE 模型的农村绿色发展外溢效应与补偿政策研究（19YJA790124）阶段性研究成果。

核心观点：

（1）推进农户绿色发展转型是实现乡村振兴与包容性绿色发展的重要保障。

（2）农户生计资本的体量与结构是影响其绿色生产转型决策及行为的主要因素，影响效应及机制存在空间异质性。

（3）人力资本和自然资本主要影响农户绿色生产和绿色消费，物质资本和社会资本则主要影响农户绿色能源使用。

（4）推进湖南省农户绿色发展转型应抓好农户绿色发展的监管与激励体系建设、提升农业科技创新水平与农户现代化生产技术应用能力和绿色发展文化的培育等。

一、引言

湖南位于我国的中部经济区，面临着发展不足和发展不优的双重矛盾、资源与环境的双重约束、加快发展与加快转型的双重压力。"环境保护推进落实不够有力、洞庭湖区生态环境问题严峻、一些突出环境风险长期得不到解决……"从中央第六环境保护督察组反馈的环保督察情况来看，湖南环境质量形势依然严峻，污染防治任务仍然艰巨。2019 年，湖南的农村常住人口占比 43%，农村常住人口总数为 2974.90 万人，农户的生产和消费行为深刻地影响着湖南的经济建设和环境治理。而农户生计资本深刻地影响农户的生产和消费行为。因此在生计资本的角度下研究农户绿色发展转型机制对建设"两型社会，绿色湖南"具有重要意义。

为此，本章在生计资本的框架下进行研究，从人力资本、自然资本、物质资本、金融资本和社会资本五个角度考察农户的资本禀赋，根据已有的文献，结合研究目的建立生计资本指标体系，通过熵值法算得各类资本中各个小指标的权重，再根据相应权重和极差标准化后的指标数据求得各农户的五类资本值，在资本值数据基础上根据四大经济区将数据进行分类，再将农户绿色生产和农户绿色消费量化为化肥施用、技术学习、绿色消费支出和绿色能源使用四项指标，随后用多元线性回归分别分析各类生计资本对四项指标的影响，并分地区进行讨论，从而探讨农户绿色发展转型机制和对策研究。

二、农户绿色发展转型的理论分析

（一）农户绿色生产转型

农户绿色生产转型主要涉及绿色生产投入和农业技术的学习应用。

绿色生产投入常用多个指标综合测量，包括化肥、农药和灌溉等投入。

以化肥为例，相关研究和理论是随着20世纪初西方的近代农业化学理论和技术传入中国之后而逐渐发展的。在早期，化肥施用在中国刚刚起步，相关的理论研究较少，伴随着从引进化肥到化肥工业的建立，我国化肥的使用经历了氮肥、磷肥、钾肥和微量元素化肥等。

随着化肥品种和化肥总量使用的增加，在20世纪50年代有学者开始研究不同化肥的性质，这一阶段的理论研究主要从农业科技的角度研究化肥的性质对不同作物的增产效果，注重实地考察，对数学运用较为简单。

到20世纪70年代已有文献开始研究国外的化肥施用情况，如《科技简报》于1972年发表的国外化肥的生产与施用。这个阶段的理论研究依然着眼于化肥应如何科学合理地施用化肥以及改进施肥技术，提高肥料利用率。

到了20世纪80年代，伴随着改革开放，化肥使用量大幅增加，原有的化肥施用理论不足以应对实践的需要，于是理论研究着重于反思原有的单一施肥和按经验施肥的方式，计算化肥最优用量和不同化肥的合理配比研究应运而生，到目前为止化肥施用的理论仍然注重探讨化肥、作物、土壤的关系。但同时因为经济的发展和经济研究在中国的发展，开始有学者关注化肥施用的经济效益，如1980年杨德春在《农业经济问题》发表的《化肥的施用和经济效果》。这段时间的研究更加注重化肥施用与其经济效益的探讨，也有较多的文献总结化肥施用中的误区。

到21世纪，在相关理论和实践不断发展的基础上，以"化肥施用"为题的研究开始大幅增加，大量的研究将化肥施用和环境保护联系起来，在理论上逐渐形成共识：中国的化肥施用过量，造成了环境污染，影响农业的可持续发展之路。化肥施用的研究更多着眼于化肥合理施用量和化肥过量施用的测算，在方法上也更多地采用数学模型。以化肥施用量零增长、负增长为目标，研究化肥减施的影响因素以提出政策建议。

近年来，仍以化肥减施影响因素研究为主，从种植结构、施肥强度、技术改进、农户主体行为等角度较多。崔新蕾（2011）利用武汉市郊区的分层随机抽样183份数据，运用Logistic模型得出农业收入比例高低、环境满意度、年龄对化肥减施有显著正向影响，而家庭人口数、土地区位对其负向影响显著。仇焕广（2014）重点研究了风险规避对农户化肥过量施用的影响，研究结果表明农户的风险规避程度越高，化肥过量施用越明显。此外，还发现劳动力外出务工比例对化肥过量施用影响显著为正，户主教育水平、土地质量影响则相反。杨万江（2017）基于长江流域678户稻农化肥施用的数据，通过双对数模型测算化肥施用是否过量，再利用多元线性回归发现生产方式的转变可以有效促进农户化肥减施，其中显著正向作用的有机械整田、机械插秧和田间管理服务。诸培新（2017）基于江苏四县（市）191户农地转入户的数据，运用OLS和Tobit回归检验得出转入农地的经营规模、户主受教育年限和确定的流转期限均对农户化肥亩均投入有显著的负向影响。郭清卉（2018）从社会规范视角，基于五省1023户农户的调研数据，采用二元Logistic模型对农户化肥减量化措施采纳行为进行研究，发现社会规范不仅对化肥减量产生直接正向影响，还通过内化为个人规范对其产生间接正向影响。曹慧等（2018）从心理学视角，基于山东省549户农户的调研数据，利用结构方程模型分析得出行为规范、主观规范、直觉行为控制显著影响农户化肥的施用。吕晓等（2020）依托计划行为理论，基于山东省754份农户的调查问卷数据，采用二元Logistic回归的方法，得出化肥污染认知、年龄等对化肥减施有显著正向影响。

而农户对农业技术的学习得益于我国农业科技的发展，我国农业领域已经发展出了农业机械化自动技术、农业信息采集技术、农业计算机技术等。

从宏观上看，农业技术学习主要指农业科技整体上的发展，如节水灌溉技术、智能农业的发展，对于农业技术的研究包括农业技术创新和农业经济增长关系的研究、农业技术需求影响因素、农业技术推广等。

从微观上看，农业技术学习主要指农户个人的技术学习，包括农户在合作社等组织的专业技术学习和农户自主的互联网学习。有研究认为我国农村经济社会发展普遍面临着农户素质偏低、技术学习动力不足等问题。

其中，农业技术推广将技术层面的进步与农户的实际生产相联系，有较多的文献探讨影响农户对农业技术采纳接受的因素，有研究表明技术收益预期、网络学习、邻里效应等都对农户的技术学习和采纳行为产生显著影响。

（二）农户绿色消费转型

绿色消费是指以有益健康和保护生态环境为基本内涵且符合人的健康和环境保护标准的各种消费行为和消费方式。

有关绿色消费的研究集中在愿意绿色消费的消费者特征、影响消费者绿色消费的因素、研究消费者为何对绿色消费的态度和行为不一致这三个方面。

在对消费者特征进行研究时，多数文献以消费者人口统计特征、心理变量和整合模型为切入点。人口统计特征以明显的教育水平、年龄、性别为变量，但随着研究的增多，出现了越来越多的矛盾性结论，因此单纯的人口统计特征与绿色消费的关系研究已不能得到特别有价值的结论。这是因为人口统计特征仅仅是表象，和绿色消费并没有紧密的直接关系。

之后，学者尝试用心理变量区分不同的绿色消费倾向的消费者，消费心理与消费行为有着更显著、直接的联系，但同时也难以测量。

随着研究的发展，研究者尝试建立一个完整的框架和模型来测量评价这些变量，被频繁使用的是计划行为理论，主要从行为态度、主观规范和感知行为控制三个因素研究。

对绿色消费影响因素的研究主要从消费者因素、外部干预因素、宣传因素和产品因素四个方面研究。

然而，即使有研究发现测量出消费者的行为态度，但在实际中消费者并不一定实践绿色消费，因此有研究者注重研究影响绿色消费的态度和行为不一致的因素。主要从消费者角度、产品角度、情景角度和研究与测量方法角度。

而绿色消费转型与宣传是否成功需要一定指标来衡量，其中有污染物排放测量、产业结构优化等。除此之外，消费结构也能较好地反映绿色消费的水平，消费结构越优化意味着绿色消费水平越高，燃料的选择使用直观地反映了农户的绿色消费行为选择，因此本章选择了农户文教娱乐支出与农户家庭总支出之比和农户燃料使用情况反映其绿色消费水平。

三、农户绿色发展转型机制的实证研究：基于生计资本的视角

（一）实证模型的构建

为了识别农户绿色发展的主要影响因素及影响机制，本章构建了四个识别模型。其中，模型1以化肥施用为代表变量、模型2以技术学习为代表变量，模型1、模型2用于识别农户绿色生产转型的影响机制，模型3以绿色消费支出为代表变量、模型

4 以绿色能源使用为代表变量，模型 3、模型 4 用于识别农户绿色消费转型的影响机制。

模型具体形式如下：

$$Y_1 = \alpha_0 + \alpha_1 X_1 + \alpha_2 X_2 + \alpha_3 X_3 + \alpha_4 X_4 + \alpha_5 X_5 + \alpha_6 X_6 + \alpha_7 X_7 + \varepsilon_i \tag{6-1}$$

$$Y_2 = \beta_0 + \beta_1 X_1 + \beta_2 X_2 + \beta_3 X_3 + \beta_4 X_4 + \beta_5 X_5 + \beta_6 X_6 + \beta_7 X_7 + \varepsilon_i \tag{6-2}$$

$$Y_3 = \eta_0 + \eta_1 X_1 + \eta_2 X_2 + \eta_3 X_3 + \eta_4 X_4 + \eta_5 X_5 + \eta_6 X_6 + \eta_7 X_7 + \varepsilon_i \tag{6-3}$$

$$Y_4 = \mu_0 + \mu_1 X_1 + \mu_2 X_2 + \mu_3 X_3 + \mu_4 X_4 + \mu_5 X_5 + \mu_6 X_6 + \mu_7 X_7 + \varepsilon_i \tag{6-4}$$

Y 代表本章选取的四个衡量绿色发展和绿色消费的指标作为被解释变量，Y_1 是化肥施用，Y_2 是绿色技术学习，Y_3 是绿色消费支出，Y_4 是绿色能源使用。$X_1 \sim X_5$ 分别代表解释变量人力资本、自然资本、物质资本、金融资本和社会资本，X_6 和 X_7 分别代表控制变量村主任的学历和农户是否有家庭成员外出务工。ε_i 代表随机误差项。本章的数据处理和模型回归采用 Stata 15 完成。

（二）数据与指标选取

1. 数据样本

（1）数据来源。本章使用数据全部来自北京大学和国家自然科学基金资助、北京大学中国社会科学调查中心执行的中国家庭追踪调查 2018 年数据。

家庭追踪调查追踪收集个体、家庭和社区的数据，囊括了城镇、乡村、成人、少儿的数据，样本规模为 16000 户，调查内容包含教育、健康、经济、心理等各个方面，为学术研究和公共政策分析提供了数据基础。

（2）生计资本计算。为了减少主观赋值的影响，本章的生计资本计算采用熵值法，具体计算步骤如下：

1）数据标准化：

对于正向指标：

$$z_{ij} = \frac{x_{ij} - \min x_{ij}}{\max x_{ij} - \min x_{ij}} \tag{6-5}$$

对于负向指标：

$$z_{ij} = \frac{\max x_{ij} - x_{ij}}{\max x_{ij} - \min x_{ij}} \tag{6-6}$$

其中，z_{ij} 为标准化后第 i 个样本的第 j 个指标的数值，$i = 1, 2, \cdots, m$；$j = 1, 2, \cdots, n$。

2）计算第 j 个指标下第 i 个样本占该指标的比重：

$$p_{ij} = \frac{z_{ij}}{\sum\limits_{i=1}^{m} z_{ij}} \quad (i = 1, 2, \cdots, m; j = 1, 2, \cdots, n) \tag{6-7}$$

3）计算第 j 个指标的熵值：

$$e_j = -k \sum_{i=1}^{m} p_{ij} \ln p_{ij} \tag{6-8}$$

其中，$k > 0$，ln 为自然对数，$e_j > 0$。式中，常数 k 与样本数 m 有关，一般 $k = \frac{1}{\ln m}$，则 $0 \leq e \leq 1$。

4）计算第 j 个指标的信息效用值：

$$d_j = 1 - e_j \tag{6-9}$$

5）计算各项指标的权重：

$$w_j = \frac{d_j}{\sum\limits_{i=1}^{n} d_j} \tag{6-10}$$

6）计算各样本的综合得分：

$$s_i = \sum_{j=1}^{n} w_j \cdot p_{ij} \quad (i = 1, 2, \cdots, m) \tag{6-11}$$

（3）描述性统计分析。根据研究需要对样本进行筛选，剔除了缺失值和异常值，以 1332 组农户数据作为最终样本。以四大经济区域作为划分标准，东部地区 255 户，占总样本的 19.2%；中部地区 441 户，占总样本的 33.1%；西部地区 442 户，占总样本的 33.1%；东北地区 194 户，占总样本的 14.6%。

由基本统计量可知（见表 6-1），农户的年龄偏大，大多是中老年劳动力，受教育水平普遍较低，医疗保健支出低于 2019 年全国人均医疗保健支出（1902 元），平均教育水平介于小学和初中，地貌基本为平原，金融资本平均值为 6 万元，整体水平较低，互联网学习时间极低，基本集中在几个月一次。

表 6-1 变量描述性统计

变量	平均值	方差	最小值	最大值
年龄	52.79	10.93	24	76
受教育水平	2.320	1.010	1	5
人均医疗水平	1220	2328	0	22500
地貌	3.280	0.940	1	4
人均经营土地面积	0.180	0.160	0.0200	1.160
亩均产出	2130	3202	22.22	32500

变量	平均值	方差	最小值	最大值
产出投入比	10.52	17.43	0.240	200
房产价值	135542	138719	1000	1500000
土地价值	47502	47430	1250	468750
耐用消费品	19651	35264	0	400000
农业机械总值	3169	6069	0	60000
现金及存款	21276	37952	0	300000
工资性收入	28963	31786	0	220000
经营性收入	8017	12129	0	131300
转移性收入	3109	7687	0	100260
人均交通、通信费用	927.6	815.9	40	5000
离商业中心时间	30.99	23.30	2	120
土地亩均施肥费用	824.4	1202	21.28	10000
学习频率	0.530	1.510	0	6
消费结构	0.151	0.223	0	1
村主任学历	3.660	0.840	1	6
燃料使用	0.530	0.500	0	1
是否有家庭成员外出务工	0.572	0.494	0	1

资料来源：笔者自行整理。

2. 指标选取

生计资本及变量指标的选取如表6-2所示。

表6-2　生计资本及变量指标

资本类型	测量指标	变量定义	权重	指标类型
人力资本	家庭决策者年龄	家庭重大决策者年龄（岁）	0.176	+
	家庭决策者受教育水平	1＝文盲/半文盲，2＝小学，3＝初中，4＝高中/大专，5＝大学本科及以上	0.806	+
	家庭成员健康状况	家庭年人均医疗花费（元）	0.017	－
自然资本	地貌特征	1＝高原，2＝高山，3＝丘陵山区，4＝平原	0.069	+
	人均实际经营土地面积	家庭人均实际经营土地面积（亩）	0.196	+
	亩均土地产出	农林牧渔收入/实际经营土地面积（亩）	0.354	+
	投入产出比	农副投入/农副产品总值	0.382	+
物质资本	土地价值	家庭拥有土地价值（元）	0.152	+
	房产价值	总房产（扣除房贷）（元）	0.153	+
	耐用消费品价值	家庭耐用消费品（元）	0.287	+
	农业机械价值	农业机械价值（元）	0.408	+

资本类型	测量指标	变量定义	权重	指标类型
金融资本	金融资产	金融资产价值（元）	0.297	+
	工资性收入	家庭工资性收入（元）	0.157	+
	经营性收入	家庭经营性收入（元）	0.210	+
	转移性收入	家庭转移性收入（元）	0.336	+
社会资本	人均交通、通信支出	交通、通信支出/家庭人口数（元）	0.878	+
	距商业中心时间	距离最近商业中心的时间（分钟）	0.122	−
土地亩均施肥费用		施肥费用/土地面积（元）		
学习频率		0＝从不，1＝几个月一次，2＝一个月一次，3＝每周3~4次，4＝每周2~3次，5＝每周1~2次，6＝几乎每天		
消费结构		文娱教育支出/家庭总支出（%）		
燃料使用		0＝柴/煤炭，1＝液化气/天然气/电		
村主任学历		1＝文盲/半文盲，2＝小学，3＝初中，4＝高中，5＝大专，6＝大学本科及以上		
是否外出务工		0＝否，1＝是		

（三）生计资本对绿色生产的影响

1. 生计资本对化肥施用的影响

如表6－3所示，从全国来看，生计资本中人力资本对化肥施用具有负向影响，系数为－0.0150，未通过0.05显著性水平检验。人力资本与农户年龄、受教育水平、农户健康状况相关。农户年龄具有双向影响，既有可能因为年龄较大、种植经验丰富而正确施用化肥，也有可能因为年龄越大越难以接受新知识而过量施用化肥；受教育水平越高意味着农户对化肥合理施用量越可能有正确的认知，这和现有的普遍研究结果是相符的。《农户化肥施用认知、减施意愿及其影响因素——基于山东省754份农户调查问卷的实证》一文认为年龄、受教育水平对农户减施意愿具有显著的正向影响。

表6－3 农户生计资本对化肥施用回归分析

	(1) 全国	(2) 东部	(3) 中部	(4) 西部	(5) 东北
人力资本	－ 0.0150 (0.01)	0.102 * (0.06)	－ 0.00700 (0.01)	－ 0.0110 (0.03)	0.0170 (0.02)

	（1）全国	（2）东部	（3）中部	（4）西部	（5）东北
自然资本	0.528***	0.444**	0.498***	0.619***	0.243***
	（0.05）	（0.22）	（0.05）	（0.10）	（0.06）
物质资本	0.0630	-0.118	0.0690	0.134	0.081**
	（0.04）	（0.19）	（0.04）	（0.10）	（0.03）
金融资本	-0.0620	0.0120	-0.0330	-0.110	0.0120
	（0.04）	（0.16）	（0.05）	（0.11）	（0.04）
社会资本	0.088***	0.113	0.0210	0.109**	0.0260
	（0.02）	（0.08）	（0.03）	（0.05）	（0.02）
村主任学历	-0.00100	-0.0170	-0.00100	-0.00100	0.00300
	（0.00）	（0.01）	（0.00）	（0.01）	（0.00）
外出务工	0.00300	0.062**	0.00600	-0.0130	-0.013**
	（0.01）	（0.03）	（0.01）	（0.02）	（0.01）
常数项	-0.00400	0.130*	-0.00900	-0.00800	0.065***
	（0.02）	（0.07）	（0.02）	（0.04）	（0.02）
N	1332	255	441	442	194
r²	0.0910	0.0430	0.149	0.107	0.0850
r²a	0.0860	0.0160	0.135	0.0930	0.0500
F	18.90	1.601	10.81	7.439	2.456

注：* 表示 $p < 0.1$，** 表示 $p < 0.05$，*** 表示 $p < 0.01$。

资料来源：笔者自行整理。

自然资本对化肥施用具有正向影响，系数为 0.528，通过 0.05 显著性水平检验。表明自然资源越丰富的农户，化肥施用越倾向于增加，自然资本包括地貌特征、家庭实际经营土地面积、亩均产出、投入产出比。家庭实际经营土地面积越多，代表农户土地资源越多，和前一文献的研究结果农地经营规模对农户减施意愿具有显著的负向影响相似，亩均产出和投入产出比都意味着化肥施用的增加。关于地貌特征，现实中在丘陵更多种植经济作物，化肥施用应该更多，可能是因为其作用较少，综合其他指标后使自然资本系数总体上为正。

物质资本对化肥施用具有正向影响，系数为 0.0630，未通过 0.05 显著性水平检验。表明物质资本对化肥施用的负向效应不显著。物质资本包括家庭拥有土地价值、家庭房产价值、家庭耐用品价值、家庭农用机械价值，在总体上呈现了农户的生活水平，有研究认为机械使用对减少农户化肥过量施用有积极作用，而物质资本的其他几个变量可能从其他途径正向影响化肥施用量，从而使自然资本系数在总体上不显著。

金融资本对化肥施用具有负向影响，系数为 - 0.0620，未通过 0.05 的显著性水平检验。金融资本包括家庭金融资产、家庭工资性收入、家庭经营性收入、家庭转移性收入。金融资本在一定程度上代表着农户的兼业程度，金融资本越高意味着农户越有可能外出务工及从事其他的经营，从而因为时间变短而减少化肥的施用。但也有研究认为外出务工会促使化肥过量施用，这是因为务农所花的时间和化肥施用呈替代关系，兼业程度高的农户倾向于增加化肥施用来补偿务农时间的减少。

社会资本对化肥施用具有正向影响，系数为 0.088，通过 0.05 的显著性水平检验。表明社会资本越丰富的农户，越容易增加化肥施用量。社会资本包括人均交通、通信支出与商业中心的距离。虽然互联网经济快速发展，但由于农村住所分散、交通不便，农村的快递运输体系尚未建立完整，因此集市仍然是广大农户进行物资购买的主要场所，这意味着离集市的远近代表着农户的购买成本。离集市越近，购买成本越低，农户更易增加化肥的购买量和施用量；同时，离集市越近代表土地更加集中、用地更加紧张，农户分得的土地越少，为了尽可能提高产量，农户可能会增加化肥的施用；此外，本章所选的两种指标在一定程度上反映了城镇化倾向，越多的农户离商业中心越近、交通费用越少，则说明城镇化水平越高，这与刘沛等在湖南省邵东县研究城镇化对耕地演变功能影响所得的结果相符，即城镇化率和单位面积化肥施用量明显正相关。

从区域上看，四大经济区域自然资本都对施用有显著正向影响。除此之外，在东部，人力资本对化肥施用有显著的正向影响，系数为 0.102。这可能是由于东部经济较为发达，即使是在农村，农户的兼业水平也较高，因此会更多地使用化肥来代替人力；在西部，社会资本对化肥施用的影响显著，系数为 0.109，这可能是由于西部的城市化水平较东部低，由此化肥的购买成本对化肥施用产生了较显著的作用；在东北，物质资本对化肥施用影响显著，系数为 0.081，这是由于东北平原地势平坦辽阔，利于大规模机械化，方便施肥导致的客观现状。

2. 生计资本对技术学习的影响

如表 6 - 4 所示，不管从全国还是区域视角看，人力资本对技术学习都有显著的正向影响，系数分别为 0.237、0.110、0.161、0.409、0.132，其中人力资本对西部的技术学习提升作用更为明显，这可能是由于西部的人力资本基数较低，在人力资本提升时对技术学习的边际作用大。人力资本中决策者受教育水平比重最大，这说明教育水平越高农户越倾向于自主进行相关的学习，由此进行知识的积累，形成人力资本和技术学习的良性循环。

表6-4　农户生计资本对技术学习的回归分析

	(1) 全国	(2) 东部	(3) 中部	(4) 西部	(5) 东北
人力资本	0.237 ***	0.110 *	0.161 ***	0.409 ***	0.132 **
	(0.03)	(0.07)	(0.05)	(0.05)	(0.07)
自然资本	0.523 ***	-0.0230	0.511 ***	0.646 ***	-0.0480
	(0.06)	(0.25)	(0.07)	(0.11)	(0.08)
物质资本	0.173 ***	0.322	0.125 **	0.226 *	0.183 ***
	(0.06)	(0.34)	(0.06)	(0.12)	(0.06)
金融资本	-0.0850	0.0270	-0.0130	-0.127	0.0250
	(0.06)	(0.21)	(0.06)	(0.18)	(0.05)
社会资本	0.085 ***	-0.00900	0.185 **	0.127 **	-0.0180
	(0.02)	(0.09)	(0.06)	(0.06)	(0.02)
村主任学历	-0.00100	-0.0170	-0.00100	-0.00100	0.00300
	(0.00)	(0.01)	(0.00)	(0.01)	(0.00)
外出务工	0.00300	0.062 **	0.00600	-0.0130	-0.013 **
	(0.01)	(0.03)	(0.01)	(0.02)	(0.01)
常数项	-0.00400	0.130 *	-0.00900	-0.00800	0.065 ***
	(0.02)	(0.07)	(0.02)	(0.04)	(0.02)
N	1332	255	441	442	194
r^2	0.0910	0.0430	0.149	0.107	0.0850
r^2 a	0.0860	0.0160	0.135	0.0930	0.0500
F	18.90	1.601	10.81	7.439	2.456

注：* 表示 $p < 0.1$，** 表示 $p < 0.05$，*** 表示 $p < 0.01$。

资料来源：笔者自行整理。

另外，在中部，社会资本对技术学习有显著的正向影响，系数为0.185，这可能是由于西部大开发对城市化的推进提升了学习的便捷性，由此对农户技术学习有较大的促进作用。

（四）生计资本对绿色消费的影响

1. 生计资本对绿色消费支出的影响

如表6-5所示，不管对于全国还是各个经济区域，人力资本和自然资本都对消费结构有显著的正向作用，人力资本的作用系数分别为0.143、0.102、0.155、0.119、0.185；自然资本的作用系数分别为0.814、0.444、1.116、0.697、0.942。人力资本之所以明显促进消费结构的改善是由于教育水平越高农户越有意识地增加对文娱教育的投入以提高后代的竞争能力。而自然资本对消费结构的正向影响是由于农户务农，对于大多数食品能够自给自足，因而文娱教育支出占总支出比重增大的客观情况决定的。当农户的自然资源越充足，农户的食品支出越少，并且当自然资本产出盈余时，农户收入增加，会将一部分的收入投入文娱教育。这一改变是由农户的客观经济条件决定的，不以农户的消费意识为转移。

表6-5　农户生计资本对绿色消费支出的回归分析

	（1）全国	（2）东部	（3）中部	（4）西部	（5）东北
人力资本	0.143***	0.102*	0.155***	0.119**	0.185**
	（0.03）	（0.06）	（0.05）	（0.05）	（0.08）
自然资本	0.814***	0.444**	1.116***	0.697***	0.942***
	（0.09）	（0.22）	（0.18）	（0.14）	（0.29）
物质资本	-0.193**	-0.118	-0.372**	-0.0530	-0.230
	（0.08）	（0.19）	（0.15）	（0.15）	（0.18）
金融资本	-0.145*	0.0120	-0.0650	-0.168	-0.311*
	（0.08）	（0.16）	（0.15）	（0.15）	（0.18）
社会资本	0.0610	0.113	-0.0070	0.0850	0.0350
	（0.04）	（0.08）	（0.09）	（0.07）	（0.10）
村主任学历	-0.029**	-0.101***	-0.0120	-0.046*	0.127***
	（0.01）	（0.02）	（0.03）	（0.02）	（0.03）
外出务工	0.0220	-0.0220	0.0420	-0.0410	0.0510
	（0.02）	（0.05）	（0.04）	（0.04）	（0.04）
常数项	0.289***	0.688***	0.200*	0.337***	-0.408***
	（0.06）	（0.12）	（0.12）	（0.11）	（0.13）
N	1332	255	441	442	194
r^2	0.0330	0.120	0.0630	0.0380	0.216
$r^2 a$	0.0270	0.0950	0.0480	0.0230	0.187
F	6.206	5.871	4.296	2.321	5.962

注：*表示 $p<0.1$，**表示 $p<0.05$，***表示 $p<0.01$。

资料来源：笔者自行整理。

物质资本在中部对消费结构有显著的负向影响，系数为-0.372，在物质资本中，人均耐用消费品和农用机械价值占比较高，是有形商品，而文娱教育的消费多是无形商品的服务，因而物质资本越充足，文娱支出占比就会越低；金融资本在东北对消费结构有显著的负向影响，系数为-0.311；社会资本在各个经济区域都对消费结构无显著影响。

2. 生计资本对绿色能源使用的影响

如表6－6所示，虽然从全国来看人力资本对绿色能源使用的作用是显著的，但是在各个区域其作用都不显著。在西部，自然资本显著促进绿色能源的使用，系数为0.640；东部地区物质资本对绿色能源使用的正向作用明显，系数为2.444，农户的房产价值、耐用消费品越多，设备电路越容易改造，越利于电器设备的安装和使用；东北地区金融资本对其正向作用显著，系数为1.655；中部和西部地区社会资本显著促进绿色能源的使用，系数分别为0.537、0.503，社会资本越丰富，城市化倾向越明显，地区的基础设施建设越完备。总体来看，不管在哪个区域能显著影响绿色能源消费的都是农户的经济基础。

表6－6　农户生计资本对绿色能源使用的回归分析

	（1）全国	（2）东部	（3）中部	（4）西部	（5）东北
人力资本	0.163 **	0.114	0.148	0.133	－0.157
	(0.07)	(0.14)	(0.11)	(0.11)	(0.18)
自然资本	0.424 *	0.337	0.535	0.640 *	－0.432
	(0.25)	(0.55)	(0.49)	(0.33)	(0.79)
物质资本	0.344	2.444 ***	0.590	－0.0590	0.231
	(0.24)	(0.76)	(0.38)	(0.37)	(0.61)
金融资本	0.478 *	0.0880	－0.0550	－0.0320	1.655 ***
	(0.26)	(0.46)	(0.40)	(0.54)	(0.54)
社会资本	0.291 ***	0.0460	0.537 ***	0.503 ***	0.146
	(0.10)	(0.19)	(0.19)	(0.16)	(0.20)
村主任学历	－0.0260	－0.121 ***	－0.0090	－0.0150	0.140 ***
	(0.02)	(0.03)	(0.03)	(0.03)	(0.04)
外出务工	0.059 **	－0.0190	0.099 **	－0.0300	0.129 **
	(0.03)	(0.06)	(0.05)	(0.05)	(0.07)
常数项	0.363 ***	0.921 ***	0.365 ***	0.194	－0.255
	(0.08)	(0.15)	(0.14)	(0.12)	(0.20)
N	1332	255	441	442	194
r^2	0.0340	0.143	0.0610	0.0380	0.154
r^2 a	0.0290	0.119	0.0460	0.0220	0.123
F	6.698	5.889	4.051	2.419	4.851

注：＊表示 $p < 0.1$，＊＊表示 $p < 0.05$，＊＊＊表示 $p < 0.01$。

资料来源：笔者自行整理。

（五）湖南农户生计资本描述性统计及回归结果

1. 描述性统计

与全国的描述性统计相比，湖南省样本的决策者年龄更小，总体受教育水平更高，亩均产出更高，土地亩均施肥费用偏高，农户互联网学习更加频繁，消费结构与全国水平相当，村主任学历水平较全国略低，家庭成员外出务工比例更高，在能源使用上，湖南省的绿色能源使用比例更高（见表6-7）。

表6-7　湖南省生计资本描述性统计

变量	平均值	方差	最小值	最大值
年龄	45.48	10.41	17	78
人均医疗水平	1504	4662	0	60000
受教育水平	2.790	0.930	1	5
地貌特征	3.160	0.900	1	4
人均土地	3.180	6.760	0.140	100
亩均土地产出	3815	12679	8.330	200000
投入产出比例	0.720	3.050	0	40
土地价值	73725	210000	3.130	3.100e+06
房产价值	94706	140000	0	2.000e+06
耐用消费品	31301	67131	0	1000000
农用机械价值	4708	10816	0	100000
现金及存款	29101	51976	0	400000
工资性收入	35607	34491	0	210000
经营性收入	13521	38250	0	680000
转移性收入	3842	12533	0	160000
离商业中心时间	31.03	24.68	1	200
人均交通、通信费用	1232	1370	0	19800
土地亩均施肥费用	1582.944	3128.563	0	50000
学习频率	1.650	2.320	0	6
消费比例	0.160	0.220	0	0.940
是否有家庭成员外出务工	0.620	0.490	0	1
燃料	0.600	0.490	0	1
村主任学历	3.400	0.870	1	6

资料来源：笔者自行整理。

2. 回归结果

如表6-8所示，就湖南省的样本而言，自然资本、物质资本和社会资本对化肥施用有显著正向作用，系数分别为0.204、0.359和0.489。人力资本对农户的学习有显著的促进作用，系数为2.917。对于绿色能源使用，人力资本、自然资本和金融资本对其有显著正向作用，系数分别为0.318、1.067和0.875。而社会资本反向影响绿色消费，系数为-0.332。

表6-8　湖南省生计资本回归结果

	（1）化肥施用	（2）学习频率	（3）绿色能源	（4）绿色消费
人力资本	0.00100	2.917 ***	0.318 ***	-0.0580
	(0.02)	(0.59)	(0.12)	(0.06)
自然资本	0.204 *	2.997	1.067 *	0.194
	(0.12)	(2.93)	(0.61)	(0.28)
物质资本	0.359 ***	0.746	0.168	-0.148
	(0.09)	(2.21)	(0.46)	(0.21)
金融资本	-0.0840	0.188	0.875 ***	0.121
	(0.06)	(1.39)	(0.29)	(0.13)
社会资本	0.489 ***	0.646	0.483	-0.332 *
	(0.07)	(1.81)	(0.38)	(0.17)
村主任学历	-0.0320	-0.583	0.236 *	0.0140
	(0.03)	(0.62)	(0.13)	(0.06)
外出务工	0.0140	0.0660	0.087 *	0.0160
	(0.01)	(0.23)	(0.05)	(0.02)
常数项	-0.0310	0.193	0.0520	0.202 ***
	(0.02)	(0.49)	(0.10)	(0.05)
N	445	445	445	445
r^2	0.196	0.0630	0.0900	0.0180
r^2 a	0.183	0.0470	0.0750	0.00200
F	15.21	4.163	6.165	1.115

注：* 表示 $p<0.1$，** 表示 $p<0.05$，*** 表示 $p<0.01$。

资料来源：笔者自行整理。

四、"十四五" 期间湖南推进农户绿色发展转型的政策建议

实证结果显示，从化肥施用角度看，各个区域的自然资本正向作用显著；从技术学习角度看，各个区域的人力资本正向作用显著；从绿色消费支出角度看，各区域的人力资本和自然资本正向作用显著；从绿色能源使用角度看，物质资本和社会资本正向影响明显。对湖南省而言，总体上各类资本对化肥施用、农户学习、绿色能源使用都呈现正向影响，因此要促进农户绿色发展转型，需要在总体上提高农户的各类资本，由此提出 "十四五" 期间推进湖南农户绿色发展转型的如下政策建议：

第一，要建立农业绿色发展的监管体系。建立重要的农业资源台账制度、资源信息数据库和农业资源监测体系，构建体现资源缺损度的生产成本核算机制和 "天空地" 数字农业管理系统。建立农业绿色发展的监管体系，实现 "从田头到餐桌" 可追溯。合理布局外来物种监测点，健全监测预警网络，确保生物安全和生态安全。建立农业绿色发展的监测评价体系，推动将监测评价结果纳入地方政府绩效考核内容。尽快制定湖南生态农业建设的地方性法规和政府规章，加大执法检查和监督力度。

第二，要构筑农业绿色发展的科技进步支撑体系。依靠湖南在生物工程、耕作栽培、农产品加工、农业灾害预控等领域的绝对优势，加强农业科技自主创新，重点开发秸秆能源化、肥料化、饲料化等技术。强化技术集成配套，瞄准良种培育、先进种养技术、农产品精深加工、资源高效利用和生态保护等方面，推广重大关键共性技术和技术集成。充分重视绿色农业技术人才，健全绿色农业标准体系，引导农业绿色标准化生产经营。

第三，以考核评价为重要抓手，建立完善湖南绿色发展的促进机制。一是要以湖南绿色发展水平评价指标体系为基础，对省里试行的《绿色湖南建设工作考评办法》进一步细化和量化，建立健全 "绿色湖南" 目标考核体系，并尽快出台相应的目标考核计分与操作实施办法等指导性文件。二是要注意绿色湖南建设目标考核对象的差别化。应考虑不同区域主体功能定位、绿色发展基础和区域发展战略目标，划分洞庭湖生态经济区、长株潭城市群、大湘南和大湘西四个板块对相应市县进行差别化考核，引导不同地区根据自身特点和优势，取长补短，实现绿色发展。三是加快建立绿色湖南建设目标考核指标体系动态调整机制，实时研究和跟踪绿色湖南目标考核的效果，针对绿色湖南建设的进展和实际情况，对指标和目标值适当进行动态调整，确保科学

性和实效性。四是及时开展研究，建立完善与目标考核相关的配套政策体系。积极探索和建立与绿色湖南建设目标考核相配套财政、税收、产业、科技等方面的政策支持体系，进一步鼓励和引导企业和公众参与绿色湖南发展建设。

第四，要以提质增效为基本途径，深入挖掘绿色生产提升空间。湖南绿色生产起步晚，提升空间相对较大，当前应当继续把提高绿色生产水平作为提高绿色发展水平的重要着力点，不断提高生产效率。一是要痛下决心，以全面构建绿色产业体系为目标，进一步调整优化结构，淘汰落后产能。尤其是要坚持绿色导向，加大力度培育战略性新兴产业，突出发展以绿色核心科技为支撑的先进制造业、以生态环保为特征的高效农业和现代服务业，推动绿色转型发展，变资源优势为经济优势，变加工制造强项为产业竞争优势。二是加快建立绿色低碳技术支撑体系。尤其是要加快建立绿色低碳技术研发、应用体系和市场开发体系，加强绿色生产技术的研发、应用、推广的平台建设，为全面实现绿色生产提供有力支撑。三是着力强化节能减排，提高生产效率和经济效益。尤其是要进一步完善节能减排激励约束机制、市场准入和退出机制、节能减排价格机制，坚决实行节能减排的"一票否决"，严控高耗能、高排放行业的低水平扩张和重复建设，严控水体污染、大气污染和固体废弃物污染，激励和引导广大企业节能减排、提质增效。

第五，要以营造绿色氛围为重点，加快实现绿色文化向更高层次提升。绿色文化是湖南绿色发展的恒久动力。当前，关键是要进一步巩固绿色文化发展成果，继续加快提升绿色文化水平。一是大力弘扬绿色文化。进一步通过新闻媒体广泛宣传，全面发动，全民动员，努力营造出"人人关注""个个参与"的绿色发展氛围，使绿色发展更加深入人心；充分发挥党政机关在推进"绿色湖南"建设的先导作用，增强全体公民的责任意识和参与意识，形成全社会建设"绿色湖南"的强大合力。二是坚持持续开展绿色行动。尤其要通过"专题讲座""知识下乡"等形式，引导民众正确理解绿色湖南建设的精神特质和科学内涵；开展关注森林、关爱鸟类、低碳生活等绿色行动，提高全民生态文明意识，带动人民群众自觉投入绿色湖南建设行列，形成善待森林、崇尚自然、关心未来的社会风尚。三是进一步完善绿色发展制度体系。尤其是要加快建立健全和落实绿色发展相关的法律法规，切实贯彻落实绿色发展规划，建立健全公众参与和监督机制，夯实"绿色湖南"和"两型社会"建设的坚实的群众基础。

参考文献

［1］司徒绍. 科学施用化肥持续农业发展［J］. 中国科技推广，2001（6）：2-3.

［2］华北农业大学农化教研组. 谈谈合理施用化肥问题［J］. 河北农业问题，1979：16-17.

［3］杨德春. 化肥的施用和经济效果［J］. 农业经济问题，1980（6）：51-53.

[4] 徐爱俐. 提高化肥施用经济效益的一些问题 [J]. 广西农业问题, 1991 (10): 22 – 23.

[5] 仇长义. 化肥施用中的失误及其对策 [J]. 农业科技通讯, 1990: 30.

[6] 李志齐. 化肥施用误区 [J]. 湖南农业, 1998: 7.

[7] 仇焕广, 栾昊, 李瑾. 风险规避对农户化肥过量施用行为的影响 [J]. 中国农村经济, 2014 (3): 85 – 94.

[8] 杨万江, 李琪. 稻农化肥减量施用行为的影响因素 [J]. 华南农业大学学报, 2017, 16 (3): 58 – 66.

[9] 诸培, 新苏敏, 颜杰. 转入农地经营规模及稳定性对农户化肥投入的影响——以江苏四县 (市) 水稻生产为例 [J]. 南京农业大学学报, 2017, 17 (4): 85 – 94.

[10] 郭清卉, 李世平, 李昊. 基于社会规范视角的农户化肥减量化措施采纳行为研究 [J]. 干旱区资源与环境, 2018 (10): 50 – 55.

[11] 曹慧, 赵凯. 农户化肥减量施用意向影响因素及其效应分解———基于 VBN—TPB 的实证分析 [J] 华中农业大学学报, 2018 (6): 29 – 37.

[12] 姚延婷. 环境友好农业技术创新与农业经济增长关系研究 [J]. 中国人口·资源与环境, 2014, 24 (8): 122 – 128.

[13] 朱萌. 新型农业经营主体农业技术需求影响因素的实证分析—以江苏省南部 395 户种稻大户为例 [J]. 中国农村观察, 2015 (1): 30 – 38.

[14] 吴波. 绿色消费研究综述 [J]. 经济管理, 2014 (11): 178 – 186.

[15] 吕晓屈, 毅彭, 文龙. 农户化肥施用认知、减施意愿及其影响因素———基于山东省 754 份农户调查问卷的实证 [J]. 2020, 34 (4): 46 – 51.

[16] 孙若梅. 绿色农业生产: 化肥减量与有机肥替代进展评价 [J]. 重庆社会科学, 2019 (6): 33 – 43.

[17] 刘沛段, 建南, 刘洵. 城镇化对耕地演变功能的影响—以湖南邵东县为例 [J]. 湖南农业科学, 2012 (11): 70 – 73.

第七章

区块链技术促进产业创新发展的
机制与湖南"十四五"对策*

内容提要：数字技术正在成为我国经济高质量发展和实现后发赶超的新动能。本章主要基于逻辑推演探讨了区块链技术对于产业创新发展的影响机制、路径与我国实现后发赶超的主要对策。其中，区块链技术推动传统产业向数字产业转型升级、有利于产业创新分工和获取数据要素报酬。同时，区块链技术革新农业生产方式、催生服务新业态和为工业发展增添新动能。我国发展区块链技术具有技术和制度后发优势，必须从产业发展规划、核心技术研发、产业标准制定和安全监管等方面完善支持政策。最后，本章对湖南省"十四五"时期发展区块链产业的基础、难点和对策进行了较深入的分析。

关键词：区块链技术；产业创新；数字经济；赶超发展

核心观点：

（1）湖南发展区块链产业具有良好基础，主要表现在数字经济发展基础较好，区块链产业发展国内领先以及技术和人才储备为中部第一。

（2）湖南"十四五"时期发展区块链产业的难点主要体现在缺乏支撑区块链产业快速发展的人才培养体系，突破支撑区块链产业发展的核心技术较难以及培育区块链产业发展所需的市场主体较难。

（3）加快湖南"十四五"区块链产业发展的对策主要包括各级政府部门和企业主体应该加深对区块链的认识，建立健全人才引育体系，注入产业发展强心剂，持续加强核心技术研发，抢占技术创新制高点，持续强化制度供给，构建产业发展新生态以及培育打造产业园区，促进产业发展。

---

* 本章是2019湖南省社科基金智库专项重点项目"湖南区块链技术创新与产业发展研究"（项目编号19ZWB34）的阶段性成果。

一、引言

新一轮科技革命和产业变革席卷全球，大数据、云计算、物联网、人工智能、区块链等新技术不断涌现，数字经济正深刻地改变着人类的生产和生活方式，成为促进经济增长的新动能。区块链作为一项颠覆性数字技术，正在引领全球新一轮的技术变革和产业变革。区块链技术应用已延伸到数字金融、物联网、智能制造、供应链管理、数字资产交易等多个领域。目前，全球主要国家都在加快布局与区块链技术相关的产业。我国在区块链技术领域拥有良好基础，中央强调要加快推动区块链技术创新和产业融合发展。因此，研究区块链技术创新推动产业发展的机制、路径与对策对于实现后发赶超具有很强的现实意义。

从已有研究来看，国内关于区块链技术创新与产业发展的研究还处于起步阶段，大多是一些研究报告和政策文件，学术性文献相对较少。国外的相关研究则大都侧重于区块链技术本身的创新和区块链在微观领域和具体场景的运用等。对区块链技术本身创新的研究，Budish（2018）论证了相对于传统的创新，从工作证明中产生的匿名、分散信任的分布式数据库，在经济上是有限制的。分布式账本本身面临着区块链技术的三难困境，即没有一本总账可以同时满足正确性、分散化和成本效率三种属性。Abadi 和 Brunnermeier（2018）探讨了该区块链技术的"三角不可能"，并指出"许可"区块链似乎可以解决这个难题，但会削弱区块链上的竞争。Gans 和 Gandal（2019）论证基于工作证明（POW）的共识机制和基于股权证明（POS）的共识机制在成本节约方面几乎没有区别。但是介于两者的特点，目前用 POW 发行新币，POS 维护区块链网络安全。对于区块链技术场景运用的研究，Crosby 等（2016）认为区块链技术将为解决当前金融和非金融行业问题的一项非常有吸引力的技术。Catalini 和 Gans（2016）探讨了区块链技术如何在数字平台上塑造创新和竞争，并研究了受技术影响的验证成本和联网成本两个关键成本，其中区块链技术在初创公司争夺市场上利于降低网络成本，并为初创公司解决了融资问题，在跨地域交易中区块链的共识机制大大降低了中介验证成本。在智能合约的运用上，Holden 和 Malani（2019）强调了传统合约中有关延迟的问题，区块链的智能合约技术有利于解决当前合约中的相关问题。Iansiti 和 Lakhani（2017）认为合同嵌入到数字代码并存储在透明的共享数据库中，合同不会被删除、篡改和修改，每一份协议、每一个流程、每一项任务和每一次付款都会有一个数字记录和签名，这些记录和签名可以被识别、验证、存储和共享。Cong 和 He（2019）论证了区块链技术提供分散共识，并可能通过智能合约扩大合约空间，智能合约可以通过增强进入和竞争来缓解信息不对称，改善福利和消费者剩余，但在达成共识的过程中分发信息可能会鼓励更大的串通。在技术创新的破坏性影响上，Nwaobi（2019）认为区块链对于劳动力市场的影响，在解放生产力的同时，也加剧了劳动人口的失业问题。

本章将在消化吸收上述文献的基础上，着重探讨区块链技术对于产业创新发展的影响机制、路径与我国实现后发赶超的主要对策。本章首先从区块链的技术属性角度探讨区块链技术创新为何能契合新一轮产业革命和产业升级的发展需要，其次重点分析区块链技术对于推进农业、制造业和服务业三大产业创新发展的具体路径，最后从产业规划、技术标准、人才培养和政府监管等层面探讨推动区块链技术应用实现产业发展后发赶超的治理对策。

二、区块链技术推动产业创新发展的机制

（一）区块链技术推动传统产业向数字产业转型升级

传统产业发展面临的主要困境是资源和能源消耗率较高、对环境的破坏性程度较高、产业信息化和智能化程度较低以及产业发展的协作效率较低。因此，传统产业发展模式不能够适应全球气候变暖对产业发展的新要求，不能适应人类追求美好生活的需要，尤其不能适应诸如疫情防控和抢险救灾等应对自然灾害的需要。传统产业发展迫切需要与数字技术融合，强化传统产业的数字技术创新和成果转化应用。作为一种底层的通用数字技术，区块链技术在全球新一轮产业革命中起着关键作用，有可能成为引领全球产业发展的重要引擎。我国产业发展正处于转型升级的关键期，产业发展迫切需要向创新发展转变。区块链技术的出现，为产业发展提供了良好的后发赶超机遇。区块链技术的产业化应用与人工智能、物联网、数字经济的发展相辅相成，可以加速我国产业转型的信息化进程。因此，区块链技术创新，不仅可以提高产业发展的速度、拓宽产业发展的方向，对于产业结构的升级调整也可吸引大量的资金和技术人才，而且区块链和现有信息技术的融合互补短板，为现有产业发展的技术痛点提供了新的解决方案。

与以往几次工业革命不同，第四次工业革命的特点是出现了各种技术，如虚拟现实、纳米技术、3D打印、机器学习、大数据、云计算、无人机、自主车辆、机器人、人工智能和区块链技术。在所有高水平技术中，区块链技术可以被视为这次工

业革命最复杂和最终极的技术之一。区块链技术是在互联网的基础上发展起来的。互联网是一种去中心化的信息传输体系，这种信息互联网在带来财富的同时，也引发了一系列的社会问题，如加剧社会的不平等、个人隐私和数据信息的泄露等。而区块链是一种去中心化的价值传输体系，本质上是一种所有权的传递。在区块链上的每一次价值传输都被明确记录且可以溯源，在各节点上建立信任。区块链技术通过值得信任的"共识"解决产业发展间缺乏信任的问题，通过代码来建立信任和传递信任。区块链技术创新，推动了第四次工业革命的进程，加速了产业数字化时代的到来。生产的数字化、商业模式的数字化改造都是第四次工业革命的具体表现。这次工业革命被认为是在线（虚拟）和离线（真实）生活的有效连接，是不同行业的网络物理制造系统。第四次科技革命是一种新型的产业数字化革命，将有力推动智能工厂、智能生产、智能物流和智慧服务等数字产业发展和传统产业转型升级。区块链、人工智能与机器人这三者将是数字产业化时代的重要发展趋势。其中，人工智能将大大提升产业发展生产力，区块链将重塑产业发展的生产关系，而机器人将成为重要的产业发展生产工具，上述三者将构成数字经济时代的产业发展主体。

（二）区块链技术有利于推进产业创新分工和获取数据要素报酬

物质经济时代传统产业发展中的生产要素主要是劳动、资本与土地。数字经济时代产业发展中的重要生产要素是数据。数据是信息的载体，数据可以反映生产、交换、消费和分配四个经济运行环节的具体状况。对这些数字的收集、整理和统计分析可以确知经济体中消费者偏好、生产流程、仓储物流等需求和供给信息的经济时空变化，有利于生产和销售厂商科学管理生产链和销售链，协调产业链和供应链，合理布局生产和销售，推进产业创新分工以及实现成本节约和利润优化。数据作为重要的生产要素，如何按照生产要素贡献参与收入分配，一直是互联网经济时代没有解决的难题。因为互联网经济中，数据产权一直被处于平台经济核心位置的平台商所垄断。而区块链技术的发展有利于推进产业创新分工和获取数据要素报酬，打破以往平台商的数据垄断地位。

区块链技术是利用链块式数据结构来验证与存储数据、利用分布式节点共识算法来生成和更新数据、利用密码学的方式保证数据传输和访问的安全性、利用由自动化脚本代码组成的智能合约来编程和操作数据的一种全新的分布式基础架构与计算范式。由于区块链技术采用加密私钥来保证数据的隐私性和匿名性，数据不存储在单个服务器上，而是分布在不同的节点上，所以交易数据对利益相关方实时高度可见，且不能更改、编辑或篡改。除此之外，在整个区块链中各利益相关者相互提供数据访问，数据来源支持产品可追溯性，能提供最终产品来源的详细信息，使交易结算的交易方不再需要担心支付失败或交易结算延迟。与传统平台经济相比，由于中介机构的移除或多中心化，交易成本降低了。区块链交易正是基于这种共识机制，通过各利益相关主体约定条款和条件的电子合同，就能够实现多个主体之间的协作信任。因此，区块链能使所有信息数字化并实时共享，从而提高协同效率、降低沟通成本，使离散程度高、管理链条长、涉及环节多的多方主体仍能有效合作，现代产业发展所要求的技术协同创新就可以通过建立基于多项目任务的区块链来实现创新分工，从而提高传统产业分工效率。

区块链技术的上述本质属性和运行机制还有利于解决数字产业发展的数据所有权问题。首先，区块链是一种由多方共同维护，使用密码学保证传输和访问安全，能够实现数据一致存储、难以篡改、防止抵赖的"去中心化"记账技术，也称为分布式账本技术。安全是区块链技术的一大特点，主要体现在以下两个方面：一是分布式的存储架构，节点越多，数据存储的安全性越高；二是其防篡改和去中心化的巧妙设计，任何人都很难不按规则修改数据。其次，区块链去中心化的价值传输体系，具有信息公开透明、不可篡改、全球联通、交易成本低等特点，适合运用于暂时无信任中心、解决信任的成本非常高、跨中心价值传输的领域。同时，区块链上的资产、数据或信息在传输过程中，不是简单的拷贝，而是从发送方到接收方的彻底的传输，使这些"资产"真正得到了保护。并且，只要有互联网，价值传输就可以进行，跨越了地理上的界限，实现了"有价值的互联网"。最后，区块链技术真正构建了共享经济，通过上链的形式，个体的权益被保护，通过授权与被授权的方式，个体可以参与发展的过程，利益均分给所有的使用者，有利于实现数据生产要素参与价值分配。

总之，区块链不是单一的信息技术，而是依托于现有技术，加以独创性的组合创新，从而实现以前未实现的功能，以此推动产业创新发展。区块链作为一个新兴的技术，致力于解决社会缺乏信任的问题，重新构建了商业关系甚至是生产关系。区块链的快速发展，带动了区域内的经济活力，带来了更多的投资机会，与更多行业的融合冲击了我国原有的产业结构，对于解决我国产业的现实困境、推动我国产业创新发展至关重要。而区块链技术驱动产业创新发展，推广应用是路径，安全发展是底线，科学监管是关键，完善法律是保障，下文将详细论述。

三、区块链技术推动我国产业创新发展的路径探索

区块链自"十二五"被确立为七大战略性新兴产业之一以来，逐步成为各行业深化信息技术应用的方向。区块链技术驱动产业创新发展，推广应用是路径。区块链技术目前在以下领域应用广泛：档案管理、专利保护等社会管理领域，物品溯源、防伪等物联网领域，慈善捐款等公益领域，都运用了区块链信息公开透明且不可篡改的特点；交易清算结算、私募等金融服务领域运用了区块链低交易成本的特点；社交、通信领域，共享租赁等共享经济领域运用了区块链全球联通的特点。区块链技术应用前景巨大，将彻底革新现有价值传输体系。下文将概述性地分析如何运用区块链技术来推进我国传统农业、制造业和服务业创新发展的具体路径。

（一）区块链技术革新农业发展方式

我国是人口大国，也是农业大国，每年对于粮食的需求量巨大，农业发展举足轻重。传统农业生产方式是劳动密集型和粗放式耕种。随着我国工业化和信息化进程推进，互联网等新一代信息技术与传统产业的融合，农业也变得越来越知识密集性和高科技化。数字土壤地图、遥感、全球定位导航系统和产品溯源系统等成为现代农业生产的新型生产工具。此外，精准的农业生产"大数据"提高了粮食产量和生产效率。

然而，食品安全问题、信息不对称导致的供需不平、自然灾害等问题都影响着农业供应链的可持续发展。农业供应链要实现可持续发展，应确保农民和供应商的参与，并采取措施满足严格的食品安全和质量法规。可行的思路是应减少生产者和消费者之间的"中介"，避免由于数据差异等原因导致产品可追溯性信息缺乏而降低食品安全和质量透明度。

区块链是实现供应链透明化的一项很有前途的技术。首先，通过在供应链的每个阶段记录有关食品的信息，可以确保良好的卫生条件，解决食品安全性和透明度方面的可追溯性问题。其次，应用在农业供应链中区块链技术的数据管理系统，可以极大地促进部门管理整个农业供应链中的土地和使用记录、购买细节和农场设备、种子、杀虫剂、可追溯性和金融交易。这些将有助于减少不断增加的产品掺假和欺诈案件。区块链技术在农业供应链上的运用，消除了中介机构，降低了风险，提高了农业供应链的效率，并确保供应链的透明度和可追溯性。此外，智能合约还将有助于为小农户提供平等的机会，让他们参与包容性市场。最后，对于分布式分类账上处理的所有交

易，用户可以添加交易明细和产品属性。当产品从农民转移到零售商时，可以跟踪整个农业供应链的产品移动。区块链技术的应用，将整条产业链串联起来，调节供应者与需求方之间的信息不对称，提高效率的同时也保证了价格的稳定，对于参与者所创造的财富，也将公平地进行分配。这不仅极大调动了劳动者的积极性，也将使越来越多的智能农业工具开发应用到农业劳作中，解放生产力，使农业在区块链技术的助推下实现智能化、数字化发展，彻底革新农业发展方式。

（二）区块链技术为工业创新发展提供新动能

第四次科技革命以网络实体系统和物联网的基础技术推进了工业生产的智能化转型，为工业创新发展注入了新动能。物联网在工业互联网框架下提供了分布式、自治和互联的通信与合作，但其固有的互联结构也给信息交换带来了许多网络安全问题和担忧。在这种情况下，区块链可以被看作工业互联网中的一种进化。当不同的利益相关者在一个网络化的商业模型上互动时，区块链可以为所有不同的制造过程、程序或项目做出贡献。这些贡献主要体现在供应链自动化和集成、产品生命周期的跟踪和系统内物联网智能的安全方面等。

区块链与工业互联网的进一步融合能够提高工业互联网在商品、资产和运营相关数据方面的效率和安全性。区块链运用还有助于整合异构系统，管理商业交易，并培养自有资产的可追溯性。它还可以与智能企业资源计划（ERP）技术相结合，使库存管理、产品调度、产品分销和销售流程成为一种自主的方式。区块链还可以用来验证相关企业是否符合一些产业规制，如关于危险品的处理等。

区块链技术对工业创新发展的作用还体现在促进共享生产数据、优化业务流程、降低运营成本、提升协同效率、建设诚信体系五大区块链应用价值特性上。例如，工业供应链由于区块链技术的数据安全加密、分布式账本存储、多方共识记录等诸多优势，有助于打通产业链上下游的数据桎梏，分散集中式数据平台的风险，从而重建行业信任机制。区块链技术强化的信任是当今构建高效透明的营商环境的基础，而在跨区域贸易及其相关融资活动中，随着市场规模和地理范围的扩大，中间商的验证服务的核查成本往往高得难以进行有益的交易。而区块链分布式分类账为交易是否发生提供了分散的共识，以便将来自许多相关方的信息聚合到区块链中，使参与者更快地完成交易。随着区块链技术与交易的融合，交易的数字化使许多类型交易的核查成本接近于零，同时节约了交易时间。

（三）区块链技术催生服务新业态

区块链技术催生服务新业态将主要表现在以下三个方面：其一，催生以数字货币为媒介的金融服务；其二，催生以公共链为平台的公共服务新模式；其三，催生以区块链为关联的专业技术服务行业。

区块链技术催生以数字货币为媒介的金融服务。比特币的出现迎来了数字货币时代，虽然比特币难以成为真正的货币，但是像比特币这样的算法数字货币背后颠覆性的区块链技术，却有可能改善央行的支付和清算操作，对银行体系产生深远影响。区块链是比特币的支柱技术，分布式账本功能加上区块链的安全性，使它成为解决当前金融和非金融行业问题的一项非常有吸引力的技术。区块链应用于金融服务行业现实的典型模式是联盟链，最初主要在于实现私有交易。而以国家央行主导的数字货币区块链技术研究最终能够解决无法直接与法币的兑换支付以及单一业务过程需要多方协同确认的数字金融服务难题，通过区块链技术的智能合约实现快速达成业务状态的一致性，简化人工过程，提高效率，将会在数字货币、支付清算、票据业务、征信、信息披露、资产证券化、供应链金融、理财产品、跨境支付、数字存证等金融服务领域得到广泛推广应用。

区块链催生以公共链为平台的公共服务新模式。区块链技术可以解决由于数据单向传输而造成的信息不对称问题。互联网技术实现了数据信息的自由充分流动，但同时也造成了数据信息的鱼龙混杂。数据造假、数据失真和数据垄断导致的信息不对称反而增加了信息甄别和数据获取成本，单纯依靠互联网技术无法解决技术自身带来的负外部性。区块链作为分布式数据存储、点对点传输、共识机制、加密算法等技术的集成应用，在医疗卫生、教育培训、电子政务等公共管理平台服务领域，以特有的数据共享模式，实现数据跨部门、跨区域共同维护和利用，在促进业务协同办理的同时，也使数据管理更加条理、快捷和透明。去中心化的区块链技术使分布式数据存储得到很好的维护，零知识证明和非对称加密算法保证信息在验证和传输过程中的保密性和安全性，同时，基于工作证明的共识机制可确保信息的真实性，很大程度上提高了数据信息的安全性。

区块链技术催生关联性专业技术服务。由于具有信息的溯源防伪和共享共建特征，区块链技术可以被广泛运用到食品、药物、公益事业、奢侈品等工农业生产和公共服务的许多行业，其专业技术服务有广阔的市场需求。区块链技术是一种底层的通用技术，最核心的部分是各种加密算法，这需要具备非常强的专业技术人才才能开发。因此，对于众多中小微企业、创业者和公共服务管理部门来说，需要有专门的区块链专业技术服务为其开发平台和应用程序产品，或对各种基于区块链运行的自有平台提供运营和维护服务。除此之外，基于区块链技术的教育培训和项目外包服务也将应运而生。例如，以太坊的主要功能是搭建技术公共服务平台，提供区块链应用开发所需的各种专业技术服务。

四、区块链技术推动我国产业创新发展的后发赶超战略

（一）区块链技术推动产业创新发展的后发赶超优势

区块链技术推动产业创新发展的后发赶超技术优势。所谓后发赶超，源自格申克龙的后发优势理论，该理论高度展示了后发国家工业化存在着相对于先进国家而言取得更高时效的技术创新可能性，同时也强调了后发国家在技术创新进程方面赶上乃至超过先发国家的可能性。一方面，后发国家或地区通过技术引进、模仿、学习和再创新，可以大大降低技术创新的"试错"成本，从而具有后发优势；另一方面，也可能因为后发国家和先发国家对同一项新兴技术竞争基本处于同一起跑线上，而后发国家通过技术领导型企业的自主创新获得技术优势。区块链技术作为新一代信息技术，虽然发端于欧美国家，但国内技术领导型企业迅速引进和学习区块链技术，并不断地探索区块链技术的市场应用场景，推进区块链技术与各行业快速融合，促使区块链技术不断成熟，实现区块链技术的后发赶超。根据汤森路透利用世界知识产权组织数据库整理的数据显示，在 2017 年提交的 406 项与区块链有关的专利申请中，超过一半来自中国。

区块链技术推动产业创新发展的后发赶超制度优势。根据林毅夫的新结构主义经济学理论可以认为产业政策对我国技术创新、产业转型和创新发展起着关键作用。产业政策是各国政府部门根据世界科技革命和产业发展规律，并结合国家产业发展的需要制定的。产业政策影响着资源配置和技术创新的方向。而我国产业政策的科学及时制定反映了社会主义市场经济体制中的制度优势，即发挥市场对资源配置的决定性作用，也更好地发挥政府的主导性作用。党和政府高度重视区块链技术的赶超发展，"十三五"时期就把区块链技术列入国家科技发展战略规划。创新驱动发展战略更加强调充分发挥社会主义国家的制度优势，加强对关键核心技术和零部件的自主创新力度，实现弯道超车。

（二）区块链技术推动产业创新赶超发展的支持政策

随着数字化的发展，产业发展环境变得愈加复杂。要使区块链技术在我国产业发展中发挥巨大作用，优化技术发展环境和积极的政策支持必不可少。

1. 优化技术发展环境

全球的科技发展和中国的高质量发展不断催生出"新基建"的需求。数字化撬动的新一轮工业革命，需要5G、数据中心、工业互联网等新型信息基础设施。"新基建"包括5G基建、特高压、城际高速铁路和城市轨道交通、新能源汽车充电桩、大数据中心、人工智能、工业互联网七大领域。新型基础设施建设更突出支撑产业升级和鼓励应用先试、政府对全环节的软治理、区域生产要素整合和协调发展。"新基建"的建设，提供高速泛在的连接能力、加速数字产业化、加快推进社会治理智能化。这些发展目标和前景，无不为区块链的发展提供了应用场景。区块链技术是继互联网技术发展的价值传输系统。通过"新基建"的建设，将产业上下端快速智能化、数字化，使我国在达成"新基建"目标的同时，为区块链技术在我国的进一步发展打下良好的基础。我国"新基建"的战略决策，使区块链技术在我国的发展环境上升到国家战略层面，凸显了区块链技术后发赶超的环境优势。

2. 积极的政策支持

2017年以来，区块链日益受到我国政府的重视与关注，一方面中央加大对ICO项目的监管，另一方面积极推动国内区块链的相关领域研究、标准化制定以及产业化发展。

我国在推动区块链技术发展上，已出台多个政策性文件：2016年，工业和信息化部发布《中国区块链技术和应用发展白皮书（2016）》，同年，"区块链"首次被作为战略性前沿技术写入《国务院关于印发"十三五"国家信息化规划的通知》。2017年，我国就区块链等领域创新达到的水平要求、区块链和人工智能等新技术的试点应用、建立基于供应链的信用评价机制等又相继出台了多个文件。2018年，工信部发布《2018年信息化和软件服务业标准化工作要点》，提出推动组建全国信息化和工业化融合管理标准化技术委员会、全国区块链和分布式记账技术标准化委员会。与此同时，北京、上海、广州、重庆、深圳、江苏、浙江、贵州、山东、贵州、江西、广西等多地发布政策指导信息，开展对区块链产业链布局。为了更好地实现后发赶超优势，政府应该从加强政策指导、加大财政投入、优化产业发展环境等方面支持区块链技术推进产业赶超发展。

后发国家在新兴产业赶超过程中，存在"重供给推动、轻需求拉动"的状况，致使后发企业创新难以持续，制约后发企业的技术赶超。新兴技术先行国家则重视需求政策的拉动作用，即关注科技创新和商业化的"双轮驱动"，强化新兴技术产业化和商业化的政策扶持，从而激发企业研发动力。一方面，从供给推动角度出发。首先，紧抓科技研发。区块链技术在我国发展时间较短，相关技术发展尚未成熟，科研院所、高校要积极开展区块链技术基础研究，提升原始创新能力，针对核心技术痛点、难点，要多方协同攻关，降低我国在后发技术赶超的风险。其次，解决资金问题。区块链技术发展初期，特别是一些小规模的区块链技术应用企业，在融资渠道上受阻（特别是我国全面禁止 ICO），政府应通过增加公共研发投入、加大对企业创新活动的财政支持、引进外资、呼吁民间资本投入等方式应对企业创新的内外部风险，解决技术在发展中的资金问题，加快技术转化，逐渐增强企业的赶超动力、活力及能力。最后，注重人才引进。区块链技术是分布式数据存储、点对点传输、共识机制、加密算法等计算机技术的集成应用，对于技术要求高，通过人才引进、人才培养等人才要素供给，加快区块链技术应用成果转化。

另一方面，从需求拉动角度，首先，政府应主动为区块链技术开拓应用市场，支持区块链优势企业的投资，推进区块链应用项目落地，培育区块链细分领域中小企业，打造一批区块链领域的龙头企业或机构，形成区块链产业集聚效应，降低区块链技术的市场化风险。其次，政府要加大力度推动区块链技术在各行业的试行，并为区块链相关应用出台扶持政策。其中，中央政府与地方政府要明确各自的重点，借助于分工与协作大力促进区块链的发展。要充分考虑各地产业基础和资源禀赋，进行合理设计与优化布局，尽可能使之发展产生重点突出、差异发展的区域格局。再次，国际市场开拓。后发国家应加快技术成果转化，推动区块链技术应用国际化，突破先发国家的市场封锁，抢占国际市场。在新一轮的科技革命中，我国要紧抓高新技术，使其成为经济增长的有力抓手。最后，加强政府政策监管。区块链技术去中心化的特点，导致系统内部没有一个明确的主体，监管对象难以确认，导致监管政策不明朗；区块链本身具备跨境交易的属性，国家之间难以达成统一意见，导致监管处于真空期。而政府对区块链的政策和监管将有助于塑造数字经济。因为政府有效的监管为行业发展创造了一个公平的竞争环境，有助于促进市场进入。此外，相关部门的监管应侧重于解决市场失灵、促进有效竞争、保护消费者利益以及增加获得技术和服务的机会。

五、湖南"十四五"时期发展区块链产业的基础、难点与对策

（一）湖南"十四五"发展区块链产业的基础

一是湖南现有基础良好。湖南位于我国四大经济区域之一的中部地区，从经济发展指标来看，湖南 2018 年的 GDP 总量为 36425.78 亿元，全国排名第 8 位；2019 年的

GDP 总量 39752.12 亿元，全国排名第 9 位。2019 年以来，国家互联网信息办公室（网信办）先后公布三批区块链信息服务备案清单。在中部地区六个省份中，湖南以 13 项技术专利（长沙 12 项、娄底 1 项）居首位。

（1）数字经济呈现良好发展势头。2018 年，湖南数字经济总量达到 8970 亿元，占 GDP 比重 24.6%，全国排名第十二、中部地区第三；同比增长 14.6%，高于同期 GDP 增速 6.8 个百分点。拥有"天河"系列超级计算机、飞腾 CPU + 麒麟操作系统、高压高功率密度 IGBT 芯片及其模块等自主创新重大成果。数字经济骨干企业实力不断增强，入围"全国互联网百强"3 家、"全国软件百强"1 家、"全国电子百强"1 家。软件和信息服务业上市企业达 20 家，营业收入过亿元的企业达 87 家。

（2）数字产业化快速发展。2018 年，全省数字产业化增加值为 2270 亿元。电子信息制造业营收达到 2169.9 亿元，软件和信息服务业营收为 751.2 亿元。移动互联网较 2013 年增长 14 倍，营收达到 1060 亿元。

（3）产业数字化成效显著。2018 年，全省产业数字化规模为 6700 亿元。工业数字化转型加快，全省 16 个企业项目入选国家智能制造试点示范项目，6 家企业纳入国家制造业与互联网融合试点示范，全省"上云"中小企业达 20 余万户。全面开展企业两化融合管理体系贯标，310 多家企业启动贯标。服务业数字化发展迅速，数字内容产业等领域优势突出，打造了"湖南品牌"。

（4）政策体系初步形成。出台了支持移动互联网产业、集成电路产业、信息安全产业、制造业与互联网融合发展和信息通信基础设施建设等政策措施，发布了工业互联网 APP、大数据、人工智能、5G 应用创新、超高清视频等产业行动计划，为数字经济发展提供了政策支撑。

（5）基础设施不断完善。截至 2019 年底，全省建成移动通信基站 36.1 万个，省内所有城区、县、乡、行政村以及 92% 自然村实现 4G 全覆盖。5G 部署步伐加快，省内已完成 2613 座 5G 基站建设。新型信息通信基础设施发展迅速，国家超级计算长沙中心、国家智能网联汽车（长沙）测试区及 40 多个大数据中心相继投入运营。

（6）湖南具有明显的人才优势。"敢为人先"的湖湘文化养育了一批批站在风口浪尖的人才，无湘不成军。湖南有良好的技术成长环境。2019 年末，全省有国家工程研究中心（工程实验室）16 个、省级工程研究中心（工程实验室）246 个、国家地方联合工程研究中心（工程实验室）38 个、国家认定企业技术中心 54 个、国家工程技术研究中心 14 个、省级工程技术研究中心 429 个、国家级重点实验室 18 个、省级重点实验室 306 个。签订技术合同 9023 项，技术合同成交金额 490.7 亿元。登记科技成果 814 项。获得国家科技进步奖励成果 23 项、国家技术发明奖 5 项、国家自然科学奖 3 项。岳麓山实验室、生物种业创新中心、先进轨道交通装备创新中心建设稳步推进，岳麓山大学科技城、马栏山视频文创产业园分别新增企业 1012 家、812 家。专利申请量 106113 件，比上年增长 12.3%。其中，发明专利申请量 39104 件，增长 10.4%。专利授权量 54685 件，增长 11.7%。其中，发明专利授权量 8479 件，增长 2.6%。工矿企业、大专院校和科研单位专利申请量分别为 56251 件、19157 件和 963 件，专利授权量分别为 30344 件、9142 件和 577 件。高新技术产业增加值达 9472.9 亿元，增长 14.3%。

二是政策引导，敢为人先。2016 年，国务院发布《"十三五"国家信息化规划的通知》首次将区块链作为战略性前沿技术写入规划并做布局，标志着我国开始推动区块链技术和应用发展。区域布局方面，2020 年 4 月以来，区块链被正式纳入"新基建"范围。多省市陆续发布推进区块链发展应用相关政策，其中湖南、贵州、海南三省及广州市更是相继发布区块链专项规划和措施。国家的重视、政府的推动，使区块链也成为 2020 年两会的热门话题，受到各行各业的关注。

2020 年上半年，湖南先后设立了两个省级区块链产业园区：2020 年 2 月，湖南首个省级区块链产业园区、湖南区块链产业园（娄底万宝）正式获批成立；2020 年 4 月，第二个省级区块链园区、湖南区块链产业园（长沙星沙）获批成立。2018 年 11 月，设立长沙区块链产业园。目前，湖南有三个区块链产业园区，湖南区块链产业发展已形成长沙、娄底两个主力城市 + 三大产业园区的发展生态，目前，湖南首个省级区块链产业园区已聚集北京金股链、杭州趣链、成都清数、深圳德方智链等企业。娄底已研发了政务区块链基础网络平台、不动产区块链信息共享平台、工商税务区块链登记服务平台、区块链国有资金竞争性存放平台等多个应用平台。湖南设立的第二家省级区块链产业园，引进区块链企业 108 家，在谈意向入驻企业逾 100 家，已开发出的应用包括公证确权、食品溯源、智慧党建、智能环保、智慧出行、项目云监管等。

湖南第一个区块链产业扶持政策《长沙经济技术开发区关于支持区块链产业发展的政策（试行）》由长沙市经济技术开发区管理委员会在 2018 年发布。政策规定区块链企业自落户之日起，3 年内给予最高 200 万元的扶持资金。为入驻区块链企业提供不超过 300 平方米的办公场地，免租 3 年；将设立总额 30 亿元的区块链产业基金，投资区块链产业。

关于湖南区块链发展的下一步，从 2020 年的两大政策文件中可见：

一份是 2020 年 1 月，湖南省工业和信息化厅发布《湖南省数字经济发展规划（2020—2025 年）》，提出到 2025 年，建立 5 个省级区块链产业园，拓展一批典型应用场景，形成 10 家具有全国影响力的区块链龙头企业。

另一份是 2020 年 4 月，湖南省工业和信息化厅发布《湖南省区块链产业发展三年行动计划（2020—2022 年）》，对未来三年推进湖南区块链产业发展的发展目标、主要任务、专项行动和保障措施做出指示。这是区块链首次被写入省级单位的"三年行动计划"。其中提出了三年内要建成 10 个以上区块链公共服务平台，推动 3 万家企业上链，建成 5 个左右区块链产业园，相关产业营业收入达到 30 亿元，建设成为全国有影响力的区块链技术创新高地、产业集聚洼地和应用示范基地。

2020 年 3 月，湖南省工信厅公布 2020 年湖南省大数据和区块链产业发展重点项目名单，其中，把 16 个区块链项目列为产业发展重点项目。所涉领域包括供应链管理、数字资产、城市公共服务、金融服务、政务服务、食品溯源等。而在"三年行动计划"中，也提到要重点推动工业互联网＋区块链、金融＋区块链、货运物流＋区块链、政务民生＋区块链、数字内容＋区块链 5 个专项行动。

（二）湖南"十四五"发展区块链产业的难点

一是区块链的关键核心技术研发、成果的转化。区块链作为分布式数据存储、点对点传输、共识机制、加密算法等技术的集成应用，在关键核心技术的研发方面，湖南依旧存在阻碍，相应成果的转化也未深入到技术层面。对于中心技术的把握不足，导致区块链发展缺乏底层支撑。

在区块链领域，一直都存在着一个所谓的"不可能三角"，即在一个区块链系统中，可扩展性、无中心性和安全性三者最多只能取其二。要想在一个区块链系统中完全获得这三种属性几乎是不可能的，而这三种属性又恰恰是一个理想的区块链系统所应具备的。因此，任何一个区块链系统的架构策略都会包含这三者的折衷与权衡。目前区块链的交易吞吐量都较低，比特币每 10 分钟打包一个区块，而以太坊每一秒也只能处理大概 15 笔交易。

区块链网络的规模必须足够大。一个规模不大的网络采用区块链本质上是没有意义的。然而，从现状而言，许多组织和机构都在小规模范围内尝试使用区块链，导致区块链技术和平台多样化。在全球最大开源代码托管平台 GitHub 上，有超过 6500 个活跃区块链项目，这些项目使用不同的平台、开发语言、协议、共识机制和隐私保护方案。那么，要实现区块链的可信特性，就必然要将这些异构的区块链架接起来。这就导致了区块链面临的另一个重大挑战——"互操作性问题"。

区块链还面临一个大的挑战：监管问题。区块链技术去中心化的特点，导致系统内部没有一个明确的主体，监管对象难以确认，导致监管政策不明朗；区块链本身具备跨境交易的属性，国家之间难以达成统一意见，导致监管处于真空期。

二是区块链人才在短期的引进和培养。LinkedIn 等一些网站发布的报告显示，在过去几年，尤其 2018 年，很多国家对区块链人才的需求呈井喷式增长。企业招聘区块链人才的职务，出现了 2000%、最高时达 3500% 的增长。尽管招聘职位增长这么多，但能满足要求的区块链人才却非常少。国研智库报告显示，中国真正具备区块链开发和相关技能的人才非常稀缺，约占总需求量的 7%。美国区块链人才同样短缺，从区块链开发者的工资上可以体现出来。研究员工薪酬信息公司 Paysa 的数据显示：美国区块链开发者的平均工资为 95545 美元，最高收入者的平均工资约为 14 万美元，区块链开发人员跻身所有专业领域中薪酬最高的开发人员之列。美国媒体甚至用"史诗级的短缺"来形容区块链人才荒。

三是各界对区块链技术及应用认识不足。目前区块链的应用太浅，甚至存在用偏和用错的可能。对于区块链技术，现在很多企业和组织还都是想把这种技术结合现有的生产和服务模式来用。达沃斯世界经济论坛 2019 年 7 月的一份报告显示，75% 的受访企业现在投资区块链技术，主要是希望能保证信息的可溯源，保证数据不会被侵蚀，保护网络的安全，从这几方面来增强现有生产和服务的竞争力。而对于用区块链来创造新的生产和服务商业模式，97% 的企业都把它排在倒数第一或倒数第二位。

区块链是一个非常重要的新技术，尤其需要我们对它有深刻的认识，对它的应用有远见，能够看到它带来的新机遇。区块链技术创立的初衷，一个很重要的思想就是对于现在世界上的商业机构、金融机构存在的数据不透明、中心化、不民主和腐败等问题的不满。所以从本质上看，与现在人类的政府、企业或组织治理的理念是相反的或者说不同的。中本聪的理想是区块链本身带有乌托邦性质。基于区块链的政治学和政治，该怎样发展当然依赖人类的设计，但如果仅依靠区块链技术驱动，其演化出的结果是有利于社会还是有害于社会的治理，需要深入思考和研究。

深入区块链本质，我们会发现区块链确实有着变革互联网乃至人类社会的潜质。再深入分析，我们同样会发现区块链要想真正发挥其潜能，也面临着不小的挑战。

（三）湖南"十四五"时期发展区块链产业的对策

一是持续加强核心技术研发，抢占技术创新制高点。引导技术龙头加大研发投入，加强基础研究和核心技术攻关，实施一批基础公益研究和重点研发计划项目，力争形成一批具有国际影响力的理论研究成果，并在关键核心技术领域取得突破；推动产业技术协同创新，促进产学研合作，引导技术龙头加强开源，辐射带动中小企业技术能力提升；推动区块链研发总部建设，吸引国内外优质企业研发总部入驻湖南，集聚全球技术研发力量；加快湖南区块链标准化建设，鼓励龙头骨干参与国家标准化工作，提升湖南区块链技术话语权。

二是建立健全人才引育体系，注入产业发展强心剂。依托中南大学、湖南大学等平台载体，大力引进国内外区块链领域领军人才、高水平创新团队；引导 IT、金融、智能制造等企业，加强对现有 IT 人才的培训和转化，以自身"造血"能力，快速填补当前人才缺口；鼓励中南大学等省内重点高校，开设相关课程，培养一批技术、管理、监管复合型人才。

三是持续强化制度供给，构建产业发展新生态。加大财政支持力度，设立省级区块链政府产业基金、创新基金等，推动区块链天使投资和创业风险投资，引导社会资本支持产业发展；引导高新技术园区、众创空间、孵化器等在补贴、税收、房租减免、科技成果奖励等方面给予倾斜支持；将区块链相关产品、服务纳入政府采购目录。加强创新平台建设，鼓励创建区块链产业创新服务体、技术服务平台、开源服务平台，为企业提供检验检测、技术评估、人员培训、知识产权、创业咨询等服务；鼓励区块链企业争创企业研究院、重点实验室、工程技术中心、院士专家工作站等。

四是培育打造产业园区，促进产业发展。国家应积极打造区块链产业园区，在产业基础较好、应用条件成熟地区探索建立区块链综合应用试验区，吸引区块链上下游产业聚集，支持区块链技术产品在相关领域的全面深入应用，促进产业发展。首先，加大国家资金投入力度和持续度，依托双创基地和平台，鼓励市场资本投入，推动区块链相关领域的创新创业，支持小微型区块链创新企业向产业园区聚集。其次，引导我国大型软件、信息技术服务和互联网企业在示范产业园区设立分公司或办事处，鼓励其积极发展区块链技术和产品服务业务。最后，在产业园区内鼓励相关企业开展同界及跨界合作，形成横向联盟链和纵向联盟链创新发展和应用能力，对外服务形成合力，加强产业园区力量。

参考文献

［1］Abadi J., Brunnermeier M. Blockchain Economics［R］. National Bureau of Economic Research, 2018.

［2］Budish E. The Economic Limits of Bitcoin and the Blockchain［R］. National Bureau of Economic Research, 2018.

［3］Catalini C., Gans J. S. Some Simple Economics of the Blockchain［R］. National Bureau of Economic Research, 2016.

［4］Cong L. W., He Z. Blockchain Disruption and Smart Contracts［J］. The Review of Financial Studies, 2019, 32（5）：1754 – 1797.

［5］Crosby M., Pattanayak P., Verma S., et al. Blockchain Technology：Beyond Bitcoin［J］. Applied Innovation, 2016, 2（6 – 10）：71.

［6］Gans J. S., Gandal N. More（or Less）Economic Limits of the Blockchain［R］. National Bureau of Economic Research, 2019.

［7］Holden R. T., Malani A. Can Blockchain Solve the Hold – up Problem in Contracts？［R］. National Bureau of Economic Research, 2019.

［8］Iansiti M. , Lakhani K. R. The Truth about Blockchain［J］. Harvard Business Review, 2017, 95 (1)：118 – 127.

［9］Kamble S. S. , Gunasekaran A. , Sharma R. Modeling the Blockchain Enabled Traceability in Agriculture Supply Chain［J］. International Journal of Information Management, 2019.

［10］Maru A. , Berne D. , Beer J. D. , et al. Digital and Data – driven Agriculture：Harnessing the Power of Data for Smallholders［C］. Global Forum on Agricultural Research and Innovation, 2018.

［11］Naik G. , Suresh D. N. Challenges of Creating Sustainable Agri – retail Supply Chains［J］. IIMB Management Review, 2018, 30 (3)：270 – 282.

［12］Nwaobi G. C. Emerging African Economies：Digital Structures, Disruptive Responses and Demographic Implications［J］. Disruptive Responses and Demographic Implications (October 1, 2019), 2019.

［13］Phillips A. Blockchain：The Next Wave of Industry 4. 0. 2018, 08［EB/OL］. https：//www. tibco. com/blog/2018/08/20/blockchain – the – next – wave – of – industry – 4 – 0/.

［14］Raskin M. , Yermack D. Digital Currencies, Decentralized Ledgers and the Future of Central Banking［M］. Research Handbook on Central Banking. Edward Elgar Publishing, 2018.

［15］Rodrigo da Rosa Righi, Antonio Marcos Alberti, Madhusudan Singh. Blockchain Technology for Industry 4. 0［M］. Springer Singapore, January 2020.

［16］Wang J. , Yue H. Food Safety Pre – warning System Based on Data Mining for a Sustainable Food Supply Chain［J］. Food Control, 2017, 73：223 – 229.

［17］Yermack D. Is Bitcoin a Real Currency? An Economic Appraisal［M］. Handbook of Digital Currency. Academic Press, 2015：31 – 43.

［18］Yiannas F. A New Era of Food Transparency Powered by Blockchain［J］. Innovations：Technology, Governance, Globalization, 2018, 12 (1 – 2)：46 – 56.

［19］程华, 钱芬芬. 政策力度、政策稳定性、政策工具与创新绩效——基于2000—2009年产业面板数据的实证分析［J］. 科研管理, 2013, 34 (10)：103 – 108.

［20］巩富文. 加快推动区块链技术创新发展［J］. 中国政协, 2019 (22)：36.

［21］黄永春, 李倩. GVC视角下后发国家扶持新兴产业赶超的政策工具研究——来自中、韩高铁产业赶超案例的分析［J］. 科技进步与对策, 2014, 31 (18)：119 – 124.

［22］李拯. 区块链, 换道超车的突破口［N］. 人民日报, 2019 – 11 – 04 (005).

［23］夏林. 后发国家新兴产业赶超的机遇识别与政策协同——基于演化经济视角的分析［J］. 求是学刊, 2016, 43 (1)：80 – 87.

第八章

"十四五"时期湖南高新技术
企业高质量发展对策研究*

内容提要：进入"十四五"时期，实现经济社会高质量发展是各项工作的主旋律和总基调，而高新技术企业高质量发展则是其中的重中之重。总体来看，"十三五"时期，湖南高新技术企业的培育和发展取得了显著成效，表现为数量上大幅提升、效益上逐步向好、创新能力不断增强、骨干企业支撑作用日趋明显和成长环境逐步优化。然而，相对而言，与东部发达省份或中部区域创新能力靠前的省份相比还存在一定差距，主要表现为辐射带动作用相对偏弱、创新投入相对不足、市场竞争力有待进一步提升和体制机制有待进一步理顺等突出问题。因此，在"十四五"时期需采取针对性举措助推湖南高新技术企业高质量发展。

关键词：高新技术企业；高质量发展；辐射带动；创新投入

核心观点：

（1）近年来，湖南省委、省政府高度重视高新技术企业发展，实现了高新技术企业的量质齐升，有力地促进了产业转型升级和经济高质量发展。

（2）与东部发达省份或中部区域创新能力靠前的省份相比，湖南高新技术企业存在辐射带动作用相对偏弱、创新投入相对不足、市场竞争力有待进一步提升和体制机制有待进一步理顺等突出问题。

（3）"十四五"时期，推动湖南高新技术企业高质量发展需切实增强高新技术企业的辐射带动作用、鼓励和引导高新技术企业增加创新投入、进一步提升高新技术企业市场竞争力和进一步理顺科技创新的体制机制。

---

* 本章为湖南省社科成果委员会一般资助项目（XSP18YBZ147）、湖南省自然科学基金青年项目（2020JJ5167）和湖南省教育厅优秀青年项目（19B207）的阶段性成果。

一、引言

高新技术企业是指在《国家重点支持的高新技术领域》内,持续进行研究开发与技术成果转化,形成企业核心自主知识产权,并以此为基础开展经营活动,在中国境内(不包括港、澳、台地区)注册的居民企业。作为知识密集、技术密集的经济实体,高新技术企业承载着推动科技创新面向世界科技前沿、面向经济主战场和面向国家重大需求的重大任务,是引领经济社会高质量发展的关键引擎。近年来,湖南省委、省政府高度重视高新技术企业发展,实现了高新技术企业的量质齐升,有力地促进了产业转型升级和经济高质量发展。然而,与东部发达省份或中部省份区域创新能力靠前省份相比,湖南省高新技术企业发展还存在不小差距。因此,"十四五"时期要促进湖南省高新技术企业高质量发展需从多方面发力。

二、湖南省高新技术企业发展现状

近年来,湖南省在培育和发展高新技术企业方面出台了一系列政策举措,不仅将高新技术企业发展目标纳入《湖南省"十三五"科技创新规划》,还针对高新技术企业量身定制了诸多实质性的财税奖补举措,高新技术企业的培育和发展取得了显著成效。

(一)高新技术企业数量大幅提升

"十三五"以来,湖南省认真实施《高新技术企业认定管理办法》《高新技术企业认定工作指引》等高新技术企业认定政策,加大奖补力度,鼓励各市州有条件的企业积极申报高新技术企业,高新技术企业数量如雨后春笋般大幅增长。2016 年,湖南省高新技术企业数量才刚刚突破 2000 家,到 2017 年就突破了 3000 家,到 2018 年更是高达 4660 家,年均增长超过 50%(见图 8-1)。

(二)高新技术企业效益逐步向好

近年来,得益于高新技术企业规模的壮大和效益的改善,高新技术产业发展持续向好发展，已成为拉动经济快速增长的重要引擎。2016～2019 年，高新技术产业产值分别为 6859.2 亿元、8119.95 亿元、8468.1 亿元和 9472.9 亿元，年均增长 11.51%（见图 8-2）。2019 年，实现高新技术产品主营业务收入 29980.62 亿元，增长 12.1%；实现高新技术产品利税总额 2319.88 亿元，增长 6.6%。高新技术产业增加值占地区生产总值比重比上年提升 0.6 个百分点。高新技术产业中高技术行业（制造业）增加值、主营业务收入分别增长 17.1% 和 17.7%①。

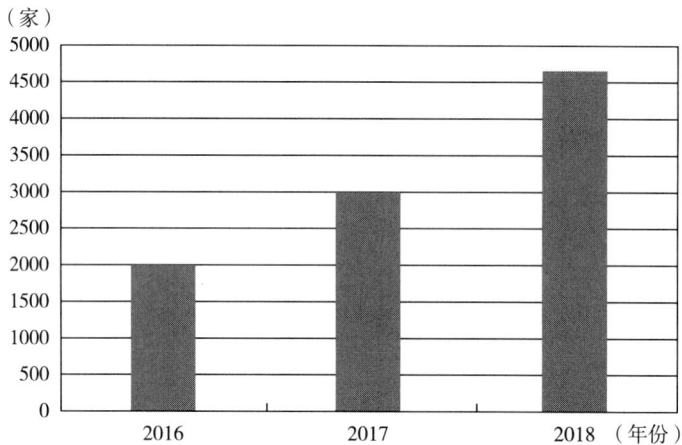

图 8-1　2016～2018 年湖南省高新技术企业数量

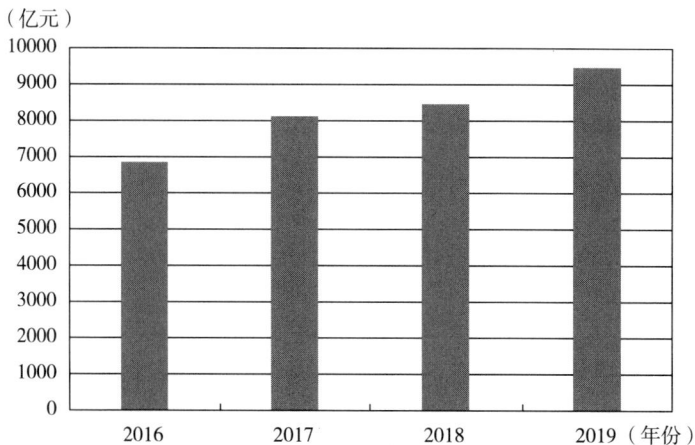

图 8-2　2016～2019 年湖南省高新技术产业产值

---

① http://tjj. hunan. gov. cn/hntj/tjfx/jczx/2020jczx/202003/t20200320_ 11817120. html。

（三）高新技术企业创新能力不断增强

目前，湖南省高新技术企业平均研发投入强度为 2.2%，高于全省平均水平 0.52 个百分点；专利申请数、有效专利拥有量分别较上年增长 31.7% 和 25.7%。全省高新技术企业共有各类研发平台 1414 个，较上年增长 19.3%，其中，国家工程技术研究中心 9 家（全省共 14 家），国家重点实验室 10 家（全省共 18 家）；拥有科技人员 68979 人，较上年增长 85.8%。中低速磁浮、虚拟轨道列车、1000 千伏现场组装式变压器、激光烧结 3D 打印、IGBT 等一批重大技术成果，均由高企研发或承担关键科研任务[①]。

（四）骨干企业支撑作用日趋明显

2019 年，高新技术产品产值过亿元的企业达到 4250 个，产值过 10 亿元的企业有 509 个，产值过 100 亿元的企业有 34 个，分别比 2018 年增加 392 个、42 个、2 个。产值过亿元的高新技术企业产品增加值、高新主营业务收入和高新利税额占全省的比重分别为 93.4%、92.7% 和 93.5%；产值过 10 亿元的高新技术企业产品高新增加值、高新主营业务收入和高新利税额占全省的比重分别为 59.9%、56.1% 和 58.0%；产值过 100 亿元的企业占全省的比重分别为 25.5%、23.9% 和 30.4%，且实现高新增加值增速 17.7%，高于全省平均增速 3.4 个百分点。可见骨干企业对全省高新技术产业支撑作用日趋明显[②]。

（五）高新技术企业成长环境逐步优化

近年来，湖南高度重视科技发展，先后推出《关于贯彻落实创新驱动发展战略建设科技强省的实施意见》《湖南省"十三五"科技创新发展规划》等重磅科技规划意见，引导科技创新发展。科技投入不断加大，2018 年湖南省财政科技投入 129.94 亿元，比上年增加 42.1%；R&D 经费投入居于全国前列，R&D 强度比上年提升 0.13 个百分点。重点实施研发奖补等激励政策，有效带动企业加大研发投入，取得良好政策效果。重视载体建设，全年增加省级以上高新园区 6 个，国家级企业技术中心 1 个。相关投入以及政策措施为高新技术产业发展营造了良好的环境[③]。

---

① https：//www.ztxcc.com/hangyexinwen/938.html。
②③ http：//tjj.hunan.gov.cn/hntj/tjfx/jczx/2020jczx/202003/t20200320_ 11817120.html。

三、湖南省高新技术企业发展存在的主要问题

虽然湖南省高新技术企业发展在近年来取得了显著成效，然而，与东部发达省份或中部区域创新能力靠前的省份相比还存在一定差距，主要表现为辐射带动作用相对偏弱、创新投入相对不足、市场竞争力有待进一步提升和体制机制有待进一步理顺等突出问题。

（一）高新技术企业辐射带动作用相对偏弱

一是高新技术企业数量相对偏少。2018 年，湖南高新技术企业数量仅为 4660 家，不仅远远低于广东（超过 30000 家）、北京（超过 20000 家）、江苏（超过 10000 家）等东部发达省市，也低于同期中部湖北（6590 家）和安徽（5403 家）两省的水平，比湖北和安徽分别少 1930 家和 743 家，差距十分明显。若按照另一统计口径单独计算高新技术企业来看，2018 年湖南高新技术企业数量为 1027 家，同期湖北和安徽两省分别有 1063 家和 1398 家，也存在不小差距。另外，就中国大陆城市高新技术企业数量排名来看，湖南仅有长沙上榜，排在第 14 位，数量仅为第 1 名北京的 11.12%，如表 8－1 所示。这意味着，创新主体数量不足在一定程度上制约了其辐射带动作用的发挥。

二是龙头高新技术企业数量偏少。2019 年《财富》中国 500 强企业中，湖南省仅华菱钢铁、三一重工、中联重科和蓝思科技 4 家高新技术企业上榜，居中部倒数第一位，且没有 1 家进入全国 100 强。而湖北、河南、安徽、山西和江西则分别有 12 家、10 家、9 家、8 家和 7 家上榜。龙头高新技术企业数量偏少、实力偏弱必将影响其产业带动能力。

三是实质性创新成果偏少。一般而言，发明专利被认为是创新程度最高的，更能体现实质性创新。但在湖南省高新技术企业创新成果中，绝大部分为实用新型专利和外观设计、软件著作权等Ⅱ类知识产权，而发明专利这种Ⅰ类知识产权相对较少。这就导致湖南省部分高新技术企业仅是空有"高新技术企业"这块牌子，实质性创新成果并不多，尤其是能够大幅增加产品附加值、增强核心竞争力的"卡脖子"技术更是凤毛麟角。受制于此，湖南省部分高新技术企业的辐射带动作用有限，创新引领的关键动能不足。

四是存在"虹吸效应"魔咒。在全省 14 个地市州中，长株潭地区集中了全省 2/3 左右的高新技术企业，仅长沙的高新技术企业数量就占了全省近一半，而其他地区则

分布较少,湘西州仅有 64 家,永州也仅有 123 家,不及长沙的零头。这种单极分布对周边地区形成了"虹吸效应",造成"大树底下不长草"的尴尬局面;对偏远的湘西、湘南地区则又"鞭长莫及",难以形成有力的带动作用。

表 8-1　2019 年中国大陆城市高新技术企业数量排名　　　　单位:家

排名	城市	数量	排名	城市	数量
1	北京	28000	16	武汉	2707
2	深圳	16900	17	中山	2696
3	上海	13000	18	合肥	2565
4	广州	12000	19	成都	2559
5	苏州	7052	20	珠海	2220
6	东莞	6200	21	宁波	2135
7	天津	6035	22	沈阳	1876
8	杭州	5546	23	厦门	1837
9	佛山	4839	24	常州	1764
10	南京	4602	25	大连	1761
11	青岛	3822	26	郑州	1732
12	西安	3677	27	南通	1699
13	重庆	3195	28	福州	1404
14	长沙	3113	29	济南	1350
15	无锡	2790			

资料来源:https://www.sohu.com/a/391711296_699502。

(二) 高新技术企业创新投入相对不足

一是高新技术企业 R&D 人员和经费支出相对不足。如表 8-2 所示,2017 年,湖南省高新技术企业 R&D 人员数量为 155327 人,高于安徽省的 136904 人,但低于湖北省的 197339 人 (相差 42021 人);同时,湖南省高新技术企业 R&D 经费内部支出为 354.76 亿元,高于安徽省的 280.19 亿元,但同样低于湖北省的 416.25 亿元 (相差 61.49 亿元)。这表明,R&D 人员和经费投入不足一定程度上制约了湖南省高新技术企业创新能力的提升。

二是高新技术企业中高端人才相对缺乏。如图 8-3 所示,2017 年,湖南省高新技术企业年末从业人员数为 924734 人,低于湖北的 1082827 人 (相差 158093 人)。其中,大专以上学历从业人员湖南省为 505271 人,而同期湖北省为 591244 人 (相差 85973 人),差距相对明显。

表 8 - 2　2017 年湖南与湖北、安徽的高新技术企业 R&D 人员及经费内部支出

省份	企业（家）	R&D 人员（人）	R&D 经费内部支出（亿元）
安徽	5403	136904	280.19
湖北	6590	197339	416.25
湖南	4660	155327	354.76

注：除高新技术企业家数数据为 2018 年，来自各省公开数据外，其他数据均为 2017 年数据，均来自《2018 年中国火炬统计年鉴》。

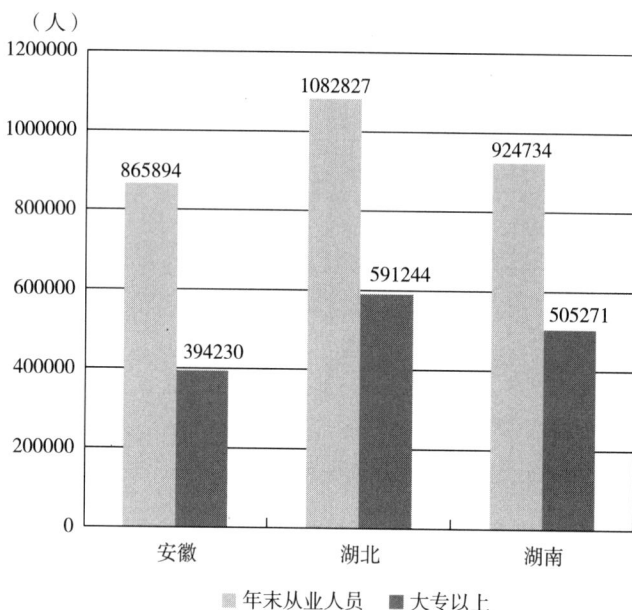

图 8 - 3　2017 年三省高新技术企业年末从业人员及构成对比

（三）高新技术企业市场竞争力有待增强

一是高新技术企业技术收入相对较低。如表 8 - 3 所示，2017 年，湖南省高新技术企业营业收入为 12891.56 亿元，高于安徽省的 9516.57 亿元，但低于湖北省的 14974.99 亿元（相差 2083.43 亿元）。其中，技术收入方面湖南省仅为 1203.12 元，远远低于湖北省的 2224.07 亿元，仅为湖北省的 54%，差距较大。这表明，湖南省高新技术企业的技术服务能力还有待提升。

二是高技术产品国际竞争力相对较弱。2018 年，湖南高新技术产品出口额为 26.19 亿美元，排全国第 19 位；而湖北为 94.09 亿美元，排第 13 位；安徽为 59.85 亿美元，排第 15 位。2018 年，湖南高新技术产品出口额占地区出口总额的比重为 18.35%，排

第 16 位；安徽为 23.05%，排第 15 位；湖北为 38%，排第 8 位。中部六省中，湖南排在河南、山西、湖北、安徽之后。

表 8 – 3 湖南与湖北、安徽的高新技术企业关键指标对比 单位：亿元

省份	营业收入	技术收入
安徽	9516.57	558.41
湖北	14974.99	2224.07
湖南	12891.56	1203.12

注：据均为 2017 年数据，均来自《2018 年中国火炬统计年鉴》。

三是高新技术企业成果转化率不高。2015～2018 年，湖南省签订技术合同数由 3710 项增加至 6044 项，完成技术合同成交额由 105.4 亿元增加至 281.7 亿元，保持了一定的增长趋势。然而，与同期湖北省的 28835 项、1237.19 亿元相比，技术合同数和完成技术合同成交额均不到湖北省的 1/4；与安徽省的 20087 项、354.9 亿元相比也存在较大差距，技术合同数仅为安徽省的 18.46%，技术合同成交额仅为安徽省的 79.37%。

（四）高新技术企业培育和发展的体制机制还有待进一步理顺

一是对高新技术企业形式检查过繁。据调研，部分地区反映上级政府主管部门对高新技术企业检查过于频繁、调度数据周期太短等，一定程度上干扰了高新技术企业正常经营和创新过程，给企业增添了不必要的管理成本。

二是存在部分"要我报"高新技术企业怪象。调研发现，部分地区为完成高新技术企业数量考核目标，科技管理部门对企业申报高新技术企业很"上心"，而企业却对申报高新技术企业很"冷淡"，以致部分企业反映科技主管部门"要我报"的怪象。更有甚者，部分企业为了完成申报任务、达到申报标准，购买了一些与自身主营业务相关性不大的专利，以至于这些专利很难对企业发挥促进作用，纯粹是为了获取申报奖励。

三是存在部分"假产学研"现象。据部分高新技术企业反映，企业与高校、科研院所的联系并不紧密，企业可能更多的是借助这些研究机构的"名人效应"去争取各类项目，而部分高校和科研院所则仅仅是为了获得一块实习基地的牌子或拿到横向经费，双方各取所需，事实上的紧密结合很少。这种"假产学研"很难实现真正的创新资源整合，也很难发挥各自的比较优势。

四、"十四五"时期湖南高新技术企业高质量发展的对策

"十四五"时期，我国处于"两个一百年"目标的历史交汇期，也是建设现代化经济体系的"爬坡过坎"关键期，推动经济发展的质量变革、效率变革和动力变革任务更加紧迫[①]。高新技术企业作为引领科技创新的重要经济主体，在推动湖南省经济高质量发展过程中发挥着至关重要的作用。为此，针对湖南省高新技术企业存在的主要问题，提出以下对策：

（一）切实增强高新技术企业的辐射带动作用

第一，必须大幅增加湖南省高新技术企业数量，实施高新技术企业倍增计划。一是引导和鼓励有条件的企业积极申报高新技术企业，对新增认定和重新认定高新技术企业的企业，在现有政策的基础上进一步加大奖补力度。二是建立高新技术企业后备库，积极培育具备较大潜力的企业申报高新技术企业，促使更多企业尽早达到高新技术企业认定标准。三是大力引进省外高新技术企业，为落户湖南省的高新技术企业提供优越的政策环境。

第二，需要重点培育一批龙头高新技术企业。一是以湖南省100个重大科技项目建设为牵引，带动和做强一批科技龙头企业，积极推动一批优质企业入规上市。二是设立创新引领重大专项资金，择优支持和培育100家龙头高科技企业和500家科技小巨人领军企业，瞄准市场需求，加大对关键核心技术研发。三是鼓励龙头企业补齐"软件"和"硬件"短板，对龙头企业紧缺的创新人才和急需的关键研发设备优先予以支持。

第三，加大对实质性创新的奖补力度，增强实质性创新成果产出。必须鼓励和引导企业开展实质性创新，更加注重与企业核心业务相关的发明专利的产出和应用，逐步提高发明专利作为全省产业引导资金、科技创新资金立项的门槛条件，形成开展实质性创新的正向激励。

第四，需要进一步优化高新技术产业布局，形成错位发展的良好竞争生态。应设立规划专项，深入评估和分析湖南省14个地市州高新技术产业发展基础、条件和特

---

① https://www.360kuai.com/pc/99726dc73240d1696?cota = 3&kuai_ so = 1&sign = 360_ 57c3bbd1&refer_ scene = so_ 1。

色,精准定位每一个地市州高新技术产业发展的重点行业和主攻方向,在充分征求意见的前提下编入湖南省"十四五"科技规划。根据这一布局,出台专项政策引导和支持符合产业定位的高新技术企业向特定区域集聚,形成竞合有度、错位发展的良好竞争生态,切实增强高新技术企业的辐射带动能力。

(二)鼓励和引导高新技术企业增加创新投入

第一,鼓励和引导高新技术企业大幅增加 R&D 经费投入。进一步提高企业研究开发费用税前加计扣除比例,企业开展研发活动中实际发生的研发费用,未形成无形资产计入当期损益的,在按规定据实扣除的基础上,再按照实际发生额的75%在税前加计扣除;形成无形资产的,在规定期间按照无形资产成本的175%在税前摊销。

第二,鼓励和引导高新技术企业大幅增加 R&D 人员投入。鼓励大学生,尤其是高学历人才进入湖南省高新技术企业工作,参照中部先进省份甚至东部先进省份的政策经验,按照"就高不就低"的原则进一步优化湖南省人才政策。

第三,进一步为高新技术企业减税降费。全面落实高新技术企业各项税费减免政策,除现有按照15%的税率征收企业所得税、所得税加计扣除优惠、技术合同营业税优惠、研发奖补、社保降费等政策外,进一步通过多种渠道为高新技术企业减税降费。依据国务院发布的《降低社会保险费率综合方案》,在全面落实养老保险企业缴费率降至16%的基础上,合理降低高新技术企业失业保险、工伤保险和生育保险的缴纳比例,尽可能地用足用好国家政策。另外,可以考虑通过奖励、补贴、担保等方式为高新技术企业降低要素使用成本,使企业"轻装上阵"。

(三)进一步提升高新技术企业市场竞争力

第一,要大幅增加高新技术企业技术收入。鼓励高新技术企业利用现有技术开展技术服务,进一步提升技术服务水平,促进产品销售向技术服务价值延伸。

第二,要切实增强高新技术产品国际竞争力。一方面,鼓励高新技术企业按照国际标准生产具备较高技术含量、较大影响力的拳头产品,积极提升产品质量和服务水平。设立专项引导基金,遴选部分产品附加值高、市场潜力大的高新技术产品进行重点支持。另一方面,鼓励高新技术企业聘请专业管理团队,增强对高新技术产品的国际运营能力,重点沿"一带一路"拓展产品市场。

第三,必须大幅提升湖南省的科技成果转化率。一是鼓励各类高新技术企业以产业发展为基础承接国家、省级科技奖励成果,国家专利金奖成果,创新创业大赛,挑战赛优胜奖以上成果的转化与落地,加快推进重点产业项目的科技成果转化。二是完善湖南省知识产权交易市场,搭建市州技术合同交易平台,为高新技术企业跨区域创新成果转化创造有利条件。三是建立科技成果转化保险制度，降低高新技术企业成果转化风险。

（四）进一步理顺科技创新的体制机制

第一，减少对高新技术企业的形式检查。一方面，各主管部门应加强对高新技术企业及其项目监督检查工作的统筹，制定统一的年度监督检查计划，在相对集中的时间开展联合检查，避免在同一年度对同一家企业、同一项目重复检查和多头检查；另一方面，应该探索实行"双随机、一公开"检查方式，充分利用大数据等信息技术提高监督检查效率，实行监督检查结果信息共享和互认，最大限度降低对科研活动的干扰。

第二，破除"要我报"这一怪象。一是要调整对各地区高新技术企业考核导向，从更加"注重数量"向更加"注重质量"转变。二是要充分尊重企业申报意愿，不搞"大跃进"，让企业根据自身发展战略分析和政策导向自主选择申报与否。三是要进一步优化高新技术企业发展环境，促使企业从"要我报"向"我要报"转变。

第三，坚决整治"假产学研"弊端。需要坚持以市场为导向，围绕湖南省高新技术企业重大关键技术需求，积极推进高新技术企业与高校和科研院所合作，建立真正的产学研合作机制，这样才能真正发挥湖南省高新技术企业的创新引领作用。

参考文献

［1］华经情报网 . 2018 年湖南省高新区数量及经营现状，高新园区呈现出良好发展态势［EB/OL］. https：//www. sohu. com/a/367998466_ 120113054.

［2］湖南省统计局 . 2019 年湖南高新技术产业发展持续向好［EB/OL］. https：//www. so-hu. com/a/367998466_ 120113054.

［3］中国高新企业与知识产权服务网 . 湖南省高新技术企业发展现状解析及培育发展高新技术企业的主要措施［EB/OL］. https：//www. sohu. com/a/367998466_ 120113054.

［4］快资讯 . 十四五时期是建设现代化经济体系的爬坡过坎关键期［EB/OL］. https：//www. sohu. com/a/367998466_ 120113054.

第九章

"十四五"时期动能转换促进
湖南高质量创新发展的财政
政策研究

内容提要：本章以动能转换促进湖南高质量创新发展中的财政政策为主线，围绕经济新旧动能转换促进湖南高质量创新发展，使财政政策更为积极有效地发挥作用等内容进行了研究阐述。结合国内外相关研究成果，解释经济动能转换、高质量创新发展与财政政策的内涵，从湖南实际出发提出经济动能转换的理论逻辑和思考方法。从湖南财政支出结构、投入规模、减费降费、提质增效等多个角度分析湖南在新旧动能转化促进高质量创新发展存在的问题，进而提出新旧动能转换财政支持新模式、新路径，通过优化政策组合，整合财政资金，实施全过程预算绩效管理，开展财政监督检查，进而全面提高新旧动能转换，提供促进高质量创新发展的有力保障。

关键词：动能转换；高质量；创新发展；财政政策

核心观点：

（1）创新是引领发展的第一动力，也是湖南加快推进新旧动能转换、促进高质量发展的基础。通过制定合理的财政政策等宏观调控政策能够顺利实现新旧动能转换，为创新驱动实现高质量发展激发财政活力。

（2）湖南坚持抓重点、补短板、强弱项，调整和完善财政政策，切实提高财政政策支持发展的精准性、实效性。坚持问题导向，对现有财政政策进行全方位梳理，着力培育壮大新动能，推动经济高质量发展。

（3）"十四五"时期，推动湖南经济新动能转换促进高质量创新发展需切实增强财政的作用、增加财政科技投入、进一步增强财政加力提效功能，通过更加积极的财政政策来推动湖南创新发展。

一、引言

湖南省第十一次党代会创造性地提出实施"创新引领开放崛起"战略，开启了建设富饶美丽幸福新湖南的崭新篇章。湖南财政把握经济新动能转化的切入点和着力点，为推动"创新引领开放崛起"战略落地落实提供财力支撑和保障。通过统筹财政科技创新资源建设了省级财政科技类项目资金管理系统，全面统计分析湖南财政科技类资金，梳理发布财政支持企业科技创新政策，构建多元化财政投入体系。推进科研项目经费"放管服"改革，支持产学研协同创新，促进科技成果转化，大力培育新兴产业，支持制造强省重点项目。为贯彻落实《湖南"创新型省份"建设若干财政政策措施》，湖南将战略性新兴产业新上重大技改项目和工业新兴优势产业链等新型产业形态奖励实施细则纳入管理办法，明确奖励条件、标准、申报程序等事项，为政策落实打下基础。出台工业企业技术改造奖补政策，引导企业加大技改投入，进一步强化了对实体经济的政策支持，加快产业转型升级，支持发展重点产业，开展专项奖补，支持军民融合产业发展。近三年来，全省新兴服务业一直保持两位数增速。新动能异军突起，传统动能转型升级，"双引擎"驱动经济稳中向好，新旧动能加速转换，引领湖南迈向高质量发展。

二、动能转换、高质量发展与湖南财政的经验做法

当前中国的经济转型主要有两条主线：一条是从旧动能转向新动能，另一条是从高速增长转向高质量发展。这两条主线相互关联、相互贯通，其中新旧动能转换是中国经济转型升级的内在动力与实质，从高速增长转向高质量发展是中国经济转型的目标与外在表现，这二者是同步进行、相互促进的。新旧动能迭代的过程就是经济发展的过程，也是实现高质量发展的重要动力。在高质量发展阶段，我们不是单纯地追求经济发展的高速度，而是要追求效率更高、供给更有效、结构更高端、更绿色可持续以及更和谐的增长，甚至可以部分放弃对经济增长速度的追求，而达到更高质量的发展。新旧动能转换和高质量发展已经成为我国经济发展的现实要求和未来趋势。为更好地贯彻落实中央决策和湖南省委、省政府部署，湖南财政重点投入、持续加码，多

措并举优化经济结构,凝心聚力打造创新开放高地,为湖南高质量发展添能蓄势。

(一) 创新方式,激发活力,新旧动能加速转换

面对经济下行压力,省财政创新投入方式,"真金白银"加速新旧动能转换,推动高质量发展。财政投入由无偿补助变为有偿引导。政府产业投资基金是支持实体经济发展、产业振兴的有力抓手。2019年,湖南财政推动政府产业投资基金运作,发挥财政资金引导放大功能。一方面,重点领域布局成效明显。湖南新兴产业投资基金加快运营,母基金规模200亿元,组建光大控股湖南基金等九支子基金,规模达380亿元,引导社会资本投资湖南新能源、新材料、先进装备制造、生物医药、文化创意等新兴优势产业。另一方面,战略合作支持制造业转型升级。全省出资50亿元,参与国家制造业转型升级基金(分五年到位),引来更多金融资源助力制造业转型升级。

(二) 推进"智能+"为产业赋能

湖南财政统筹1.5亿元支持移动互联网产业发展,打造产业高地,抢占先发优势。湖南移动互联网与大数据产业发展出现了井喷态势,2019年,移动互联网主营业务收入超过1300亿元,较2014年政策启动时增长接近10倍。2019年,大数据、人工智能等产业增速超过30%,软件服务业增速排全国第四位。工业互联网APP突破10000个,数量在全国位居前列。财政投入将产业建设与民生建设相结合。支持新能源汽车推广应用,清算2018年及以前年度新能源汽车推广应用省级补贴资金3.89亿元,推广新能源汽车8万标台,超过年度目标185.7%,支持充(换)电基础设施建设,有力促进湖南新能源汽车产业发展,同时让消费者得到实惠。

(三) 财政创新投入方式,产业转型升级加快

产业转型升级加快,新动能澎湃成势。2019年,湖南省级财政科技专项资金投入20.4亿元,同比增长27.83%,全省累计财政科技支出170.7亿元,比上年同期增长31.4%。2019年,湖南全省战略性新兴产业增长10%,电子信息、新能源、新材料等新兴产业加速发展。湖南全省新增千亿工业企业1家,国家认定的"专精特新"小巨人企业10家、制造业单项冠军4个。集中支持一批技术水平高、投资规模大、规模效益好、带动能力强的重大产业类项目;扶持一批自主创新能力强、技术水平先进、国内外市场占有率高的大型企业和企业集团;培育一批规模工业企业、高新技术企业,培养龙头企业、骨干企业,让更多企业进入"三类500强"。优化公共服务体系建设,促进中小企业走"专精特新"之路,支持大中小企业融通发展。围绕制造强省"1274"行动计划和20条工业新兴优势产业链,湖南省财政安排产业类专项资金近20亿元,集

中支持工程机械、轨道交通装备、中小航空发动机产业，将其打造成具有国际优势的世界级产业集群；培育新兴产业，力争在新一代信息技术、高端装备、新材料、生物医药等战略性新兴领域取得重大突破；鼓励大数据、云计算、区块链等新一代信息技术应用。

（四）多措并举、精准施策，支持创新引领开放崛起战略落实

围绕支持"创新型省份"建设，湖南省政府办公厅出台了《湖南创新型省份建设若干财政政策措施》。十大措施，条条干货，为创新加码提速。激励企业、高校、科研院所加大研发投入，湖南出台专门政策，省财政按 10% 进行奖补。2018 年，湖南财政兑现奖补资金 3.7 亿元，2019 年增至 6.1 亿元，湖南全社会研发投入强度增幅居全国前列。财政发力，营造开放崛起新局面。跨境电商、市场采购贸易方式、平行汽车进口等外贸新业态正在加快形成新的产业集聚；航空货运、湘欧快线、江海航线等国际物流通道正在加速打造新的集散中心，湖南正在由"内陆大省"加速迈向"开放强省"。

三、湖南财政支持经济动能转换、促进高质量创新发展的发力点

坚持新发展理念，实施积极财政政策，助力全省高质量发展。应对复杂多变的外部环境，湖南财政将全面落实更加积极财政政策的要求，服务做好"六稳、六保"工作。围绕这一目标，湖南财政始终紧盯经济运行"晴雨表"，着眼培育经济增长的内生动力，湖南财政精准施策，减税降费优化发展环境，积极落实中央减税政策，运用结构性减税优惠政策，降低企业创新成本。

（一）支撑经济高质量发展的有利条件不断累积增多，企业杠杆率持续降低，规模工业增长速稳质优

湖南省委、省政府着力振兴实体经济，培育新动能，促进传统动能转型升级，以新的"双引擎"引领湖南高质量发展。湖南财政积极落实"产业项目建设年"各项部署，筹集整合资金 6.55 亿元支持"五个 100"项目建设，其中湖南省级财政专项安排 1 亿元对成效明显的市县给予奖补。湖南本级安排制造强省专项资金 13.78 亿元，重点支持工业新兴优势产业链和新兴产业重大项目，为经济发展厚植优势、聚力增效。一

批重大产业项目投产,要素资源向优势产业链集聚,发展后劲增强;服务业蓬勃发展,三次产业更加协调;新兴经济充满活力,经济结构进一步优化。

(二)大力提质增效实施积极财政政策,重点支持、精准投入,保障国计民生

2020 年是全面小康决胜年,湖南财政以习近平新时代中国特色社会主义思想为指导,坚持稳中求进工作总基调,坚持新发展理念,坚持以供给侧结构性改革为主线,坚持开源挖潜与节支增效同步,调整结构与革新机制并举,大力提质增效实施积极财政政策,坚决做好"三大攻坚战"、基本民生、产业升级、创新发展、对外开放、乡村振兴、区域均衡发展等重点领域保障工作,统筹推进稳增长、促改革、调结构、惠民生、防风险、保稳定,推动全省经济社会高质量发展,为全面建成小康社会、"十三五"规划圆满收官提供坚实支撑。2019 年,湖南全省一般公共预算总收入突破 5000 亿元,全口径税收突破 4000 亿元,地方一般公共预算收入突破 3000 亿元,地方税收突破2000 亿元。全省民生支出 5644.4 亿元,占比达到 70.3%,较上年提高 0.2 个百分点。

(三)完善财政政策,促进区域协调发展,助力构建推动经济高质量发展的体制机制

湖南省的区域城乡协调发展也在逐步加快。长株潭城市群、洞庭湖区、湘南及湘西等地区发展协调推进,岳麓山国家大学科技城、长沙临空经济示范区等重点片区辐射效应增强,新型城镇体系加快形成,城镇化率提高 1.4 个百分点。在创新发展方面,湖南省在 2018 年把创新作为发展动力,着力提升发展质量,让高科技"领跑"发展、"带动"发展。全省在围绕建设以长株潭国家自主创新示范区为核心的科技创新基地,实施长株潭国家自主创新示范区建设三年行动计划,打造"创新谷""动力谷""智造谷"。此外,新增省级高新区 11 家和省级科技企业孵化器、众创空间等双创服务载体达 125 家。

(四)财政助力高新园区高质量发展

"十三五"以来,湖南高新园区呈现出良好发展态势,已成为全省具有重大引领作用的创新高地。2018 年,湖南高新园区继续扩大,怀化成功获批为国家级高新技术产业园区,至此,全省国家级高新区达到 8 个、省级高新区 24 个。国家级高新园区中,株洲和长沙高新技术产业园区实现高新增加值占全市高新增加值比重分别为 41.4% 和31.7%,衡阳、益阳和郴州高新技术产园区高新增加值占全市高新增加值比重均超过28%。此外,岳阳、郴州高新技术产业园区增加值增速均超过 18%,比全省增速快 4

个百分点以上,长沙高新技术产业园区增加值增速为14%。一批新增省级高新技术产业园区2019年初有望挂牌,随着企业认定、园区升创的热情高涨,长株潭自创区的持续发展,株洲、衡阳获批开展创新型城市建设的推进,湖南高新园区科技创新实力有望进一步增强。湖南财政在为51个贫困县园区工业企业提高贷款保证保险的基础上,出台"财银保2.0",省县两级财政按1∶1比例设立贷款风险保证金存入合作银行,作为51个贫困县工业园区内企业贷款风险保证金。通过建立财政、银行、保险、担保等金融机构以及贷款企业等多个主体参与的风险分担机制,鼓励金融机构多渠道、多方式为符合条件的贫困地区园区工业企业提供融资服务。

(五)进一步提高财政支持民营企业发展的政策实效,助力民营经济高质量发展

民营经济发展到今天,已经发生了深刻的变革和变化。毋庸置疑的是,改革开放40多年来,民营经济经历了发展壮大,一批优秀的民营企业已经成为我国多个领域的领跑者。进一步提高财政支持民营企业发展的政策实效,在减税降费、引导调配金融资源、建立财政激励机制等方面发力,助力民营经济高质量发展。一是财政减税降费支持民企发展。积极贯彻中央推出的新一轮减税降费举措,大力减税降费,切实减轻民企负担。二是缓解民企融资困难。湖南财政充分发挥财政精准调控功能,调节引导金融机构增加民营企业信贷,支持民营企业发展。整合财政专项,引导金融支持民企发展。建立融资担保体系,创新融资模式。三是大力发展产业支持民企做大做强实施制造强省战略。湖南财政安排专项资金总规模13.78亿元,主要采取无偿补助、奖励等支持方式,重点支持制造强省"1274"行动计划重点项目、工业特色优势产业链重点项目、首台(套)重大技术装备研发与应用、重点新材料产品首批次应用、智能制造示范奖励、新入规企业培育发展奖励项目等。

四、推动湖南新旧动能转换、促进高质量创新发展的财政保障措施

2019年中央经济工作会议指出,积极的财政政策要加力提效,加快发展壮大新动能。财政支出作为财政政策的主要实施工具,要实施好积极财政政策,支持优势产业培育和工业新兴优势产业链发展,发挥新兴产业投资基金和地方政府债券作用,促进产业和消费"双升级"。以供给侧结构性改革为主线,完善推动高质量发展的财税政策

和制度体系,为推动我国经济发展跨越关口,实现高质量发展履好职、尽好责。

(一) 以提高财政资金绩效为目标,深化财政支出制度改革

推动高质量发展,必须不断提高投入产出效率、科技进步贡献率、全要素生产率,提升政府行政效能和公共服务质量。全面实施预算绩效管理,加快建立"花钱必问效、无效必问责"的硬约束机制,建成全方位、全过程、全覆盖的预算绩效管理体系,实现预算和绩效管理一体化,全面提升财政资源配置效率和使用效益,促进经济在质的大幅提升中实现量的有效增长。优化专项资金使用,用好用活绩效评价结果与预算安排挂钩机制,提高资金配置效益。要确保重点项目支出,不撒"胡椒面",把资金用在"刀刃"上,用在有力有效推动高质量发展上。创新税收激励政策,促进新兴产业发展,引导传统企业加快产业升级。完善转移支付支持县(市)抓重点、补短板、强弱项的工作机制,助力解决区域发展不平衡问题。强化财政管理,提升信息化管理水平,严格预算管理,严肃财经纪律;坚决防范化解政府债务风险,严格控制增量,妥善化解存量,加快地方政府融资平台公司市场化转型,用好用活专项债券。

(二) 积极落实各项减税政策,激发企业活力,推进制造业高质量发展

全面落实 2018 年以来国家新出台的各项税收优惠政策,释放政策红利,减轻企业负担,助力经济高质量发展。要在减税降费上加力加效,严格落实减税降费政策,激发企业活力,不断培育财源。要在向上争取支持上加力加效,加强部门联动,积极争取更多国家财政政策支持。要在税收征管上加力加效,着力挖潜堵漏,不断夯实财源基础。坚决落实创新驱动发展战略,加强对公共科技活动的支持,着力推动解决原始创新能力不足、核心技术受制于人等问题,强化现代化经济体系的战略支撑,塑造更多依靠创新驱动、更多发挥先发优势的引领型发展。加大财政科技投入。坚持把科技作为财政支出的重点领域予以支持,保障关键核心技术研发,提升关键领域自主创新能力。加大投入为企业发展助力,围绕"产业项目建设年"和"温暖企业行动",统筹盘活财政资金,提前预拨符合政策条件的资金,支持科技创新和产业发展,尽快使资金量转化为实物量。同时,优先保障"保工资、保运转、保基本民生"等"三保"支出,重点保障民生的就医、就业、就学等领域,支持构建"三位一体"的农业农村投入机制。

(三) 通过财政政策引导,全力推动培育壮大产业链、推动园区高质量发展

积极培育壮大优势产业链,加快新旧增长动能转换,推进园区高质量发展。把园

区经济作为经济发展的核心增长极来打造，抓好园区规划定位，完善基础设施，狠抓项目入园，提升保障能力，推动园区集聚集约发展。一是要全面提升基础配套能力。打好工业园区基础设施配套攻坚战，全面提升园区硬环境和承接力。二是要深化园区改革创新。加快推动"赋权强园、以园兴工"改革，强化工业园区经济管理权限。三是突出园区投资、产业集群、管理体制、投入产出强度等指标，引导和推动集约高效发展。

（四）提升财政治理体系和治理能力现代化

聚焦改革发展新目标，加强制度建设，加快构建现代财政制度体系。全面提升财政干部队伍能力，提高精准理财水平，提升财政治理效能。作为国家治理的基础和核心，当前的财政治理体系是建设型偏向的而非民生型偏向的，这势必制约高质量发展所要求的增长转型升级和缩小收入分配差距的实现。为此，应当尽快建立现代财政制度。一是建立全面规范透明、标准科学、约束有力的预算制度，全面实施绩效管理；二是深化税收制度改革，健全地方税体系；三是建立权责清晰、财力协调、区域均衡的财权、事权关系。

参考文献

［1］刘昆：积极有为，推动财政政策尽快见效［EB/OL］. https：//www. cppcc. china. com. cn/2020－08/07/content_ 76355952. htm.

［2］湖南省人民政府门户网站：积极财政政策聚力增效推动湖南高质量发展［EB/OL］. http：//www. hunan. gov. cn/hnyw/zwdt/201810/t20181020_ 5139653. html？clientType＝PC.

［3］李增刚. 新旧动能转换中地方政府的作用［J］. 公共财政研究，2017（5）：14－16.

［4］李晓嘉. 以更加积极有为的财政政策助力高质量发展［J］. 学术前沿，2020（6）：38－41.

下篇　创新理论研究

第十章

知识产权保护对我国技术创新的影响研究*

内容提要： 当前创新驱动战略下，研究知识产权保护对我国技术创新的影响具有显著的现实意义。本章测算了 2007 年以来我国知识产权保护水平，揭示了我国知识产权保护水平的地区差异情况，简要分析了知识产权保护影响技术创新的机制，并实证检验了知识产权保护对我国技术创新的影响。通过研究发现：知识产权保护对我国技术创新有显著的正向影响；知识产权保护对我国技术创新的影响有明显的地区差异。基于上述分析，本章为进一步利用知识产权保护促进我国技术创新提出建议。

关键词： 知识产权保护；技术创新；地区差异

核心观点：

（1）各地区知识产权保护和技术创新水平均存在显著差异。

（2）知识产权保护一方面通过激励机制、保护机制以及配置机制对技术创新产生直接影响；另一方面通过 FDI、进出口贸易间接影响技术创新。

（3）知识产权保护对我国技术创新有显著的正向影响；知识产权保护对我国技术创新的影响呈现出显著的地区差异。

一、引言

世界经济一体化的深入发展使知识产权保护制度在国家的发展中占据至关重要的

---

* 本章为湖南省哲学社会科学基金项目（18YBA167）的阶段性成果。

地位，成为国家发展的重要战略支撑。相关国家签署的《与贸易有关的知识产权协定》是各国维护共同利益的要求。然而知识产权保护的国际化使全球范围内发展中国家与发达国家发展更加两极化，知识产权保护加大了发展中国家获取借鉴发达国家先进技术成果的难度，也使发达国家借此进行垄断，而利用自身技术与资本优势获取竞争优势。一般来说，对于技术创新较高的发达国家而言，适合较为严格的知识产权保护标准，这样有利于充分利用自身绝对优势，获取垄断利润，保持长期的世界领导地位；而对于技术创新较低的发展中国家而言，适合较为宽松的知识产权保护标准，进而通过溢出效应进行模仿创新。

由于中国区域差异显著，不同地区的技术创新都有极大的差别，与此相适应的知识产权保护的强度也有所不同。因此对于中国知识产权保护的标准存在两种不同的观点：一种观点认为，盲目地加大知识产权的保护力度，加大技术溢出的成本，不利于提高我国的模仿能力，会阻碍技术进步；另一种观点认为，加强知识产权保护有利于加速我国经济的转型升级，降低对国外技术的依赖性，发展本土技术创新能力。

本章从我国知识产权保护地区差异出发，考察其对我国技术创新的影响机制，并构建面板数据模型和采用固定效应估计方法实证检验知识产权保护对技术创新的效应，进而为进一步利用知识产权保护促进我国技术创新提出相应的对策建议。

本章的研究意义有以下两点：第一，通过对现阶段我国知识产权保护水平的测算以及对当前技术创新现状的分析，有利于完善我国相关法律法规，提升我国知识产权保护水平。第二，在当前创新驱动背景下，通过考察知识产权保护对我国技术创新的影响程度，从而进一步为促进我国创新发展提供政策启示。

二、我国知识产权保护和技术创新的现状分析

（一）知识产权保护现状

1. 知识产权保护强度指标体系

（1）测算方法。对于知识产权保护强度的测算，在《与贸易有关的知识产权协定》之前，大多数学者的关注点局限于立法层面，而忽视了知识产权执法强度。借鉴韩玉雄和李怀祖（2005）、姚利民和饶艳（2005）等相关研究，本章测度知识产权保护水平具体的体系构成如图10-1所示。

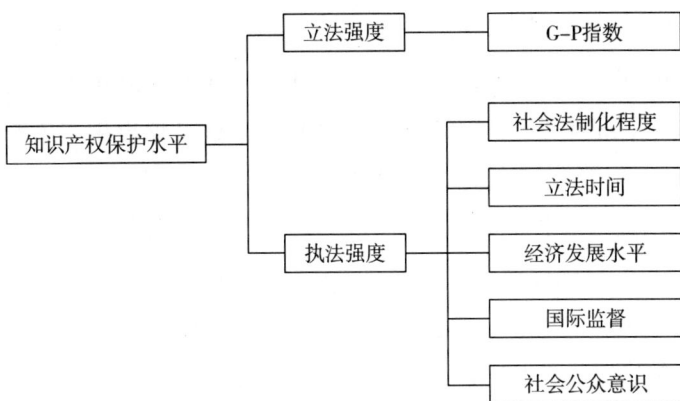

图 10 - 1　知识产权保护水平体系

知识产权保护水平的测算公式为：

$$IPR(t) = L(t) \times E(t) \tag{10-1}$$

其中，IPR、L、E 分别表示一国 t 时刻该国的知识产权保护水平、G - P 指数以及执法强度。假定执法强度 $E(t)$ 的值介于 0 到 1 之间，0 表示法律维系的知识产权保护条例完全没有执行，1 表示法律维系的知识产权保护条款全部执行。因此，执法强度 $E(t)$ 就是影响知识产权保护实际执行效果的变量。

（2）指标说明。立法强度通常在 G - P 方法测算下变化不大，通常可以看作是一个固定值。执法强度通常是由一个国家的内外环境决定的，主要可以从社会法制化程度、立法时间、经济发展水平、国际监督、社会公众意识五个方面测算。①社会法制化程度：本章选用律师占总人口数的比率进行测算，当律师人数比率大于等于万分之五时，赋值为 1；不足万分之五时，其赋值为实际比率除以万分之五。②立法时间：参照韩玉雄和李怀祖（2005）的研究方法，将立法时间作为法律体系完备程度的参考指标，立法时间越长，代表法律体系越健全。我国立法起始点为 1954 年，当立法时间达到或者超过 100 年时，立法时间赋值为 1，若立法时间小于 100 年，则赋值为实际立法时间除以 100。③经济发展水平：将人均 GDP 作为一国经济发展水平的测算指标，以 2000 美元的人均 GDP 收入为标准，当人均达到或者超过 2000 美元时，则赋值为 1；不足 2000 美元时，则赋值为实际人均 GDP（美元）除以 2000。④国际监督：国际的监管监督同样直接影响知识产权保护的执法强度，本章将中国是否加入 WTO 作为国际监督的衡量指标，加入 WTO 赋值为 1，未加入赋值为 0。⑤社会公众意识：社会公众意识反映了对于知识产权保护的认知能力，而其对于知识产权保护制度的实施极为关键。本章以大专及大专以上学历人数百分比作为识字率的衡量标准衡量社会公众意识。

2. 知识产权保护水平测度结果

（1）全国层面的知识产权保护强度。由表10-1可知，近年来，我国的知识产权执法强度逐年递增，相应地，我国知识产权保护水平也呈现出均匀递增的态势。事实上，我国知识产权保护的立法水平已接近于西方发达工业国，但执法强度不够，拉低了最终的知识产权保护水平。我国知识产权保护水平的递增其实反映的是我国执法强度的提升，2007年的执法强度为0.76011，意味着2007年的立法水平得到了76%的执行；随着时间的推移，执法水平逐渐增大，在2016年立法水平得到了83%的执行，相较于20世纪90年代的执法强度有了较大的提升，与发达国家的差距也在逐渐减小。这也反映了21世纪以来我国着手加强与完善知识产权保护制度与体系，并取得了相应的成效。

表10-1 2007年以来我国知识产权保护水平测算

年份	执行效果	G-P指数	知识产权保护水平
2007	0.44	4.1904	1.84
2008	0.48	4.1904	2.01
2009	0.53	4.857	2.57
2010	0.55	4.857	2.67
2011	0.56	4.857	2.72
2012	0.568	4.857	2.76
2013	0.57	4.857	2.77
2014	0.59	4.857	2.87
2015	0.61	4.857	2.96
2016	0.62	4.857	3.01
2017	0.64	4.857	3.11
2018	0.66	4.857	3.21

注：测算的原始数据来自《中国统计年鉴》《中国人口和就业统计年鉴》。

（2）我国各地区知识产权保护强度。本章进一步通过上述研究方法，测算出各地区的知识产权保护水平。结果如表10-2所示，从中可以得出各省份的知识产权保护水平并由此得出不同省份知识产权保护水平的差异性。具体来看，北京、上海一直位居前两位，其次是浙江和天津两个省份。西部地区知识产权保护程度最低，尤其是西藏、甘肃、青海等地区，知识产权保护水平处于全国最低水平，这可能与教育水平有极大的关联，教育水平较低使公众社会意识较低，即对于知识产权保护的产权意识不明确，侵权违规事件多有发生。

表 10 - 2 2018 年各地区知识产权保护强度情况

省份	知识产权保护强度	省份	知识产权保护强度
全国	3.21	安徽	2.582
北京	4.625	江西	2.548
天津	3.445	内蒙古	2.974
河北	2.635	吉林	2.725
辽宁	2.897	黑龙江	2.67
上海	3.816	广西	2.578
江苏	2.989	重庆	2.871
浙江	3.226	四川	2.72
福建	2.815	贵州	2.515
山东	2.794	云南	2.682
广东	2.967	西藏	2.433
海南	2.65	陕西	2.784
山西	2.741	甘肃	2.649
河南	2.63	青海	2.67
湖北	2.804	宁夏	3.062
湖南	2.764	新疆	2.798

（二）我国技术创新的基本状况

1. 技术创新的衡量指标

技术创新的衡量分为技术创新的投入与产出。技术创新的投入是指一个国家或地区在 R&D 经费和人员等方面的投入。在技术创新投入方面，国际上用 R&D 经费投入强度衡量一国或一个地区在科技创新方面的努力程度，它指的是 R&D 经费支出与 GDP（地区生产总值）之比。技术创新的产出一般是指专利、科技论文等的产出。

本章采用 R&D 经费、R&D 经费投入强度和 R&D 人员作为我国技术创新投入的衡量指标，我国技术创新水平用专利衡量，采用专利来衡量技术创新是由于专利标准的变化缓慢，较为客观，能更准确地衡量技术创新能力。专利主要分为发明专利、实用新型以及外观设计三类，其中，发明专利具有较高的科技含量，更能体现技术创新能力。

2. 我国技术创新的总体状况

（1）技术创新的投入。随着我国 R&D 经费投入的不断增加，我国 R&D 经费投入总量逐渐接近位于世界首位的美国，R&D 经费投入强度日趋提高。自 1990 年以来，我国 R&D 投入强度不断增加，如图 10 - 2 所示，在 2013 年我国 R&D 投入强度首次超过

2%，2018 年全国 R&D 经费支出为 19677.93 亿元，比上年增加 2071.8 亿元，增长 11.77%，而且自 2015 年以来增速始终保持 10% 以上。2018 年，我国 R&D 投入强度达到了 2.19%，较 2015 年提高了 0.07%，约是 2006 年 R&D 投入强度的近 1.58 倍，投入强度已经接近经合组织平均水平，说明我国与发达国家的 R&D 投入强度之间的距离逐渐缩小。

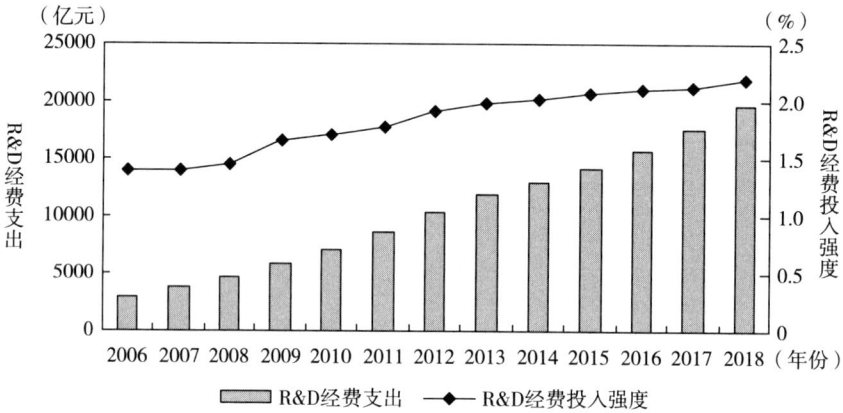

图 10 - 2 2006~2018 年 R&D 经费支出以及投入强度变化趋势

资料来源：《中国科技统计年鉴》。

从我国 2006~2018 年 R&D 经费投入的类型来看（见表 10 - 3），R&D 经费投入在试验发展研究中的投入远高于基础研究和应用研究的投入，基础研究和应用研究之间的投入比例逐渐缩小，研发投入结构在逐渐优化。2006 年，试验发展经费的投入是应用研究和试验发展研究投入之和的 3 倍多。2018 年，试验发展研究经费支出占 R&D 经费投入总量的 83.33%，基础研究投入 1090.37 亿元，较 2006 年增加了 104.64 亿元，基础研究占比延续了近年来的回升态势。中国的 R&D 投入呈现快速增长的势头，但是从经费投入结构看，尽管我国基础研究经费不断增加，但是仍处于较低水平，与发达国家 15%~25% 的占比水平相比也有很大差距，同时要注重平衡不同活动类别的投入比例。

表 10 - 3 R&D 经费支出按活动类别分类

年份	R&D 经费支出	基础研究经费支出		应用研究经费支出		试验发展经费支出	
	亿元	亿元	%	亿元	%	亿元	%
2006	3003.1	155.76	5.19	488.97	16.28	2358.37	78.53
2007	3710.24	174.52	4.70	492.94	13.29	3042.78	82.01

年份	R&D 经费支出	基础研究经费支出		应用研究经费支出		试验发展经费支出	
	亿元	亿元	%	亿元	%	亿元	%
2008	4616.02	220.82	4.78	575.16	12.46	3820.04	82.76
2009	5802.11	270.29	4.66	730.79	12.60	4801.03	82.75
2010	7063	324.49	4.59	893.79	12.65	5844.3	82.75
2011	8687	411.81	4.74	1028.4	11.84	7246.8	83.42
2012	10298.41	498.81	4.84	1161.97	11.28	8637.63	83.87
2013	11846.6	554.95	4.68	1269.12	10.71	10022.5	84.60
2014	13015.63	613.54	4.71	1398.53	10.75	11003.56	84.54
2015	14169.88	716.12	5.05	1528.64	10.79	11925.13	84.16
2016	15676.75	822.89	5.25	1610.49	10.27	13243.36	84.48
2017	17606.13	975.49	5.54	1849.21	10.50	14781.43	83.96
2018	19677.93	1090.37	5.54	2190.87	11.13	16396.69	83.33

资料来源：国家统计局网站和《中国科技统计年鉴》。

研究与发展人员的投入可以反映一个国家 R&D 活动的规模大小和创新资源投入能力。我国 R&D 人员全时当量不断增加（见图 10-3），2006 年，R&D 人员全时当量为150.25 万人/年，到2009 年突破200 万人/年，2018 年 R&D 人员数量达到438.1 万人/年。尽管我国 R&D 人员数量较多，但是实际与发达国家相比仍然有较大的差距，2018 年我国每千人中约有0.57 名研发人员，而创新强国芬兰每千人中多达7.1 名研发人员，我国想要成为科技强国仍需奋进。

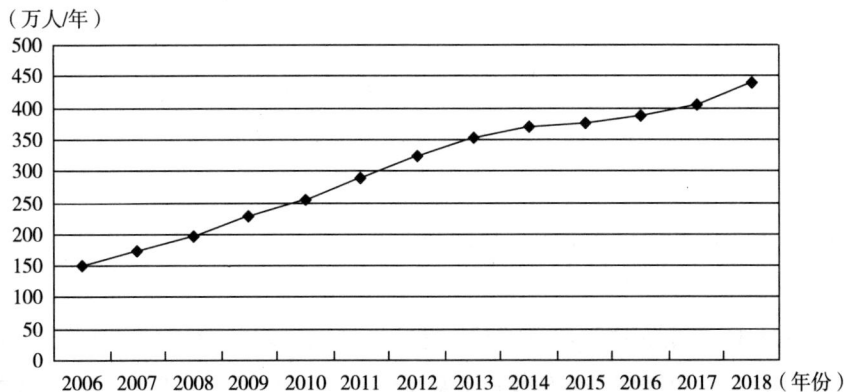

图 10-3 2006~2018 年 R&D 人员全时当量

资料来源：《中国科技统计年鉴》。

（2）技术创新的产出。如图 10 - 4 显示，2006 年以后，我国专利申请受理数和授权数增加迅速。2006 年专利申请数为 57.3 万项，授权数为 26.8 万项，占申请数的比例为 47%，2018 年专利申请数为 423.3 万项，比 2006 年增加 375 万项，增长幅度为654%，授权数为 244.7 万项，比 2006 年增加 217.9 万项，增长幅度为 813%，授权数占申请数的比例为 56.6%，与 2006 年相比增加近 10%。

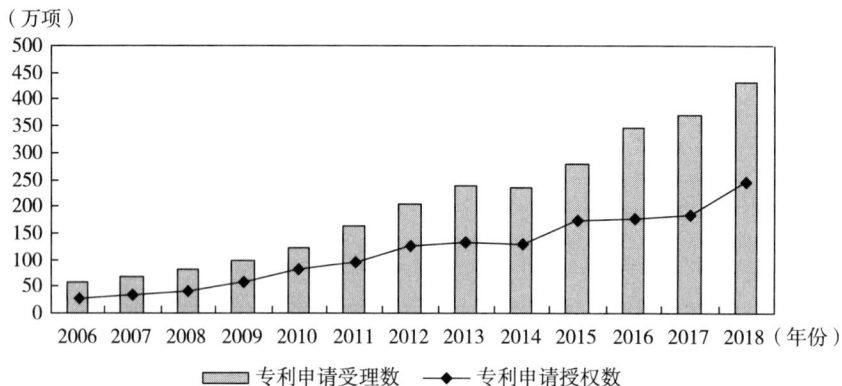

（万项）

图 10 - 4 2006 ~ 2018 年我国专利申请受理数和授权数变化

资料来源：国家统计局网站。

从专利申请与授权结构看，2006 ~ 2018 年国内三种专利申请受理与授权中，只有发明专利的受理数与授权数保持比较稳定的上升状态，实用新型受理和授权数在 2014年出现下降并在 2015 年反弹，外观设计专利受理量在 2012 年达到顶峰后下降。

2018 年，我国发明专利申请受理量和授权量继续稳步增长，结构得到进一步优化，我国受理发明专利申请量达到 154.2 万项，同比增长 11.6%，连续 8 年位于世界首位。授权发明专利达到 43.2 万项，其中，国内发明专利授权 30.2 万项，较 2015 年增长了3.9 万项，同比增长 14.5%。截至 2018 年底，我国发明专利拥有量为 236.6 万件，同比增长 13.5%，是世界上第三个国内发明专利拥有量超过百万件的国家。但是我国在部分高科技领域与国外仍存在差距，特别是光学、发动机、运输、半导体、音像技术、医学技术等领域。

进一步从我国企业年度新产品项目数来看，如表 10 - 4 所示，我国规模以上工业企业新产品项目数逐年递增，体现我国创新能力的不断提升，尤其从 2008 年的 184859项到 2012 年的约 32 万项，这期间创新项目有了显著的提高，而后逐渐趋于平稳。总体来说，我国的技术创新能力正逐步增强，这同我国经济发展、技术进步以及各项法律法规的完善也有很大联系。

表 10 - 4　规模以上工业企业新产品项目数年度数据　　　　　　单位：项

指标＼年份	2008	2010	2012	2014	2015	2016	2018
新产品项目数	184859	251993	323448	375863	326286	391872	558305

注：新产品项目数为年度数据。

资料来源：国家统计局。

3. 我国技术创新水平的地区差异

（1）技术创新投入地区差异。表 10 - 5 显示了 2018 年各省份研发投入经费支出的规模。具体来看，首先，各省份投入规模水平存在明显差异。投入规模最大的省份是广东，其研发经费投入规模达到了 2704.7 亿元，其次是江苏（2504.4 亿元）、北京（1907.8 亿元）。而如西藏、青海、宁夏等省份的投入规模还非常低，与投入规模靠前的省份相比存在巨大的差距，也与全国平均水平存在巨大差距。其次，分区域来看，我国东部、中部和西部三大区域的研发经费投入规模存在显著差异。东部地区的研发经费投入规模总体上处于相对较高的水平，东部地区的广东、北京、江苏、浙江、上海、山东等省份的投入规模均超过千亿元。从中部地区来看，湖北居于首位，达到822.1 亿元，其次是河南、湖南等省份，而山西和江西的投入规模相对较低。从西部地区来看，只有四川、陕西、重庆三省份的研发投入规模总体上与中部平均水平相当，但显然，西部省份内部研发经费投入水平存在明显的差异。总体来讲，研发经费投入规模排名中，东部地区处于第一梯队，其次是中部地区，西部地区的投入规模还较小。

表 10 - 5　2018 年各省份 R&D 经费支出规模及投入强度情况

省份	投入规模（亿元）	投入强度（%）	省份	投入规模（亿元）	投入强度（%）
全国	19677.9	2.19	安徽	649	2.16
北京	1970.8	6.17	江西	310.7	1.41
天津	492.4	2.62	吉林	115	0.76
河北	499.7	1.39	内蒙古	129.2	0.72
辽宁	460.1	1.82	黑龙江	135	0.83
上海	1359.2	4.16	广西	144.9	0.71
江苏	2504.4	2.7	重庆	410.2	2.01
浙江	1445.7	2.57	四川	737.1	1.81
福建	642.8	1.8	贵州	121.6	0.82
山东	1643.3	2.15	云南	187.3	1.05
广东	2704.7	2.78	西藏	3.7	0.25

续表

省份	投入规模（亿元）	投入强度（%）	省份	投入规模（亿元）	投入强度（%）
海南	26.9	0.56	陕西	532.4	2.18
山西	175.8	1.05	甘肃	97.1	1.18
河南	671.5	1.4	青海	17.3	0.6
湖北	822.1	2.09	宁夏	45.6	1.23
湖南	658.3	1.81	新疆	64.3	0.53

资料来源：《中国统计年鉴》《中国科技统计年鉴》。

进一步从研发投入强度排名来看。首先，各省份投入强度存在显著差异。投入强度最高的是北京（6.17%），其次是上海（4.16%）和广东（2.78%）。而投入强度最低的是西藏（0.25%），然后是新疆（0.53%）和海南（0.56%）。全国投入强度水平为2.19%，而超过全国投入强度的省份有6个，强度超过2.5%的省份也是6个。强度超过2%的省份有11个。可见，总体上讲，大部分省份研发投入强度还不足2%，我国研发投入强度还比较低，而且两极分化严重。其次，分区域来看，东部地区的研发投入强度达到了2.61%，中部地区为1.65%，而西部地区仅为1.05%。而研发强度达到2.5%的省份均位于东部地区，中部地区只有湖北和安徽两省的研发投入强度超过2%，而西部地区除了陕西、重庆、四川等省份外，其他省份的研发强度均不足1.5%。可见，从研发投入强度来看，东部地区仍然处于第一梯队，其次是中部地区。

综合比较各地区研发投入规模和投入强度，总体上来看，研发投入规模较大的省份其研发投入强度相对较大。东部地区的广东、北京、上海、江苏和浙江等省份不仅研发投入规模较大，而且投入水平处于全国前列。也有个别省份虽然研发投入规模相对较低，但有较高的研发投入强度，如天津、安徽等。

（2）技术创新产出的地区差异。我们以专利的申请量和授权量来衡量技术创新的产出情况（见表10-6）。

表10-6　2018年各省份专利申请及授权量情况　　　　　　单位：项

省份	专利申请	专利授权	省份	专利申请	专利授权
全国平均	132951	74813	安徽	207428	79747
北京	211212	123496	江西	86001	52819
天津	99038	54680	吉林	27034	13885
河北	83785	51894	内蒙古	16426	9625
辽宁	65686	35149	黑龙江	34582	19435
上海	150233	92460	广西	44224	20551

省份	专利申请	专利授权	省份	专利申请	专利授权
江苏	600306	306996	重庆	72121	45688
浙江	455590	284621	四川	152987	87372
福建	166610	102622	贵州	44508	19456
山东	231585	132382	云南	36515	20340
广东	793819	478082	西藏	1469	755
海南	6451	3292	陕西	76512	41479
山西	27106	15060	甘肃	27882	13958
河南	154381	82318	青海	4439	2668
湖北	124535	64106	宁夏	9860	5658
湖南	94503	48957	新疆	14647	9658

资料来源：《中国统计年鉴》。

首先，我们发现 2018 年各地区技术创新产出存在显著差异。专利申请和授权量最高的是广东，分别达到了 793819 项和 478082 项。在全国排名中处于第二位和第三位的分别是江苏（专利申请和授权量分别为 600306 项和 306996 项）和浙江（专利申请和授权量分别为 455590 项和 284621 项）。而西藏的专利产出处于最低水平，其次是青海和海南。2018 年，专利授权量超过全国平均水平（74813 项）的省份有 10 个，超过 10 万件的省份有 6 个，而另有 6 个省份的专利授权量不足 1 万项，可见不同省份之间专利产出存在显著差异，甚至出现两极分化态势。

其次，从三大区域的专利产出情况来看，东部、中部、西部三大区域的专利产出也存在显著差异。2018 年，东部地区的专利产出总体上处于相对较高的水平，东部 11 个省份中有 6 个省份专利授权量超过了 10 万项，除海南和辽宁外，其他省份专利授权量均超过 5 万项。中部地区的专利授权量平均值也超过了 15 万项。中部地区的专利产出情况分化不够明显，专利平均授权量也超过了 5 万项，其中河南和安徽在东部地区专利产出中处于第一梯队，而山西的专利产出处于最低水平。从西部地区来看，四川的专利产出规模最大，其次是重庆。西部地区的专利平均授权量为 22181 项，但只有四川、重庆和陕西三省市的专利授权量超过西部地区平均水平，可见西部地区专利产出存在明显的两极分化态势。

进一步从各地区规模以上工业企业新产品项目数来看，各省份规模以上工业企业新产品项目数存在较大差异。广东新产品项目数位列全国第一，超过了 12 万项；江苏与浙江两省新产品项目数量较为接近，均超过了 8 万项，而这三省也与其他省份存在较大差距；西藏、青海、海南、新疆等省份则位于靠后位置。超过全国平均水平（18010 项）的有 7 个省份，新产品数量不足 1 万项的省份有 13 个。可见。不同省份之间规模以上工业企业新产品项目数存在显著差异，甚至两极分化态势。从分区域来看，东部地区除海南和辽宁两省外，其余省份的新产品项目数均超过了 1 万项，辽宁也接近 1 万项。中部地区中，安徽的新产品项目数最多达到了 25728 项，处于中部第一梯队位置。而山西的新产品项目数不足 4000 项，远远低于中部平均水平。其余中部省份的新产品项目数并没有显著的差异。西部地区除四川和重庆两省市外，其余省份新产品项目数还比较低。

综合表 10-5、表 10-6 和表 10-7 来看，总体来讲，研发投入强度较大的省份有较多的专利产出，也有较多的新产品项目数，技术创新投入是决定技术创新产出的最重要因素。

表 10-7　2018 年各地区规模以上工业企业新产品项目数　　单位：项

省份	新产品项目数	省份	新产品项目数
全国平均	18010	安徽	25728
北京	11010	江西	15614
天津	11797	吉林	2842
河北	11449	内蒙古	1686
辽宁	9876	黑龙江	3036
上海	18259	广西	3444
江苏	80921	重庆	12812
浙江	87445	四川	13962
福建	18067	贵州	3102
山东	40440	云南	4150
广东	121523	西藏	38
海南	706	陕西	6103
山西	3913	甘肃	1279
河南	16230	青海	195
湖北	15372	宁夏	1350
湖南	15020	新疆	936

资料来源：国家统计局网站。

三、知识产权保护影响技术创新的实证分析

（一）知识产权保护对技术创新的作用机制

1. 直接作用机制

知识产权保护对技术创新的直接作用机制主要体现在三个方面：激励机制、保护机制以及配置机制。该机制直接作用于企业的技术创新，提高整个企业乃至整个产业的自主创新能力。

激励机制是以知识产权保护来维护企业技术创新积极性所设立的制度，以此保证整个产业的技术进步和高效率的技术创新。保护机制是指当企业遭受侵权时，可通过知识产权保护制度等合法手段要求补偿损失，保障自身安全，保护机制也可刺激企业进一步创新。配置机制是指创新企业可通过知识产权保护制度发挥新技术的最大市场价值。

2. 间接作用机制

知识产权保护对于技术创新的间接作用机制主要表现在技术溢出上，主要有外商直接投资（FDI）、进出口贸易等方面。而知识产权保护制度会对该技术溢出效应带来一定的影响，从而间接影响技术创新。

首先，知识产权保护通过技术溢出效应、竞争效应、产业关联效应等影响 FDI 而对本国企业技术创新带来影响。知识产权保护加强有利于 FDI 流入。技术溢出效应是指跨国生产经营过程中产生的技术扩散间接影响 FDI 流入地区的技术创新。竞争效应是由于 FDI 的进入而带来巨大的压力，迫使国内企业加大研发投入，加速技术创新。产业关联效应指 FDI 流入会通过产业上下游关联影响到相关产业技术创新。其次，知识产权保护通过进出口影响国内技术创新。在进出口中，一方面，进口国通过进口商品中的技术进行模范学习，进而加速自身技术创新发展；另一方面，出口国根据出口情况可了解到进口国的需求，也利于出口国进行后续的研究创新。而进口国知识产权保护水平的加强一方面会提高进口学习的成本，不利于进口国的模仿学习；另一方面会增强进口产品的竞争力，形成垄断势力，不利于进口国的技术创新。

（二）知识产权保护影响我国技术创新的计量检验

1. 模型构建和变量说明

借鉴相关研究，本章构建如下形式的计量模型：

$$\ln Y_{it} = \alpha + \beta_1 \ln IPR_{it} + \beta_2 \ln R_{it} + \beta_3 \ln L_{it} + \beta_4 \ln FDI_{it} + \beta_5 \ln T_{it} + \delta + \gamma + \varepsilon_{it} \qquad (10-2)$$

该模型中，Y 为技术创新；α 为常数项；R 为 R&D 经费投入；L 为人力资本；IPR 为知识产权保护水平；FDI 为外商直接投资；T 为贸易依存度；δ 为省份固定效应；γ 为时间固定效应；ε 为随机误差项；i 表示省份，t 表示时间。

被解释变量为技术创新（Y）：本章选用常用的专利申请量作为衡量技术创新的指标。核心解释变量为知识产权保护水平（IPR），以前文中测算出的知识产权保护强度来衡量。其他控制变量包括：R&D 经费投入（R），采用规模以上工业企业 R&D 经费投入量来衡量；人力资本（L），选取我国 31 个省份普通高等学校本专科授予学位数来衡量；外商直接投资（FDI），采用各省份实际利用的外商投资额表示；贸易依存度（T），采用各省份贸易依存度来衡量。

本章研究数据主要来源于国家统计局和《中国知识产权统计年鉴》《中国统计年鉴》《中国科技统计年鉴》《中国区域经济统计年鉴》《中国财政年鉴》等。考虑到数据可得性，最终选取 30 个省份 2007~2018 年的样本数据进行实证分析。

2. 基本估计结果

本章采用面板数据的固定效应估计方法进行回归分析。结果如表 10-8 所示。从模型（1）到模型（5）依次加入更多解释变量，模型的拟合优度 R^2 不断增加，说明模型拟合效果在不断增强。各列模型中知识产权保护水平的估计系数均显著为正，说明知识产权保护对我国技术创新产生非常显著的促进作用。

表 10-8　面板数据回归结果

变量	（1）	（2）	（3）	（4）	（5）
lnIPR	0.9033***	0.7505***	0.6610***	0.5949***	0.5916***
	(0.036)	(0.043)	(0.042)	(0.043)	(0.045)
ln$R$	—	0.7328***	0.4689***	0.4710***	0.4646***
		(0.048)	(0.070)	(0.063)	(0.063)
ln$L$	—	—	0.6868***	0.6055***	0.5897***
			(0.136)	(0.122)	(0.124)
lnFDI	—	—	—	0.5033***	0.4972***
				(0.062)	(0.062)
ln$T$	—	—	—	—	0.0437
					(0.059)
省份固定效应	是	是	是	是	是
时间固定效应	是	是	是	是	是
Obs	360	360	360	360	360
R^2	0.6986	0.8348	0.8488	0.8783	0.8786

注：*、**、*** 分别表示 10%、5%、1% 的显著性水平；括号内为标准误。

人力资本对于技术创新也有着正向影响，在1%的显著水平下显著相关，表明技术创新与人力资本有重要联系。FDI的估计系数也显著为正，说明知识产权保护水平的提高会吸引更多的FDI流入而有利于我国技术创新。贸易依存度与技术创新没有显著的相关性。

3. 知识产权保护对我国不同区域技术创新的影响检验结果

从前文可知我国知识产权保护和技术创新均存在区域差异，为此进一步考察知识产权保护对我国不同区域技术创新的影响。根据表10-9，各列模型的R^2较好，说明拟合效果较好。第（1）列和第（3）列知识产权保护的回归系数都为正，并且均通过显著性水平检验，说明知识产权保护可以显著促进我国东部与西部的技术创新发展。具体来看，东部地区知识产权保护程度每增加1%，技术创新将增加0.1942%；西部地区知识产权保护程度每增加1%，技术创新将增加0.1035%。第（2）列中知识产权保护的回归系数未能通过显著性检验，说明知识产权保护程度对中部地区的技术创新的影响不显著。

表10-9　知识产权保护对我国不同地区技术创新影响的实证结果

变量	东部地区	中部地区	西部地区
lnIPR	0.1942**	0.0681	0.1035*
	(0.0884)	(0.0471)	(0.0591)
控制变量	是	是	是
省份固定效应	是	是	是
时间固定效应	是	是	是
样本量N	132	72	156
R^2	0.919	0.901	0.880

注：*、**分别表示在10%、5%水平下显著；括号内是标准误。

四、结论与政策建议

（一）结论

通过对知识产权保护以及技术创新之间相关关系的研究分析，可以总结得出以下结论：

第一，我国当前知识产权保护水平呈现递增走势。这依赖于我国社会公众意识的提高，执法水平进一步提高。而地区间差异也比较显著，东部地区保护水平较高，西部地区保护水平较低，这可能与当地的经济发展水平以及技术水平有关，以及对于教育的普及和对于法律法规的认识程度有关。第二，我国技术创新水平也在逐步提高。创新投入和创新产出不断增长，但不同省份之间差异显著。第三，知识产权保护对于技术创新有多种影响途径，一方面通过激励机制、保护机制以及配置机制对于技术创新具有直接作用；另一方面通过 FDI、进出口贸易而影响技术创新。第四，从总体上来看，知识产权保护对我国技术创新具有显著的促进作用，但这种促进作用在不同区域表现有所差异。

（二）政策建议

本章给出的政策意见如下：

（1）完善我国的知识产权保护体系，设立有效管理制度。我国知识产权局所颁布的《全国企事业单位知识产权示范创建单位工作方案》指出："要进一步建立健全和完善知识产权制度，将知识产权工作融入企业管理全过程，实现知识产权工作全面规范化。"根据知识产权保护对技术创新的直接机制以及间接机制，完善相关法律法规，制定符合我国国情的司法机制，同时还要完善企业专利管理制度，各机构部门紧密联系，建立起灵活、高效的知识产权管理工作机制，设立相关的保护机制，并且聘请专业人员进行专门管理。

（2）建立知识产权信息聚集中心，提高资源配置效率。信息共享使研发创新可以在有创新成果的基础上进一步发展，避免了由于信息不完善而造成的重复创新，也可以有效提高知识产权保护水平。

（3）健全区域知识产权保护机制和服务体系。由于我国知识产权保护水平具有区域性特点，因此需要健全区域知识产权保护机制，加强区域内与知识产权保护相关的服务体系，并在区域内部设立相关职能部门，方便其通过更多业务，也为企业大众提供更为便捷的查询服务。

（4）加大政府的执法力度。如要提高专利侵权案件结案率必须要加强政府的执法力度，结案率的提高有助于政府的公信，同时影响人们对知识产权保护意识信赖度，通过政府的表率带动人们的参与。提高政府的执法力度有助于提高执法效果从而提高知识产权保护水平。政府的执行力是知识产权制度发挥的关键，知识产权制度的实施离不开执行者。

参考文献

［1］ Ginarte J. C. and Park W. G. Determinants of Patent Rights：A Cross - National Study ［J］. Research Policy，1997（26）：283 - 301.

　　［2］Josh Lerner. The Empirical Impact of Intellectual Property Rights on Innovation：Puzzles and Clues［J］. American Economic Review，2009，99（2）：343 - 348.

　　［3］韩玉雄，李怀祖. 知识产权保护对社会福利水平的影响［J］. 世界经济，2003（9）：69 - 77 + 80.

　　［4］孙赫. 我国知识产权保护执法水平的度量及分析［J］. 科学学研究，2015，33（9）：1372 - 1380.

　　［5］王辉龙，厉伟. 知识产权保护与赶超国家自主创新：理论机理、双向效应与应对策略［J］. 江海学刊，2017，6（1）：95 - 100.

　　［6］吴超鹏，唐菂. 知识产权保护执法力度. 技术创新与企业绩效——来自中国上市公司的证据［J］. 经济研究，2016，11（3）：125 - 138.

　　［7］许培源，章燕宝. 行业技术特征——知识产权保护与技术创新［J］. 科学学研究，2014，6（2）：951 - 960.

　　［8］姚利民，饶艳. 中国知识产权保护的水平测量和地区差异［J］. 国际贸易问题，2009（1）：114 - 120.

　　［9］詹映. 我国知识产权保护水平的实证研究——国际比较与适度性评判［J］. 科学学研究，2013，31（9）：1347 - 1354.

　　［10］赵娜，王博. 知识产权保护对企业技术创新：促进还是抑制？——2008—2014 年我国高技术产业的经验证据［J］. 中央财经大学学报，2016，5（1）：113 - 122.

第十一章

创新促进区域经济增长的内在机制：基于熊彼特创新理论的实证检验*

内容提要： 本章基于熊彼特创新理论，分析了创新促进区域经济增长的作用机制，并以我国30个省份1998～2018年的面板数据构建固定效用模型，实证检验了该作用机制。研究结果表明，企业的创新能力与区域经济增长存在稳定的正相关关系，企业可以通过加强研发投入，增加风险投资，扩大与高校、科研机构的密切合作，以及实行产业聚集来推动知识交融和相互渗透，从而有利于企业创新，进而促进区域经济增长率的提高。

关键词： 区域创新；经济增长；熊彼特创新理论；产业集聚

核心观点：

（1）强化企业风险投资，给予投资一定的创新补贴，同时加强风险投资的创业培训，使企业家们能更理性地选择行业进行投资，促进企业创新。

（2）完善知识产权制度，针对不同经济发展程度的地区知识产权保护对经济增长的贡献不同，要充分考虑到不同地区、不同行业的具体发展情况，学会因地制宜、因行业制宜，不采取"一刀切"的做法。

（3）注重产学研相结合，创新项目不仅是研究制作出来就可以了，更重要的是加强研究结果与产业生产相结合，提高生产效率，创造更多的社会资源，提供更好的社会服务，所以高校和创新机构要加强与企业之间的合作，加快科研成果转化。

（4）强化基础研究，加强高水平大学建设，高校作为知识创新的主体，对区域经济的增长贡献还有较大的提升空间，所以要重视高校的创新孵化园建设，促进高校教师和学生对创新活动的参与积极性。

---

* 本章是2019湖南省社科基金智库专项重点项目"湖南区块链技术创新与产业发展研究"（项目编号19ZWB34）的阶段性成果，项目负责人为曾世宏教授。

一、引言

　　经济增长过程以及不同国家和地区经济增长差异的来源是现代社会科学中最有趣、最重要且最具有挑战性的领域之一，但经济发展和经济增长理论的发展却是相对落后的。一方面是分析技术上的发展没跟上，直到 20 世纪 80 年代中期，学者们都一直无法解释增长回归方程中的"索罗残差"项，而只能简单地归纳为全要素生产率。而当时的新古典经济学理论对于各种问题的分析又过于简单化，无法揭露全要素生产率的真实来源。另一方面，在实践经验上有明显不足。受到新古典经济增长理论的影响，"二战"后的国家纷纷重视资本积累，都把促进资本积累当作经济发展的首要任务。但在后来这些国家都陷入日益加深的城乡贫困化、旷日持久的高通货膨胀，有些国家甚至至今仍陷于原经济体制的困惑之中而无法自拔。20 世纪 80 年代中后期，经济增长理论和经济发展学说因分析技术变革和经济思想革新而得到快速发展。最具影响力的是以阿吉翁和豪伊特为代表的内生技术进步增长模型，该模型形式化熊彼特创新理论，重新强调创新的竞争特点带来的创造性破坏，即新企业会尝试着去创新从而代替已有企业。因此，创新会带来增长质量改进从而促进经济增长。

　　党的十八大以来，国内国外的经济发展情势发生巨大变化，我国经济发展的外部环境也在不断变化，世界经济恢复缺乏动力、频繁的局部冲突和不稳定以及全球性问题加剧。在这些严峻的发展情势中，党中央及时提出实施创新驱动发展战略和建设创新型国家的重大任务，以科技创新带动经济社会发展的全面创新。这主要是因为创新驱动与国家命运相连，综合国力的比拼绝大部分是依靠科技创新，创新强则国家强盛，创新弱则国家衰弱。目前我国经济增长进入新常态，正步入高质量发展的快车道。这就更加要求增强创新发展的主动性，切实依靠科技创新来建设现代化经济体系，实现区域经济的高质量发展。

　　学术界对创新与经济增长的关系研究，基本上是沿袭熊彼特的创造性破坏的创新理论，在内生增长理论数理模型的基础上不断拓展和深化。国外学者专注于企业规模、市场结构、产业特征、企业家能力以及财务结构等方面对企业技术创新问题进行积极的探讨，并创造出大量的文献及相关的结论。Zahra 等（2000）以 1991～1997 年美国制造业 239 个中等规模的企业数据为样本，实证发现董事会规模与企业创新（产品、过程和组织创新）存在显著的倒 U 形关系。Wright 等（1996）认为，代理问题的存在导致经营者主要关心个人财富、职位安全、权力威望以及个人效用最大化，因而会严重影响和削弱他们对创新的追求。国内学者宋旭阳（2019）使用国内专利授权数来代表科技创新技术能力，指出地区要想实现经济水平的快速提高，最重要的是增加地方财政教育支出，不断引进科技创新人才，为经济增长奠定基础。冯云廷等（2019）用经济增长率的波动和城市技术创新的波动实证出城市技术创新对我国城市经济增长波动具有熨平效应，该效应通过市场机制发挥作用，抵消或弱化非市场因素的影响。陶长琪、彭永樟（2018）提出创新驱动对经济增长的促进作用在东部、中部和西部地区分别表现为加速效应、收敛效应和分化效应。谢众、吴飞飞（2018）等基于全国层面和区域层面的实证研究均指出，企业层面的技术创新与产品创新对中国制造业升级有显著的正向驱动效应，不仅是在制造业中可以得出创新与经济增长的正向关系，在工业中也同样如此。张宗益（2005）在不同区域经济增长的分析中得出欠发达地区要促进地区经济增长，缩小地区间的发展差距，就必须制定积极的、超常规的技术创新赶超战略，努力提高本区域技术创新水平的结论。池仁勇等（2004）采用企业层面的调查数据运用 DEA 测算方法测算了浙江各个地区的技术创新效率，结果表明，研发项目投入强度对区域技术创新效率有显著影响。

　　本章主要基于熊彼特的创新理论，构建经计量经济模型，实证检验区域创新与经济增长的关系，着眼于从全国和地区层面探讨技术创新与区域经济增长的影响机制。本章第二部分阐述企业创新与区域经济增长的作用机制。第三部分使用我国省级面板数据，构建相应经济计量模型，实证检验企业创新与区域经济增长的关系。第四部分为主要结论，并结合我国经济发展特点提出相关政策建议。

二、创新促进区域经济增长的机制：基于熊彼特创新理论的解释

　　熊彼特经济增长模型最先是由阿吉翁和豪伊特提出，之后格罗斯曼和赫尔普曼的研究使之得到进一步发展。熊彼特增长理论的核心思想在于推动技术进步和区域经济增长的核心因素是内生的研发和创新，研发投入和创新速度是企业家的最优选择，强调创新、研发和知识对经济增长的促进作用和企业家精神的巨大贡献。熊彼特增长蕴含着创造性破坏过程，即新产品或新机器代替旧产品或旧机器，新企业代替现有企业。创新带来质量改进，但技术进步并不总是带来新的产品或机器对现有产品的或机器的补充，而是由创新出更高质量产品的生产者及其企业直接代替现有企业。后来人们依次使用产品创新、工艺创新、市场创新、资源配置创新、组织创新来将熊彼特创新理

论分为五个部分，而其中的"组织创新"又可以看成是部分的制度创新，五个创新具体如下：产品创新，即使用一种新的产品，也就是消费者还不熟悉的产品或某种产品的一种新的品质。工艺创新，即采用一种新的生产方法，也就是生产相关的制造部门在实践中还未了解掌握的生产方法，这种新的方法不一定需要建立在科学新发现的基础上，而且它还可以存在于在商业上对一种商品进行新的处理。市场创新，即开辟一个新的销售市场，也就是在之前生产销售中不曾进入的市场，而这个市场以前可能存在当然也可能不存在。资源配置创新，即一种获得原材料或者半成品的新来源，同样这种供应来源是之前的社会生产过程中不曾意识到的，而不管以前有没有存在，或者说需要创造出来。组织创新，即实现一种新的组织，比如造成一种垄断地位（例如，通过"托拉斯化"），或打破一种垄断地位。

熊彼特在经济发展理论中讲到，创新就是在现有经济生产要素的条件下实现要素的重新组合，重新组合后就产生企业，而进行这种重新组合活动的人就成为企业家。实际上，从理性经济人的角度出发可以得知，企业家在生产过程中不可能会一直满足于现状，他们会去追逐垄断利润或者超额利润，而利润的获取就要求进行创新得到低于现有价格水平的产品，进而获得利润。换句话说，创新的主体就是企业家，企业家带动创新获得利润，实现经济增长。但又不是所有的发明者都是创新者，也不是所有的资本家都是企业家，发明出来后要应用于社会生产，资本家要将自有资本应用于要素重组，这才是企业家的职能。

"创新的过程就是不断地去破坏旧的结构，创造新的结构的过程，也就是说是一个创造性的破坏的过程"，这是熊彼特发展理论中最具有代表性的一句总结。无数的经验和教训告诉人们：变化和发展是永恒的，国家、民族，甚至于一个企业工厂只有不断地调整、不断地创新才能适应社会的变化，跟上时代发展的步伐，在社会之中占领一席之地。社会发展是一个动态的过程，而推动这个动态过程的进行就是创新。新企业进入市场时，利用自己已获得的创新技术向原有市场中的旧企业发起挑战，挤占市场份额，顾客若心仪其新产品、新服务并大量购买，新企业的市场份额将逐渐扩大，挤占其他同行企业份额。而其他的企业家若想继续获得之前有的超额利润就必须增强创新，否则只能被淘汰出局。在创新持续不断的过程中，一批批新企业在崛起，一批批旧企业被淘汰，促使生产要素实现最优组合，推动经济不断增长、不断发展。

依据技术创新的周期来研究经济发展的周期的特点就是熊彼特经济周期理论中的核心要点了。熊彼特周期理论中把经济周期类型划分为"二阶段模式"以及"四阶段模式"两种情况。"二阶段模式"中熊彼特假设在"创新"开始之前经济就处于静止状态，企业的收入等于支出。但企业家们都是理性的经济人，他们为获得超额利润或者是垄断利润而努力创新，实现经济发展过程中的要素重组。当创新浪潮开始出现苗头时，社会上对贷款产生需求，以此产生的银行信用和对生产资料的需求扩大，经济迅速发展起来。当创新开始普遍适应社会时，竞争使商品价格下降，利润降低，银行信用收缩，经济开始从繁荣转向衰弱，如此循环往复。

而在"四阶段模式"中，熊彼特认为现实资本主义经济运行过程中存在着"繁荣""衰退""萧条""复苏"四个阶段，并且创新浪潮出现的次数远远不止一次，在四阶段中第一次创新浪潮出现后产生的影响就不仅是银行信贷和生产资料的需求增加了，同时产生的还有产业中开设了大量新的工厂和进购了大批的新设备，这又促进着消费品的生产数量的增加，由于各地物价不一，经济社会中出现投机，即产生第二次浪潮。第二次浪潮与创新关系不大，信用扩张只是为投机活动提供资金。然而第二次浪潮中会出现失误和过度投机，且不具有自动调节到新均衡的能力，故经济出现衰退，此时经济社会不能自动调节到新均衡阶段并且投资活动逐渐消失甚至产生破坏，经济开始萧条。第二次浪潮进入尾声时，经济进入恢复调整状态，经济复苏。从经济复苏到经济繁荣又需要下一次的创新浪潮。熊彼特综合前人的观点提出，资本主义经济发展分为三个时期，第一个时期是18世纪80年代到1840年，产业革命发展时期，纺织工业的创新起到重要作用；第二个时期是1840~1897年，蒸汽时代和钢铁时代；第三个时期是1897年到20世纪50年代，电气、化学、汽车工业时代。他认为，从历史上看，一个长周期中有6个中周期和18个短周期。经济增长正是经由经济周期的变动实现的。

内生增长模型中开始逐渐把技术当成内在影响因素而不是简单的无法控制的外在条件，特别是内生增长模型中的熊彼特增长模型。阿吉翁和豪伊特提出经济增长的动力源于导致质量提升的工艺创新，并且在长期中，经济的平均增长率等于创新的频率乘以创新的规模，这很明显且直白地描述出经济增长与技术创新的关系。阿吉翁和豪伊特最突出的贡献就是创造性地提出竞争性创新的基本模型，并对这些模型做出了出色的综述，形成一个大概的框架，为后人的继续研究奠定了理论和模型基础，从而把熊彼特经济增长理论带回到主流宏观经济理论中。

在熊彼特经济发展理论中，在最开始给定环境条件下的经济生活是一个循环流转的过程，在这个过程中生产者生产有用的东西，创造消费品，消费者购买消费品，这之中生产品的数量与消费品的数量相同，生产成本与销售价格相同，社会处于均衡状态也就是稳态，各个家庭和厂商都是按照以往经验给定的数据以及由经验确定的方式来决定其行为。当然数据也并不是说一成不变，当数据发生变化时，一旦有一人注意到这种变化，就会立即按照变化采取行动。但是每一个人都会尽可能紧紧地遵从习惯的经济方法，并且只有在迫不得已的时候才会屈从环境的压力做出改变。

熊彼特理论中的企业家为追逐超出成本以外的超额利润，在现有生产要素的条件下，重新组合，得到与先前不同的生产组合方式，这种方式要求所需要的成本低于旧方式，但价格可以等于甚至高于原价格，这样就可以获得利润。而企业家在获取生产要素时并没有相应的购买力，工人和地主是不可能把自己的劳动服务以及自己的土地借给企业家的，同样，企业家自己也借不到用于生产的生产手段，信贷也就因此产生了。凭借信用，企业家在还不具备对社会商品的正式索取权时，就取得了分享社会商品的机会，依靠信用在银行等机构可以贷款以此获得购买生产要素的购买力，进行新组合下的生产过程。消费品生产出来后会有低于市场价格的成本和等于或高于市场价格的卖价，利润产生，企业家现在可以偿还欠银行的债务（贷款额加上利息），并可获得剩余的利润。其他企业开始竞相使用新的组合方式，社会生产扩大，经济增长，直到新的均衡点，这之间又会有持续不断的企业家为追逐利润而坚持创新，长此以往经济趋于稳定上升的发展。

在熊彼特增长理论中，知识生产要素对经济增长存在巨大贡献，这其中又包括资金、产业多样性等。从资本层面上来看，资本是一种将生产要素转到新的用途，或者将其引入一个新的生产方向的手段，也就是说，它是一笔购买力基金。风险投资等的资本形式正在逐渐占领资本市场越来越多的地位。企业是创新的主体，风险投资不仅能刺激企业加快将新产品推入市场获得收入，还能刺激相关企业的专利产出。同产业其他企业则可以以商品为媒介，学习模仿新知识、新技术，改善自有技术，从而提升整个行业的技术水平，创新推动着企业的发展进而推动区域经济的增长。同时，人们通过参股的形式参与企业的运营和决策，为了获得最终的资本增值，会有足够的动机来指导和监督企业创新的方方面面，关注公司未来的长期经营绩效。

而从产业的多样性来看，其会增加知识的多样性，而知识的多样性则会在社会生产生活中扩散到其他产业，产业之间的知识溢出影响着创新和经济的发展，为企业显性或者隐性的学习吸收创造条件，通过知识的重组获取新的知识进而提升生产效率。对于创业企业来说，自己还未拥有任何在经济社会上站得住脚的技术，只能依赖于其他现存企业的知识和技术，通过学习模仿创造出新的技术方法。

企业家生产要素新的组合方式可以理解为企业创新，企业创新可以从生产效率和产品质量两个方面为经济增长带来改变，并有效地促进经济的高质量发展。企业家能想出新的生产方式得益于自己拥有知识的差异性。在熊彼特增长理论模型中，区域经济增长和发展的源泉是知识，以及知识的形成、溢出、学习、重组过程中的差异性，同时增长理论中对生产要素、创新、技术进步、企业聚集增加动态分析，更深层次地探讨经济的变化和增长。

基于之前的理论在创新层面上的研究，从熊彼特的角度将创新基础设施中的生产要素分为：知识生产资本、人员、部门以及其他社会因素。在知识的层面上，熊彼特加入企业家的作用和破坏性创新。在基础研究的基础上创造新知识，通过与产业相结合把现有研究成果转化为适应市场需求的产品，再把部分新产品售卖的收入投入到科研项目中，增加投入，研究出更适应市场、更贴合消费者的产品。以产养研，以研促产，加深产学研一体化促进经济发展。如果企业和高校、科研机构之间的联系不那么密切，那么新知识就可能会向其他地区甚至国家进行转移。企业与科研机构在知识生产上进行合作，在合作项目中，高校和科研机构的研究人员将先进的科学技术融入产业中，使科研成果转化为用于社会生产的实际产出，同时企业将科研成果商业化过程中的经验教训反馈给研究人员，形成知识的双向反馈。故企业与高校、研究机构的联系强度越大，对理论知识转化为实际生产力，进而提高经济增长率就越有帮助。

相似类型或者产品相互补充的企业总是会在相距不远的地方形成聚集。这让人毫不怀疑地提出产业集群对经济增长是有促进作用的。这是因为产业聚集可以创造更多的合作机会，来自同行的压力也会督促自家企业加快创新，寻找新业务。就算是不同类型的企业聚集对其发展也是有好处的，如若一家企业被淘汰出市场，其产生的失业人员势必会跳槽到当地其他产业，尽管说这些失业者所掌握的知识技能可能与新企业不匹配，但很少会有企业愿意去其他地方招聘这个岗位的专业人员而不选择当地的劳动者，这样新员工的加入就会和老员工在知识层面产生交叉影响，那这一个区域的所有企业都会从知识溢出中获益，而不仅仅是同一产业。产业的聚集会通过知识或技术的溢出和技术创新的成果扩散来促进经济的增长。

基于上述理论分析，本章提出如下研究假说。

假说1：企业可以通过加强风险投资促进创新进而推动经济增长。

假说2：区域产业的多样性可以通过知识交叉促进创新进而推动经济增长。

假说3：产业生产部门与科研机构的密切合作会促进经济增长。

假说4：产业聚集会推动经济增长。

三、创新促进区域经济增长机制的实证检验

（一）数据来源及变量选择

为了定量地测定中国区域创新能力与区域经济增长的关系，本章选择1998～2018年全国30个省、自治区、直辖市（不含港澳台地区，由于西藏自治区数据缺失过多，故将其剔除）构建省级面板数据，数据来源于国家统计局、各类数据库以及各省统计

年鉴。变量的选择借鉴柳卸林等的相关文献。

面板数据（Pannel Data 或 Longitudinal Data，也称"平行数据"），是指在一段时间里连续追踪观察一组个体的相关变量数据，既包含时间维度，又有截面个体维度。面板数据的主要特点有：可以解决遗漏变量的问题；可以提供多个性质相同但代表不同意义的个体动态行为的信息，解决单独的截面数据模型或单独的时间序列数据模型所不能解决的问题；面板数据样本容量更大，提高了研究估计的精确度。因此本章选择我国 30 个省份 1998～2018 年相关指标的面板数据进行研究。这些数据中部分采用对数形式，部分采用差分形式，使用其增量进行统计描述。

被解释变量为经济增长率（*GDP*）。本章选择地区生产总值指数（上年 = 100）进行度量。经济增长率通常作为用来描述经济增长快慢的指标，反映一定时期内经济增长的动态变化，也是反映一个国家和地区经济活力的常用指标。

解释变量主要包括：地区风险投资（*Invest*），风险投资反映企业对知识、新产品的追逐，风险投资数额越大，越说明企业对知识生产资本投资的在意度。省级优势产业（*Industry*），各个省的优势产业淘汰落后的产业，对区域经济增长贡献度更大，技术进步也更快。R&D 经费支出（*Expend*），高校和科研机构研究出新产品后需要与企业建立密切的合作关系，将研究结果应用于生产。本章采用企业对境内研究机构和高等院校的 R&D 经费外部支出额来表示企业与高校和科研机构的联系强度。私营企业数（*Enterprise*），私营企业在经济社会中的社会压力远远高于国有企业和事业单位，其对创新的需求也更大，私营企业是区域企业家创新精神的代表。这里采用人均私营企业增量的对数形式进行度量。

本章将影响创新的基础设施以外的社会特征作为控制变量，包括互联网普及度（*Internet*）、电力消耗量（*Electricity*）、房地产销售额（*Realty*）、社会保障制度（*Security*）、社会医疗水平（*Treatment*）、社会教育水平（*Education*）、市场开放程度（*Open*）、地区总人口（*Population*）。

具体变量含义如表 11 – 1 所示。

表 11 –1　主要变量含义

变量类型	变量名称	变量含义	变量说明
被解释变量	*GDP*	地区生产总值指数	地区生产总值指数（上年 = 100）
解释变量	*Invest*	风险投资	风险投资额
	Industry	省级优势产业	省级优势产业数
	Enterprise	人均私营企业	私营企业数/总人口
	Expend	R&D 经费外部支出	企业对高校、研究机构的经费支出

变量类型	变量名称	变量含义	变量说明
控制变量	*Internet*	互联网普及度	上网人数比重
	Electricity	电力消耗	人均电力消耗
	Realty	房地产发展	商品房销售额
	Security	社会保障制度	养老保险参与人数
	Treatment	社会医疗水平	人均医疗机构数
	Education	社会教育水平	高等院校毕业生人口/总人口
	Open	市场开放程度	经营单位所在省进出口总额
	Population	区域总人口	年末常住人口数

（二）模型设定与描述性分析

基于上述探讨，在考虑到统计数据资料的可获得性和已有研究，拟构建一个区域经济增长的双向固定效应面板模型，计量模型设定如下：

$$Y_{ti} = \beta_0 + \beta_1 \ln Invest_{ti} + \beta_2 \ln Industry_{ti} + \beta_3 \ln Enterprise_{ti} + \beta_4 \ln R\&D_{ti} + \delta X_{ti} + \varepsilon_{ti} \quad (11-1)$$

上式中，Y_{ti} 为第 t 年 30 个省份的地区生产总值指数，自变量定义如下：$Invest_{ti}$ 为各个省份第 t 年的风险投资；$Industry_{ti}$、$Enterprise_{ti}$、$R\&D_{ti}$ 分别表示各省在第 t 年的优势产业数量、人均私营企业增量、企业的外部支出 $R\&D$。X_{ti} 表示 t 年各项控制变量。ε_{ti} 表示误差项。

在进行相关回归性分析之前，需要对所找数据的基本特征有一个大概的了解，故而对各变量数据进行描述性统计分析，得到相关的数值，如均值、标准差、最小值、最大值等。具体变量描述性统计结果如表 11-2 所示，每个省的经济增长率大小各异，增长率最大的为 24.0000，而最小的是 3.00000，显示出不同省份的经济增长率还是具有一定的差别的。

表 11-2 主要变量描述性统计

变量名称	样本量	均值	标准差	最小值	最大值
GDP	595.0000	10.9789	2.6606	3.0000	24.0000
Invest	400.0000	1.4853	0.9533	-1.3979	4.0590
Industry	595.0000	3.2554	1.1751	1.0000	6.0000
Enterprise	531.0000	0.0728	0.0545	-0.0802	1.0200
Expend	377.0000	4.8489	0.5257	2.9015	6.1200
Internet	438.0000	0.0357	0.0266	-0.0356	0.2056

变量名称	样本量	均值	标准差	最小值	最大值
Electricity	532.0000	0.0249	0.0287	− 0.1214	0.2908
Realty	485.0000	0.1057	0.0990	− 0.2072	0.5128
Security	485.0000	0.0070	0.0112	− 0.0334	0.1509
Treatment	595.0000	0.2233	2.1851	− 20.9328	20.4715
Education	595.0000	0.0030	0.0020	0.0003	0.0094
Open	595.0000	8.1249	0.7817	5.9509	10.0560
Population	595.0000	4568.5260	2627.2410	503.0000	11000.0000

（三）回归分析

混合回归、个体固定效应模型、双向固定效应模型和随机效应模型是面板数据常见的四种分析模型。这四种模型对经济社会现象的研究都是大有帮助的，采用不同的模型得到的结果也是不尽相同的，因而究竟该使用哪一种模型来分析说明本章的研究内容，这是一个基本问题。

混合 OLS 方法的基本假设是核心解释变量不存在个体效应，而由检验结果可知 F 检验的 p 值为 0.0000，强烈拒绝原假设，也就是接受企业创新明显存在个体效应的备择假设，故不适用混合 OLS 模型。下一步，在固定效应模型和随机效应模型的选择中可采用豪斯曼检验（Hausman，1978），依据其检验结果进行区别，结果中显示 p 值为 0.0000，故强烈拒绝原假设，即选择固定效应模型的效果更适合本章相关数据的研究，而非随机效应模型。选择固定效应模型很好地解决了不随时间而变（Time Invariant）但随个体而异的遗漏变量问题，换一句话说，为了解决随时间而变但不随个体变化的遗漏变量问题可以引入时间固定效应。所以，考虑到所得到的数据资料随时间变化而变化，故采用加入时间效应的双向固定效应模型进行相关研究。

不同方法的系数估计值差别较大。其中固定效应（Fe、Fe - tw）与混合 OLS 的差别最大，另外，在固定效应模型中加入时间效应，对估计系数的影响不大。故使用双向固定效应回归模型进行分析。

基于前文设定的模型，本部分主要从实证角度考察区域创新对区域经济增长的影响以及分析其内在机制。所有的估计结果通过 Stata 软件得出，结果如表 11 - 3 所示。

为了更好地显示解释变量的引入过程及其引入对被解释变量回归结果的影响过程，本章采取逐渐增加解释变量的方法对回归结果进行展示。模型一是只加入了相关控制变量的回归结果。模型二到模型五为双向固定效应模型在控制并逐渐添加省级优势企业、人均私营企业数、R&D外部支出因素情况下考虑各解释变量对被解释变量的影响。

表11-3 实证回归结果

变量名称	Y（GDP）				
	模型一	模型二	模型三	模型四	模型五
Invest		0.5245***	0.5345***	0.6229***	0.5589***
		(0.1633)	(0.1986)	(0.2056)	(0.2045)
Industry			0.4407***	0.3776***	0.3934***
			(0.1180)	(0.1381)	(0.1368)
Expend				-1.3683***	-1.3735**
				(0.5930)	(0.5865)
Enterprise					7.4525***
					(3.5684)
Internet	5.6340	6.6207*	5.7228	10.9505**	11.4680***
	(4.1541)	(3.9966)	(3.9451)	(4.2260)	(4.1874)
Electricity	9.0073***	10.1168***	12.0035***	10.7740**	10.3972**
	(3.1800)	(3.1874)	(4.1369)	(4.1321)	(4.0911)
Realty	5.1891***	6.4952***	4.7784***	3.8355***	3.7449***
	(1.1885)	(1.1870)	(1.2907)	(1.3240)	(1.3103)
Security	-10.0067	-12.3785	-10.9726	-16.8155*	-16.8652*
	(8.6753)	(8.5014)	(8.5911)	(8.8339)	(8.7378)
Treatment	0.0219	0.0242	-0.0086	-0.2649**	-0.2955**
	(0.0363)	(0.0474)	(0.0464)	(0.1175)	(0.1171)
Education	-4.6512***	-1.9594*	-1.5443	-2.8009	-2.3619
	(1.7251)	(1.7782)	(2.0492)	(2.3737)	(2.3572)
Open	3.4923***	2.3658	1.3089	2.7448**	2.4988**
	(0.8113)	(0.8463)	(1.0717)	(1.1920)	(1.1849)
Population	-0.0024***	-0.0025***	-0.0033***	-0.0022***	-0.0022**
	(0.0005)	(0.0005)	(0.0006)	(0.0008)	(0.0008)
F	44.53***	42.03***	18.66***	18.70***	18.41***
R^2	0.7938	0.8327	0.7857	0.8263	0.8312

注：*、**、***分别表示在10%、5%、1%水平上显著；括号内为标准误。下表同。

从表11-3可以看出，模型二到模型五中，解释变量风险投资额的系数均为正数，且在1%显著性水平上显著，表明其与被解释变量区域经济增长之间存在着稳定的正相关关系。同时，人均私营企业数与优势产业对区域经济增长率都存在明显的正向相关关系，均在1%显著性水平上显著，说明产业的多样性和私营企业的聚集性确实如同理论分析一样对知识的分享与重组使用以及创新产生了积极的影响，进而促进经济增长。

而在企业对境内高校和科研机构的研发投入因素上却是与经济增长存在显著负相关关系（系数为负，且在5%显著性水平上显著），但这不能只是看系数为负数，就判断企业对高校研发机构投入抑制了区域经济增长，结合相关实例可知，虽然这些年企业在创新投入上增加了不少，但对创新产出的追求上重点关注数量而不是质量，因此过多的研发投入并没有带来经济的增长，并且中国整个的创新体系也需要输入新鲜的血液，增强各行各业的创新者的交流沟通。

从模型系数上看，模型五风险投资数额解释变量系数的直接含义表示30个省份在1998~2018年，在控制变量互联网普及度、电力消耗、房地产产业、社会保障制度、社会医疗水平、社会教育水平、地区开放程度和人口保持不变的情况下，风险投资对数增量每增加100，城市经济增长55%，说明企业风险投资带动的创新对经济增长具有促进作用，符合熊彼特增长模型中对创新作用的阐述。

（四）稳健性检验

稳健性检验旨在检验核心自变量与因变量的关系是否稳健，通常使用的方法有两种：一种是通过更换一种计量方法，如使用GMM来进行检验的方法，也就是检验计量方法的稳健性；另一种则通常使用更换数据来进行检验，也就是称为计量数据的稳健性检验。本章选择最初数据中的部分数据来进行回归。即把我国省份按地区划分为东南西北中，这里选择中部省份的样本数据来进行回归，结果如表11-4所示。

表11-4　稳健性检验结果

变量名称	Y（GDP）				
	模型六	模型七	模型八	模型九	模型十
Invest		0.5381**	0.7146***	0.7530***	0.6942**
		(0.2191)	(0.2524)	(0.2803)	(0.2730)
Industry			0.3100*	0.5250**	0.6467**
			(0.1731)	(0.2029)	(0.2029)
Expend				-2.2742**	-2.0880**
				(0.9148)	(0.8905)
Enterprise					9.8170**
					(7.1745)
Internet	9.1826	14.4844**	15.6985**	20.8978***	21.3545**
	(6.9560)	(6.6410)	(6.7969)	(7.3938)	(71745)

变量名称	Y（GDP）				
	模型六	模型七	模型八	模型九	模型十
Electricity	8.7002 **	10.0972 ***	11.7210 **	11.6266 **	11.4849 ***
	（3.9303）	（3.5991）	（4.6402）	（4.4593）	（4.3260）
Realty	5.645 ***	5.7085 ***	4.0631 **	2.0361	1.8252
	（1.8273）	（1.7178）	（1.9165）	（2.1683）	（2.10500）
Security	1.1979	− 36.4460 *	14.0605	24.4373	30.9800
	（19.7270）	（19.1841）	（24.4461）	（29.4480）	（28.6880）
Treatment	0.0238	0.0042	− 0.0344	− 0.4444 **	− 0.5117
	（0.0620）	（0.0820）	（0.0826）	（0.1841）	（0.1807）
Education	− 6.2226 **	− 0.1269	4.2312	5.6730	7.0659 **
	（2.5180）	（2.6506）	（1.3704）	（3.6032）	（3.5404）
Open	4.2662 ***	1.5768	0.1537	0.7354	0.0761
	（1.0977）	（1.0901）	（1.3704）	（1.5091）	（1.4880）
Population	− 0.0031 **	− 0.009	0.0006	0.0017	0.0020
	（0.0012）	（0.0013）	（0.0015）	（0.0019）	（0.0019）
F	19.84 ***	21.20 ***	9.46 ***	10.01 ***	10.42 ***
R^2	0.7310	0.8124	0.7568	0.8112	0.8246

回归结果显示，风险投资、优势产业、人均私营企业对区域经济增长率有正相关作用，而企业对高校科研机构的投资额与经济增长仍然是负相关关系。稳健性检验结果和前文实证分析结果大体一致，表明研究结论具有稳健性。

（五）进一步分析

前文通过实证分析发现，企业对高校和科研机构的研发投入与经济增长之间存在负向关系，而不少经济学者认为研发投入与经济增长是显著正向关系，为进一步探讨企业研发投入对经济增长影响作用机制，这里引入区域人均国内发明专利申请受理量作为区域创新投入产出的指标，来研究企业研发投入、人均发明专利申请受理量以及区域经济增长率之间的相关关系，结果如表 11 - 5 所示。

模型十一中表示加入人均专利申请受理量作为因变量后与区域经济增长的关系，可以得到专利的系数为 − 0.1326，表明专利数量与经济增长是显著负相关关系；模型十二中变量前的系数为 3.4075，表示企业研发投入额与专利产出数量是显著正相关关系，且研发投入每增加 10，专利产出就增加 34%。说明企业的研发投入能够促进企业专利的产出，但发明专利的数量增长并不能促进区域经济的增长，反而会有一定的抑制作用。

表 11 - 5　进一步检验结果

变量名称	模型十一（专利）	模型十二
Invest	0.457 **	
	(0.1902)	
Industry	0.4787 ***	
	(0.1164)	
Expend		3.4075 ***
		(0.8937)
Patent	- 0.1326 ***	
	(0.0506)	
Enterprise	5.6473 *	
	(3.3994)	
Internet	4.3104	
	(3.9322)	
Electricity	9.7007 **	
	(4.1293)	
Realty	4.4623 ***	
	(1.2715)	
Security	- 7.6258	
	(8.5568)	
Treatment	- 0.0456	
	(0.0479)	
Education	- 3.4477	
	(2.1364)	
Open	0.8602	
	(1.0612)	
Population	- 0.0032 ***	
	(0.0006)	
F	18.19 ***	14.54 ***
R^2	0.7967	0.6805

　　这其中的原因，一方面是我国的发明专利转化力度不够，高校和研究机构的科研成果与生产企业没有建立生产线，科研成果知识存在在实验室里，并没有投入到市场中，没有为经济增长做出贡献；另一方面企业将大量的资金用于研发投入，相对来讲就减少了在生产性资本上的投入，产出减少，虽然专利的产出增加，但如果没有在产学研这条线上做好充足的准备，及时将研究成果转化为市场产品，那么专利产出增加

带来的收入并不能抵消生产资本减少带来的损失，故而抑制经济增长。

四、主要的结论与政策含义

（一）主要结论

本章通过对我国30个省份1998～2018年的面板数据构建双向固定效应模型，以熊彼特经济增长理论为理论指导，实证了我国不同区域企业的创新对其相应的经济增长的影响，将推动技术进步和经济增长的因素进行分类，进而探讨了这些因素的内在影响机制，主要结论如下：

风险投资对企业创新性的作用在于促进企业对新知识、新技术的吸收获取意识，促进企业间的技术流通，进而促进整个区域的经济增长。优势产业的多样性会增加企业间不同类型知识的种类，从而增加整个创新系统的创新能力。而知识在其生产源泉与企业产出之间又需要密切的合作行为，即企业对高校和科研机构的R&D投入，但过多的研发投入会挤占正常的生产投入，导致企业的研发投入对经济增长产生阻碍作用。由人均私营企业数表示的企业聚集程度表明聚集度越高，知识流动吸收越迅速，更加促进新技术、新方法的研究。

（二）政策含义

通过研究结论可知，城市获得经济增长的动力是持续不断的技术创新，创新能力更强的城市拥有更稳定的经济增长。提升区域创新能力，各省需着力下好创新"先手棋"，可以从以下几个方面入手。

（1）强化基础研究，加强高水平大学建设，高校作为知识创新的主体，对区域经济的增长贡献还有较大的提升空间，所以要重视高校的建设，重视高校的创新孵化园建设，促进高校老师和学生对创新活动的参与积极性。

（2）注重产学研相结合，创新项目不仅是研究制作出来就行了，更重要的是加强研究结果与产业生产相结合，提高生产效率，创造更多的社会资源，提供更好的社会服务，所以高校和创新机构要加强与企业之间的合作，加快科研成果转化。

（3）完善发明创造的激励机制，鼓励更多的研究人员和对发明感兴趣的人参与进来，保证科研项目的持续发展，同时对研究人员来说也是极大的奖励与安慰。

（4）完善知识产权制度，针对不同经济发展程度的地区，知识产权保护对经济增长的贡献不同，要充分考虑到不同地区、不同行业的具体发展情况，学会因地制宜、因行业制宜，不采取"一刀切"的做法。

（5）强化企业风险投资，给予投资一定的帮助补贴，同时加强风险投资的创业培训，使企业家们能更理性地选择行业进行投资，促进企业创新。

我国的创新驱动发展仍需要各个地区相互协作，共同推动经济发展，增强区域产业多样化发展，学习借鉴吸收不同区域的优势产业并考虑到因地制宜，注重提升知识创新成果转化效率。

参考文献

［1］ Peter Wright, Stephen P. Ferris, Atulya Sarin, et al. Impact of Corporate Insider, Blockholder, and Institutional Equity Ownership on Firm Risk Taking ［J］. Academy of Management Journal, 1996, 39 （2）: 441 – 463.

［2］ John A. Pearce, Shaker A. Zahra. The Relative Power of CEOs and Boards of Directors: Associations with Corporate Performance. 1991, 12 （2）: 135 – 153.

［3］ Jakub Kastl, David Martimort, Salvatore Piccolo. Delegation, Ownership Concentration and R & D Spending: Evidence From Italy. 2013, 61 （1）: 84 – 107.

［4］ 冯根福，温军. 中国上市公司治理与企业技术创新关系的实证分析 ［J］. 中国工业经济，2008 （7）: 91 – 101

［5］ 池仁勇，唐根年. 基于投入与绩效评价的区域技术创新效率研究 ［J］. 科研管理，2004 （4）: 23 – 27.

［6］ 卢宁，李国平，刘光岭. 中国自主创新与区域经济增长——基于 1998 ~ 2007 年省际面板数据的实证研究 ［J］. 数量经济技术经济研究，2010, 27 （1）: 3 – 18.

［7］ 许长青，金梦，周丽萍. 基于三螺旋模型的高校产学研协同创新对区域经济增长贡献的实证研究——以广东为中心的比较 ［J］. 教育学术月刊，2019 （5）: 96 – 104.

［8］ 陈治国，辛冲冲，汪晶晶，李成友. 财政分权对创新水平的影响效应研究——基于双向固定效应模型的实证分析 ［J］. 公共财政研究，2017 （2）: 29 – 37.

［9］ 朱勇，张宗益. 技术创新对经济增长影响的地区差异研究 ［J］. 中国软科学，2005 （11）: 92 – 98.

［10］ 韩廷春. 金融发展与经济增长：基于中国的实证分析 ［J］. 经济科学，2001 （3）: 31 – 40.

［11］ 谢众，吴飞飞，杨秋月. 中国制造业升级的创新驱动效应——基于中国省级面板数据的实证检验 ［J］. 北京理工大学学报（社会科学版），2018, 20 （4）: 97 – 108.

［12］ 陶长琪，彭永樟. 从要素驱动到创新驱动：制度质量视角下的经济增长动力转换与路径选择 ［J］. 数量经济技术经济研究，2018.

［13］ 刘嘉楠，赵红武. 关于中国技术创新对经济增长的相关研究 ［J］. 中国市场，2020 （7）:

181－182.

［14］杜两省，胡海洋．经济新常态下科技创新与区域经济增长的互动关系研究——基于省级面板数据的联立方程模型分析［J］．经济问题探索，2019（8）：1－8.

［15］严成樑，龚六堂．熊彼特增长理论：一个文献综述［J］．经济学（季刊），2009，8（3）：1163－1196.

［16］李学兰，王才．创新式增长下的研发减税效应——基于熊彼特增长模型的分析［J］．西华师范大学学报（哲学社会科学版），2018（1）：103－107.

［17］廖博，任菲．创新、创新溢出与经济增长——基于空间计量和面板模型的实证研究［J］．技术经济与管理研究，2020（4）：45－53.

［18］朱勇，吴易风．技术进步与经济的内生增长——新增长理论发展述评［J］．中国社会科学，1999（1）：21－39.

［19］杜传忠，曹艳乔．中国经济增长方式的实证分析——基于28个省市1990—2007年的面板数据［J］．经济科学，2010（2）：29－41.

［20］刘志彪，安同良．中国产业结构演变与经济增长［J］．南京社会科学，2002（1）：1－4.

［21］柳卸林，葛爽．探究20年来中国经济增长创新驱动的内在机制——基于新熊彼特增长理论的视角［J］．科学学与科学技术管理，2018，39（11）：3－18.

后 记

　　湖南创新发展研究院作为湖南省委宣传部认定的专业特色智库，一直以服务国家创新驱动发展战略和创新型湖南建设为己任，五年多时间以来在上级主管部门和湖南科技大学党委的坚强领导下，不断发展壮大，社会声誉和影响力不断提升。

　　研究团队始终围绕创新发展开展跨学科、跨领域的综合性研究，出色地完成了省委领导交办的智库课题，多项研究获得省级优秀智库成果奖和省部级以上领导批示，每年出版的智库研究报告和发布的各类创新指数经省级以上媒体发布后产生了良好的社会效应。

　　这本《"创新型省份"建设与湖南"十四五"创新发展》智库研究报告是湖南创新发展研究院集体智慧的结晶，经过多次集体讨论和反复修改最终定稿。在本书的写作过程中，得到了中国社会科学院财经战略研究院、中国社会科学院经济研究所、上海社会科学院、复旦大学经济学院、南京大学经济学院、经济管理出版社、湖南省科技厅、湖南省社科基金规划办、湖南省社科联、湖南省社会科学院以及各市州科技局等多家单位领导和专家教授的指导和帮助，在此表示诚挚的感谢！特别一提的是，本书从章节谋划到最终定稿得到了湖南社科基金重大项目"创新湖南综合研究"（19ZWA41）首席专家田银华教授和其研究团队的学术支持，本书也是该课题的最终研究成果。

　　坚持把学术研究成果转化为有用的智库政策咨询，是湖南创新发展研究院的立院之本。本书虽为智库研究报告，但实质上也是湖南创新发展研究院研究团队的一本学术合著，各位作者结合自己长期的研究方向对如何通过创新引领高质量发展做了学术上的探讨，也提出了一些富有启发意义的对策建议。本书的具体写作任务为：第一章，彭文斌、尹勇和邝金平；第二章，曾世宏和刘迎娣；第三章，李华金；第四章，邝嫦娥、宋创和吕婕；第五章，彭文斌、韩东初和胡娟；第六章，赵伟和阳茜雨；第七章，曾世宏和高晨；第八章，张松彪；第九章，郭晓；第十章，李仁宇；第十一章，曾世宏和李珂雨。此外，本书的完成，离不开刘红峰、何洁、成名蝉等老师和龙雨、段俊宇、李琼、尉文会、李梦宇、刘敏洋、刘婷、李威等研究生的辛勤付出，他们在书稿讨论、资料收集、数据处理、文字核对等方面做出了贡献。

由于是合著，每章的写作风格很难统一，尽管我们小心翼翼，努力写作，但是由于水平有限，文中的错误和疏忽在所难免，敬请各位批评指正！我们将在来年的智库研究报告中改正。我们的联系方式是：0731-58290156。

同时，也欢迎有志于创新发展研究的青年才俊加入湖南创新发展研究院，欢迎相关研究和出版机构、政府职能部门与湖南创新发展研究院开展有益的合作！